国家高新区
创新能力评价报告
2020

科学技术部火炬高技术产业开发中心 著
中国科学院科技战略咨询研究院

·北京·

图书在版编目（CIP）数据

国家高新区创新能力评价报告. 2020 / 科学技术部火炬高技术产业开发中心，中国科学院科技战略咨询研究院著. —北京：科学技术文献出版社，2021.5
 ISBN 978-7-5189-7824-3

Ⅰ.①国… Ⅱ.①科… ②中… Ⅲ.①高技术产业区—产业发展—研究报告—中国—2020 Ⅳ.① F127.9

中国版本图书馆 CIP 数据核字（2021）第 072556 号

国家高新区创新能力评价报告2020

| 策划编辑：李 蕊 | 责任编辑：赵 斌 | 责任校对：王瑞瑞 | 责任出版：张志平 |

出 版 者	科学技术文献出版社
地 址	北京市复兴路15号　邮编 100038
编 务 部	（010）58882938，58882087（传真）
发 行 部	（010）58882868，58882870（传真）
邮 购 部	（010）58882873
官方网址	www.stdp.com.cn
发 行 者	科学技术文献出版社发行　全国各地新华书店经销
印 刷 者	北京时尚印佳彩色印刷有限公司
版 次	2021年5月第1版　2021年5月第1次印刷
开 本	889×1194　1/16
字 数	211千
印 张	14
书 号	ISBN 978-7-5189-7824-3
审 图 号	GS（2021）2870号
定 价	98.00元

版权所有　违法必究

购买本社图书，凡字迹不清、缺页、倒页、脱页者，本社发行部负责调换

《国家高新区创新能力评价报告2020》

编辑委员会

主　　　任：贾敬敦　张卫星　王胜光

副 主 任：赵树璠　刘会武

委　　　员：李　享　李志远　余志海　张　莹
　　　　　　谷潇磊　杨　斌

编写组组长：李　享　刘会武　杨　斌
编写组副组长：谷潇磊　张　莹
编写组成员：（按姓氏拼音排序）
　　　　　　杜　洋　谷潇磊　韩克非　韩思源
　　　　　　何　燕　胡贝贝　胡一鸣　李　享
　　　　　　李志远　刘会武　刘丽娜　马佳慧
　　　　　　马文静　梅　欣　宋君黛　孙红军
　　　　　　童　璐　王　琪　王　熙　王天霞
　　　　　　王胤杰　韦海洋　魏　颖　杨　斌
　　　　　　余志海　袁志彬　张　瑾　张　琳
　　　　　　张　培　张　莹　张艳秋　赵　烁
　　　　　　赵祚翔　周　力　周道韫　周君璧
　　　　　　朱常海　邹秀萍

前　言

根据《中共中央 国务院关于深化科技体制改革加快国家创新体系建设的意见》（中发〔2012〕6号）中关于"建立全国创新调查制度，加强国家创新体系建设监测评估"的要求，2013年科技部全面开展基于国家层面、区域层面、产业层面和企业层面的创新能力评价工作，2017年科技部、国家统计局联合印发了《国家创新调查制度实施办法》，对创新活动统计调查和创新能力监测评价工作提出了具体要求。国家高新区创新能力评价是我国创新调查与评价监测制度的重要组成部分。

为积极履行国家关于开展创新能力监测评价工作的要求，自2013年开始，科学技术部火炬高技术产业开发中心（以下简称"火炬中心"）和中国科学院科技战略咨询研究院（原中国科学院科技政策与管理科学研究所）联合研究制定了"国家高新区创新能力评价指标体系"（见附录），并持续开展国家高新区创新统计调查工作，发布《国家高新区创新能力评价报告》。《国家高新区创新能力评价报告2020》已是该系列报告的第8期。

《国家高新区创新能力评价报告》主要基于"国家高新区创新能力评价指标体系"展开，该指标体系由"创新资源集聚、创新创业环境、创新活动绩效、创新的国际化和创新驱动发展"五大方面的25个二级指标构成。以指数形式呈现国家高新区创新能力的整体和局部的变化趋势；分项指数主要根据二级指标分别在五大方面揭示国家高新区的创新能力建设和创新发展绩效，分项指数和二级指标本身也是对国家高新区创新发展现状的动态监测。

《国家高新区创新能力评价报告2020》评价的对象范围涵盖至2019年年底的全部169家国家高新区，评价所涉及的数据均来源于经国家统计局批准、火炬中心组织实施的国家高新区年度统计调查（此报告最新数据为2019年度数据）。

以下是《国家高新区创新能力评价报告2020》的重点揭示。

1. 2019年国家高新区创新经济实力显著增强，主要科技经济指标全面增长，成为我国国民经济高质量发展的重要战略支撑

①2019年，全国共有169家国家高新区，高新区园区生产总值（GDP）加总达到12.14万亿元，GDP总额相当于全国GDP（99.08万亿元）的12.3%，比"十二五"末提高了0.1个百分点。

②2019年，国家高新区内火炬入统企业14.1万家，较2015年增长66.0%。入统企业共实现营业收入385 549.4亿元、工业总产值240 262.0亿元、净利润26 097.4亿元、出口总额41 371.5亿元，2015年以来分别实现年均增长10.6%、6.1%、12.3%和7.2%。

③2019年，国家高新区企业R&D经费内部支出与园区生产总值（GDP）比例为6.8%，是全国R&D经费支出与GDP比例（2.2%）的3倍多，超额实现了"十三五"规划发展目标（6.5%）；企业技术交易非常活跃，当年登记的技术合同成交额达22 398亿元，是2015年的2.5倍，人均技术合同成交额为30 648元，是"十二五"末的2.0倍；入统的高新技术企业数量是"十二五"末的2.0倍；企业劳动生产率为36.3万元/人，较"十二五"末增幅达15%以上，是全国全员劳动生产率（12.8万元/人）的2.8倍；企业利润率为6.8%，比"十二五"末提高了0.4个百分点，比全国全年规模以上工业企业主营业务收入利润率（5.9%）高出0.9个百分点；企业实现工业增加值率21.9%，比"十二五"末提高了2.0个百分点。

2. 2019年国家高新区创新能力总指数快速增长，创新能力全面提升，向创新发展示范区迈出坚实步伐

①从基期2010年开始到2019年，国家高新区创新能力总指数从100点提升至326.4

点,9年内增长了226.4点,平均每年增长25.2点。2019年总指数较上年增长43.8点,指数增速达到了15.5%。表明国家高新区整体创新能力在不断增强,创新发展水平在不断提升,高新区始终如一地在践行创新驱动发展战略。

② 从分项指数来看,2010年以来国家高新区创新能力的5个分项指数持续保持增长。2019年创新资源集聚指数为244.5点,增长14.9点;创新创业环境指数为720.0点,增长123.4点;创新活动绩效指数为179.0点,增长17.3点;创新的国际化指数为530.7点,增长106.7点;创新驱动发展指数为142.9点,增长4.5点。

3.国家高新区创新环境持续建设和改善,率先形成了有利于"大众创业、万众创新"的创新创业生态体系

在国家高新区2019年创新能力5个分项指数中,增幅最大的是创新创业环境指数,对总指数增长贡献率达到56.4%,远超其他4个分项指数,并且指数曲线呈"J"型增长态势,增长态势最为显著。

① 创新服务机构稳步增长,产学研合作步伐加速。2019年国家高新区省级及以上各类创新服务机构数量达到5176家,同比增长18.0%;企业产学研合作经费支出达到1501.4亿元,同比增长79.3%,出现爆发式增长。在中美贸易摩擦、全球化进程受阻的环境下,高新区企业更积极地寻求与高校院所、创新型企业的研发合作,倒逼自主创新能力提升。

② 产业投资基金蓬勃发展,机构风险投资放缓。国家高新区积极通过设立产业投资基金,推动新兴产业集群的发展。2019年高新区内产业投资基金规模达到17 425.3亿元,同比增长23.1%。创投机构当年对企业的风险投资总额达到1013.1亿元,增速由2018年的156.1%迅速回落至5.8%,而硅谷地区2019年风险投资高达420亿美元(折合2897.4亿元人民币),是国家高新区全年吸纳风险投资总额的2.9倍,相比2018年二者差距再次拉大。

③ 孵化载体稳步增长,创业活动日益活跃。2019年拥有国家级科技企业孵化器639家、科技部备案的众创空间912家,同比分别增长12.9%和0.7%。创业服务体系的逐步

完善，推动高新区创业企业的持续增长。2019年高新区当年新注册企业数61.9万家，同比增长32.0%，平均每天新注册企业1697家，较上年每天多注册411家；在孵企业数突破12万家，同比增长14.3%，平均每家高新区拥有在孵企业722家，较上年增加90家。

4. 国家高新区创新资源要素不断集聚，成为新时期国家创新发展的重要力量

2019年国家高新区创新资源集聚指数平稳增长6.5%，对总指数增长贡献率为6.8%。

①企业研发人员密度远超全国水平，从业人员"双高"趋势明显、结构更加优化。2019年高新区企业每万名从业人员中研发人员全时当量数为822人年，是全国平均水平的13.8倍。本科及以上学历从业人员占比由36.6%提升至38.0%，专业技术人员占比由26.3%提升至27.8%，从业人员高学历化和高技能化趋势明显。

②企业科技活动经费快速增长，R&D投入强度进一步加大。2019年，国家高新区企业科技活动经费支出合计为16 774.2亿元，同比增长20.4%；企业R&D经费内部支出为8259.2亿元，同比增长10.8%，占到全国企业研发费用的近一半（48.8%）；企业R&D经费内部支出与园区生产总值（GDP）比例为6.8%，是全国R&D经费支出与GDP比例（2.2%）的3.1倍。

③研发机构持续集聚，高新技术企业队伍不断壮大。2019年，国家高新区省级及以上各类研发机构数量同比增长13.4%，集聚了全国70%以上的国家工程研究中心、国家重点实验室、国家工程实验室。拥有经认定的高新技术企业80 957家，同比增长20.4%，约占全国的36.0%；其中入统的高新技术企业数占入统企业总数的比例（高企率）由52.3%提升至56.4%，高企率提升迅速，高新技术企业占据了高新区入统企业的半壁江山。

5. 报告揭示：国家高新区创新投入产出成效显著，逐渐形成具有竞争力的创新型产业格局

国家高新区创新活动绩效指数近两年有较为明显的抬升趋势，2019年该指数增长

10.7%，对总指数增长贡献率为7.9%，其贡献率连续两年超过创新资源集聚指数。

①专利产出效率全面提升，专利质量相对更优。2019年，国家高新区企业万人申请、授权和拥有发明专利量分别达到185.8件、74.8件、387.8件，均较上年有所提升，且增速均在7%以上，占我国境内外发明专利的比例分别为29.4%、36.5%和32.1%，占比均较上年有所提升。企业申请发明专利占申请专利的比例、授权发明专利占授权专利的比例、拥有发明专利占拥有专利的比例分别为52.8%、34.8%、36.3%，是全国相应比例的1.7倍、2.0倍和1.3倍，技术含量较高的发明专利在国家高新区企业专利中占据了更大的比例。

②企业技术交易规模增长迅速，交易活跃度高于全国。2019年，国家高新区企业当年登记的技术合同交易额达到6783.9亿元，同比增长42.2%；企业从业人员人均技术合同成交额为30 648元，是全国就业人员人均技术合同成交额（2891元）的10.6倍。

③高技术产业不断壮大，产业结构持续优化。2019年，国家高新区中属于高技术产业的企业达73 679家，占高新区入统企业总数的52.2%，较上年提高2.3个百分点；高技术产业增加值为33 260.1亿元，占高新区整体产业增加值的41.4%，较上年提高1.7个百分点。其中，高技术服务业发展迅速，高技术服务业企业共计55 513家，同比增长24.9%，企业数量、增速分别是高技术制造业的3.1倍、1.4倍。

6.国家高新区创新国际化再加速，已经形成开放共享、深度融入全球经济体系的发展平台

国家高新区创新的国际化指数增长曲线自2016年开始连续3年快速拉升，2019年该指数再创新高（530.7点），在5个分项指数中增速最高，说明国家高新区已经迈向更高层次开放的新阶段。

①国际创新合作步伐加快，合作能力进一步提升。2019年，国家高新区内资控股企业设立的境外研发机构数达到1238家，同比增长30.7%。企业所拥有的境外专利和境外注册商标数分别达到15.3万件和10.8万项，分别增长50.6%和21.2%。当年申请的

PCT国际专利达到2.7万件，同比增长16.7%，占我国PCT专利申请受理量的比重达到44.6%。

②国际贸易和投资日益活跃，高附加值贸易持续扩大。2019年，国家高新区企业出口总额为41 371.5亿元，同比增长11.0%，占全国的比重为21.6%，较上年提高1.1个百分点；对境外直接投资额1549.0亿元，同比增长19.4%。企业高新技术产品出口总额为23 514.4亿元，同比增长7.4%，占全国的比重达46.6%，较上年提高2.3个百分点；实现技术服务出口总额2550.7亿元，同比增长15.4%，占全国服务出口比重为13.0%，较上年提高0.5个百分点。

7.国家高新区高质量发展走在前面

①经济效率和发展效益显著，彰显高质量发展。2019年，国家高新区企业劳动生产率为36.3万元/人，是全国全员劳动生产率（12.8万元/人）的2.8倍；企业利润率为6.8%，比我国规模以上工业企业主营业务收入利润率高出0.9个百分点。

②创新人才吸引力增强，劳动者薪酬水平持续提升。2019年，国家高新区入统企业从业人员数从2018年的2091.6万人增长至2213.5万人，同比增长5.8%，增速较上年提高1.3个百分点；从业人员中有研究生（博士、硕士）148.5万人、本科生693.6万人、大专生464.7万人，分别同比增长9.9%、10.2%、5.3%。企业从业人员平均薪酬为15.1万元/年，同比增长10.2%，是全国城镇单位从业人员年平均工资（72 053元/年）的2.1倍；近9年来，高新区企业单位增加值中劳动者报酬所占比重也一路攀升，2019年达到41.5%。

③生态环境持续优化。2019年，国家高新区工业企业万元增加值综合能耗为0.464吨标准煤，低于全国万元国内生产总值能耗（0.490吨标准煤）[①]。根据2019年对高新区进行的问卷调查显示，有75家高新区获得国际或国内认证机构评定认可的ISO 14000环境体系认证，占高新区总数的44%；有143家高新区出台了相关的环境保

---

① 此处，全国万元国内生产总值能耗数值由"我国全年能源消费总量"与"全年国内生产总值"相除计算而来，计算结果仅用于与国家高新区的对比；2019年我国全年能源消费总量48.6亿吨标准煤，全年国内生产总值990 865亿元。

护和绿色发展政策，占高新区总数的85%，高新区平均绿化覆盖率达到42%，平均森林覆盖率为27.6%；44家高新区获批建设国家生态工业示范园，较2018年增加了9家。

8.国家高新区区域发展不平衡，东部地区优势突出

2019年东部地区有国家高新区70家，东北地区有16家，中部地区有44家，西部地区有39家。国家高新区关键的创新资源和创业活动大多集中在东部地区国家高新区。东部地区国家高新区集聚了国家高新区整体63.9%的研发人员、52.7%的研发机构、65.7%的当年新认定高新技术企业、59.0%的创新服务机构、78.3%的创投机构风险投资、57.0%的在孵企业。

东部地区国家高新区在知识经济发育、产业价值链层级方面均显著优于其他3个地区。2019年东部地区国家高新区的企业100亿元增加值拥有知识产权数量和各类标准数量高达6351件，分别是东北地区、西部地区、中部地区的2.4倍、1.7倍和1.6倍；高技术产业营业收入占营业收入比例为38.9%，分别是东北地区、西部地区、中部地区的2.5倍、1.4倍和1.8倍；企业单位增加值中劳动者报酬所占比重为46.4%，分别高出东北地区、西部地区、中部地区16.7个百分点、11.9个百分点和11.5个百分点。

9."十四五"时期，国家高新区将站在历史的重要关口，机遇前所未有，挑战也前所未有，需要围绕自立自强的创新能力建设开展相关专项行动

"十四五"时期是全面建设社会主义现代化强国的开局起步期，是实现"第二个百年"奋斗目标的关键历史节点。展望未来，新一轮科技革命和产业变革深入发展、新冠肺炎疫情使百年未有之大变局加速演进、创新在我国现代化建设全局中将处于核心地位，"双循环战略"将赋予国家高新区未来发展新机遇、"两区定位"为国家高新区指明发展新方向、全面深化改革要求国家高新区加快治理体系现代化。

面临新形势和新要求，国家高新区在"十四五"时期需要设立以下七大关键议题，并开展专项行动：①全方位响应并参与新型举国体制，推动科技创新新主题；②聚集与培育创新资源，最大幅度提升自立自强新能力；③抢抓全球第四次工业革命机遇，布局新场景、发展新经济；④高质量培育高科技企业，全链条构建现代产业新

体系；⑤高标准建设智慧新城，引领新时代、带动新生活、倡导新文明；⑥深化对外开放，在建设全球命运共同体上争取新的突破；⑦强化依法治国意识，加快提升中国特色的园区治理能力。

《国家高新区创新能力评价报告2020》以2019年169家国家高新区为对象，基于火炬中心2019年度国家高新区统计调查数据进行总结、分析和评价。连续8年来，《国家高新区创新能力评价报告》持续跟踪、监测和评价国家高新区创新能力的发展变化，目前已经成为社会各界了解和认识国家高新区发展的一扇窗户，为相关部门的决策和管理提供依据。

衷心希望有更多的团队和个人加入国家高新区创新发展研究的队伍中来，提供宝贵意见和建议，共同促进国家高新区创新能力评价工作的不断完善，共同推动国家高新区建设成为创新驱动发展示范区和高质量发展先行区，为我国进入创新型国家前列和基本实现社会主义现代化贡献更大力量。

第一章　面向"十四五"的国家高新区创新能力建设　　1

一、"十三五"以来国家高新区创新驱动发展取得的成就　　2
（一）创新经济发展壮大，成为我国经济重要战略支撑　　3
（二）创新环境持续优化，率先形成适应科技企业成长规律的双创体系　　4
（三）创新产出明显提升，率先形成具有全球竞争力的创新型产业格局　　4
（四）创新开放不断扩大，率先形成深度融入全球创新体系的发展平台　　6
（五）产城融合深入推进，率先形成绿色协调宜居宜业宜创的城市新区　　7
（六）创新活力得到释放，成为我国新时代改革探索的先行区　　8

二、"十四五"时期国家高新区高质量发展面临的新形势和新要求　　8
（一）新一轮科技革命和产业变革深入发展　　9
（二）新冠肺炎疫情使百年未有之大变局加速演进　　9
（三）创新在我国现代化建设全局中将处于核心地位　　10
（四）"双循环战略"赋予国家高新区未来发展新机遇　　11
（五）"两区"定位为国家高新区指明发展新方向　　12
（六）全面深化改革要求国家高新区加快治理体系现代化　　12

三、推动国家高新区高质量发展的关键议题　　13
（一）全方位响应并参与新型举国体制，推动科技创新新主题　　13

（二）聚集与培育创新资源，最大幅度提升自立自强新能力　　*15*

（三）抢抓全球第四次工业革命机遇，布局新场景、发展新经济　　*16*

（四）高质量培育高科技企业，全链条构建现代产业新体系　　*16*

（五）高标准建设智慧新城，引领新时代、带动新生活、倡导新文明　　*17*

（六）深化对外开放，在建设全球命运共同体上争取新突破　　*19*

（七）强化依法治国意识，加快提升中国特色的园区治理能力　　*20*

第二章　国家高新区创新能力指数总览　　*21*

一、2019年的指数表现　　*22*
（一）指数整体表现态势　　*22*
（二）分项指数增长和贡献　　*23*

二、不同区域国家高新区的表现对比　　*28*
（一）四大地区园区的表现对比　　*28*
（二）各省份园区的表现对比　　*29*

三、不同类别国家高新区的表现对比　　*34*
（一）三类园区的表现对比　　*35*
（二）稳定期和新升级园区的表现对比　　*36*
（三）自创区和非自创区园区的表现对比　　*37*

第三章　创新资源集聚评价　　*39*

一、创新人才集聚　　*41*
（一）人才招引政策持续完善，稳就业作用日益突出　　*41*
（二）企业从业人员结构更加优化，"双高"趋势明显　　*42*
（三）科技活动人员不断集聚，区域不平衡未见改善　　*46*

二、科技资金投入　　*49*
（一）财政科技拨款加速增长，税收减免政策有效落实　　*49*
（二）东部和中部地区国家高新区财政科技支持力度优势显著　　*51*
（三）企业科技活动经费全面提高，委外费用增长最快　　*54*

（四）企业研发投入占全国企业半数，研发投入强度是全国
平均水平的3倍　　　　　　　　　　　　　　　　　　55

三、创新主体培育　　　　　　　　　　　　　　　　　　　59
（一）过半研发机构集聚东部园区，江苏、广东并驾齐驱　　59
（二）当年认定高企近3万家，高企率提升4个百分点　　　64
（三）高企创新指标表现突出，经济规模指标仍需提升　　　68

第四章　创新创业环境评价　　　　　　　　　　　　　　　71

一、创新服务与协同创新　　　　　　　　　　　　　　　　73
（一）创新创业政策资金不断增长，支持创业风投力度最大　73
（二）东部园区创新服务机构数占六成，中关村仍独占鳌头　75
（三）产学研合作步伐加速，企业间开放创新合作继续强化　79

二、金融服务与创业投资　　　　　　　　　　　　　　　　83
（一）产业投资基金蓬勃发展，政府参与度进一步提高　　　84
（二）金融服务机构数量全面增长，企业踊跃借力资本市场　86
（三）机构风险投资增速趋缓，与硅谷地区的差距加大　　　88

三、创业孵化与双创活力　　　　　　　　　　　　　　　　91
（一）孵化载体稳步增长，人才服务机构增速保持高位　　　92
（二）在孵企业破12万家，东部地区优势进一步强化　　　　95
（三）新注册企业数增长提速，日均注册企业达1697家　　　99

第五章　创新活动绩效评价　　　　　　　　　　　　　　　105

一、创新成果产出　　　　　　　　　　　　　　　　　　　107
（一）知识产权服务机构蓬勃发展，专利产出成果丰硕　　　107
（二）专利产出效率持续提高，专利成果质量全国领先　　　110

二、知识经济发育　　　　　　　　　　　　　　　　　　　112
（一）科技创新提升发展"含金量"，东部园区优势明显　　112
（二）技术交易规模占全国三成，人均成交额是全国的10倍　115
（三）技术性收入占比持续增长，企业收入结构进一步优化　119

三、产业价值实现　　　　　　　　　　　　　　　　　　　121
（一）高技术产业表现突出，成为推动开放创新的主力军　　121

（二）东部园区高技术产业优势明显，广东省全国领先　　124
（三）高技术服务业发展迅速，但规模尚需进一步提升　　127
（四）高技术服务业人员占比持续攀升，上海紫竹表现最优　　129
（五）企业利润总额持续增长，利润率出现小幅下滑　　132
（六）电子及通信设备制造业、信息服务的营收规模最大　　136

第六章　创新的国际化评价　　139

一、国际创新合作　　141
（一）国际平台建设加速推进，五省境外研发机构超百家　　142
（二）委托境外研发费用翻倍增长，东部园区占八成以上　　146

二、国际人才集聚　　149
（一）国际人才不断汇聚，4家园区留学归国人员超万人　　150
（二）人才国际化水平有待提升，明显落后于硅谷地区　　152

三、国际创新成果　　156
（一）国际创新成果丰硕，PCT专利申请占全国四成以上　　156
（二）本土企业是国际创新主力，成果产出效率迅速攀升　　157

四、国际贸易交流　　160
（一）国际贸易规模稳健增长，利用外资金额占全国四成　　160
（二）高附加值贸易持续扩大，企业出口结构更加优化　　161

第七章　创新驱动发展评价　　165

一、辐射带动作用　　167
（一）经济体量持续扩大，对全国和区域经济贡献突出　　167
（二）经济规模头部效应显著，一流园区贡献三成以上　　169

二、经济效率提升　　173
（一）企业生产效率连年增长，人均上缴税额出现下降　　173
（二）劳动生产率持续提升，西安、合肥和武汉遥遥领先　　175

三、共享发展　　177
（一）薪酬水平稳步提升，是全国城镇水平两倍多　　177
（二）劳动者价值更易实现，东部园区优势突出　　179

四、绿色发展　　　　　　　　　　　　　　　　　　　　*184*
　　（一）节能降耗优于全国，东北地区园区仍需重视　　*184*
　　（二）生态生活环境不断优化，产城融合加速推进　　*186*

附　录　评价指标体系及相关说明　　　　　　　　　*189*

　　一、指标体系　　　　　　　　　　　　　　　　　*190*

　　二、指标解释及数据来源　　　　　　　　　　　　*191*
　　　（一）创新资源集聚　　　　　　　　　　　　　*192*
　　　（二）创新创业环境　　　　　　　　　　　　　*193*
　　　（三）创新活动绩效　　　　　　　　　　　　　*194*
　　　（四）创新的国际化　　　　　　　　　　　　　*195*
　　　（五）创新驱动发展　　　　　　　　　　　　　*196*

　　三、测算过程　　　　　　　　　　　　　　　　　*197*
　　　（一）增长率的测算采用对称增长率　　　　　　*198*
　　　（二）计算上层指标的加权增速　　　　　　　　*198*
　　　（三）合成分指数　　　　　　　　　　　　　　*199*
　　　（四）计算总指数　　　　　　　　　　　　　　*199*

　　四、园区分类说明　　　　　　　　　　　　　　　*199*

国家高新区创新能力评价报告2020

面向"十四五"的国家高新区创新能力建设

第一章

"十四五"（2021—2025年）时期正处于百年未有之大变局之中，是人类社会发展史上的沧海一粟，但是对中国而言意义重大，因为这是1987年党的十三大提出中国经济建设分三步走战略第三步的开始，我国将开启全面建设社会主义现代化新征程。"十四五"时期也是中国共产党建党100周年的见证期，是习近平新时代中国特色社会主义思想指导中国伟大实践的5年。

面临新一轮科技革命和产业变革深入发展，国家高新区要深入落实十九届五中全会把创新作为我国现代化建设全局中核心地位的指导精神，咬紧创新驱动发展示范区和高质量发展先行区的"两区"定位，在总结过去5年发展成效和实践做法的基础上，顺应未来5年乃至更长时间历史发展的新形势和新要求，聚集新力量，布局新议题，取得新突破，持续提升国家高新区自立自强发展意识和创新驱动发展动力，为国民经济和社会高质量发展做出更大贡献。

一、"十三五"以来国家高新区创新驱动发展取得的成就

"十三五"以来，党中央高度重视科技创新工作，提出了建设世界科技强国的宏伟目标，持续推进科技创新与科技体制改革。国家科技主管部门以五大发展理念为引领，加大供给侧结构性改革，优化国家高新区、自创区战略布局，着力营造产业生态和创新创业生态，培育新动能，发展新经济，塑造更多依靠创新驱动、更多发挥先发

优势的引领型发展，实现了经济、科技、社会和生态的和谐统一。

（一）创新经济发展壮大，成为我国经济重要战略支撑

园区经济规模持续扩大，成为我国经济增长的重要力量。2019年，全国169家国家高新区园区生产总值（GDP）加总达到12.14万亿元，GDP总额相当于全国GDP（99.08万亿元）的12.3%，比"十二五"末提高了0.1个百分点。按照2019年全年人民币与美元的平均汇率折算，国家高新区园区GDP约合1.76万亿美元，高于国家级经济技术开发区GDP（1.60万亿美元）、广东GDP（1.57万亿美元），也高于韩国GDP（1.64万亿美元）、俄罗斯GDP（1.69万亿美元）。高新区全口径工业增加值占全国比例为21.1%，全口径出口占全国比例为24.7%，实际利用外资金额占全国比例为40.7%。2019年76家国家高新区营业收入超过1000亿元，90家国家高新区增速在20%以上，国家高新区成为地方创新发展的"领头雁"。

入统企业主要经济指标增长显著。2019年，国家高新区纳入火炬统计的企业共14.1万家，较2015年增长66.0%；上缴税费总额为18 594.3亿元，较2015年增长28.3%。入统企业实现营业收入385 549.4亿元、工业总产值240 262.0亿元、净利润26 097.4亿元、出口总额41 371.5亿元，"十三五"前4年年均增长分别为10.6%、6.1%、12.3%、7.2%。入统企业实现工业增加值率21.9%、净利润率6.8%、新产品销售占产品销售收入的比重为31.8%，分别比"十二五"末高出2.0个百分点、0.4个百分点和1.2个百分点。

国家高新区已经成为我国培育和发展新兴产业的重要策源地。中关村的下一代互联网、上海张江的集成电路、武汉东湖的光通信、深圳的通信设备、杭州的安防设备等千亿级创新型产业集群已经具备国际竞争力，在关键前沿技术开发、重大产品与装备制造、国际技术标准创制等方面涌现出一大批高端技术和产品。人工智能、大数据、区块链、北斗导航、新能源汽车、网络直播等新产业、新业态在国家高新区、自创区不断涌现。数字支付、无人驾驶、量子通信、5G技术及标准、生物疫苗、纳米材料和印制、钠离子电池技术和应用等方面相继获得重要突破，开辟了产业发展新方向。

（二）创新环境持续优化，率先形成适应科技企业成长规律的双创体系

"十三五"以来，国家高新区通过聚集创新资源、建设创新平台、建立全链条孵化模式，培育了一批具有竞争力的创新主体，"大众创业、万众创新"在高新区持续深入推进。2019年，高新区共拥有科技企业孵化器2742家，其中国家级639家，分别较2015年增长99.3%、70.9%；科技企业加速器775家，较2015年增长99.7%；众创空间达到3295家，其中科技部备案的众创空间为912家，分别较2015年增加2221家、682家。

国家高新区已经成为我国创新体系的重要组成部分。2019年，高新区内共有各类大学1052家，较2015年增长34.4%；国家或行业归口的研究院所1054家，较2015年增长69.2%。累计建设国家重点实验室384个、国家工程研究中心111个（包含分中心）、国家工程技术研究中心260个、国家工程实验室169，高新区集聚了全国70%以上的国家工程研究中心、国家重点实验室、国家工程实验室。新型研发组织迅速发展，拥有省级及以上新型产业技术研发机构1085家。

科技型企业呈现梯度、高速度成长的新态势。2019年高新区当年新注册企业数达到61.9万家，平均每天新注册企业1697家，年新增注册企业数占比达到21.6%，创业极为活跃；高新区在孵企业数突破15万家，平均每家高新区拥有在孵企业889家；创新创业质量持续提升，新注册企业中技术开发和技术服务型企业19.2万家，占新注册企业数的比例达31.0%；同时，吸引风险资本能力明显提升，2019年高新区风险投资额达到1013.0亿元，是"十二五"末的2.5倍。

（三）创新产出明显提升，率先形成具有全球竞争力的创新型产业格局

从创新投入角度看，2019年企业R&D人员全时当量达到182.0万人年，占全国R&D人员全时当量（461.0万人年）的39.5%；企业R&D经费内部支出达8259.2亿元，占全国企业R&D经费支出（16 921.8亿元）的48.8%，与园区GDP的比例为6.8%，是全国R&D经费支出与GDP比例（2.2%）的3倍多，超额实现了"十三五"规划发展目标（6.5%）。从创新产出角度看，截至2019年年底，国家高新区企业拥有有

效发明专利占全国境内外有效发明专利量（267.1万件）的32.1%；高新区企业的发明专利授权占总专利授权的比重达到34.8%，是全国相应比例（17.5%）的近2倍。在此基础上，创新经济持续发展，企业技术交易十分活跃，2019年完成的技术合同成交额67 839亿元，是"十二五"末的2.5倍，占全国技术合同成交额的比重为30.3%，凸显了国家高新区创新驱动发展的主引擎作用和价值。

"十三五"期间，高新技术企业群体蓬勃发展，高技术产业的经济实力和创新能力不断提升，产业结构持续优化。截至2019年年底，高新区入统企业中有上市主体企业1476家、新三板挂牌企业3501家、地方四板挂牌企业2878家。国家高新区共拥有高新技术企业80 957家，约占全国高新技术企业总数（约22.5万家）的36.0%，其中，填报火炬统计报表的高新技术企业（以下简称"入统高新技术企业"）共计79 579家，占高新区所有入统企业总数的56.4%（简称"高企率"），数量是"十二五"末的2.0倍。国家高新区的产业结构也在持续优化，高技术产业增加值为33 260.1亿元，占高新区整体产业增加值的41.4%。2019年，国家高新区高技术服务业企业共计55 513家，同比增长24.9%，高技术服务业从业人员数增速为11.9%，高技术服务业的企业和从业人员规模增速分别是高技术制造业增速的1.4倍和2.3倍。值得指出的是，国家高新区的产业效率在"十三五"期间也实现了跨越式提升，2019年高新区企业劳动生产率为36.3万元/人，较"十二五"末增幅达15%以上，是全国全员劳动生产率（12.8万元/人）的2.8倍；企业利润率为6.8%，比"十二五"末提高了0.4个百分点，比全国全年规模以上工业企业主营业务收入利润率（5.9%）高出0.9个百分点。

在特定领域，国家高新区形成了具有全球竞争力的创新型产业集群，在某些战略领域由并行走向领跑。位于中关村的京东方位列"2019年全球半导体技术发明专利排行榜（TOP100）"第三，百度以5712件申请量位列我国人工智能专利申请量排行榜第一。寒武纪云端AI芯片思元270、灵汐科技世界首款类脑芯片"天机"、百济神州泽布替尼抗癌新药、龙芯3A/B4000系列CPU等一批原创科技成果涌现。华为、中兴是5G的全球引领者；腾讯是全球最大的互联网公司之一；大疆创新占领消费级无人机全球70%的市场份额；贝特瑞成为全球最大的锂离子电池负极材料供应商；海思的"麒麟"应用处理器芯片性能与高通"骁龙"相当，处于国际并跑地位；云天励飞全球首创"云+端"动态人像智能解决方案,率先实现"亿万人脸,秒级定位";紫光同创推出国内首款千万门级自主产权的高性能FPGA芯片;微芯生物历时12年自主研发的一类新药西达本胺,作为一种抗肿瘤口服药物填补了我国T细胞淋巴瘤治疗药物的空白。杭州海康威视、大华股份、宇视科技三大数字视频监控企业年营业额分别位居全球第一、第二和第四,在产品规模和范围、技术功能先进性和整体解决方案提供等方面,居全球领先位置;合肥拥有世界首台光量子计算机、全球首个量子计算云平台、世界首款AI+生物识别手环、全球首个实现手术自主导航的三维口腔CT等一系列国际前沿创新成果;西安涌现出一批全球领先的硬科技创新成果,如超宽禁带氮化镓功率器件、超高强韧镁基复合材料、碳化硅陶瓷复合材料、垂直腔面发射激光器、新一代眼人工晶状体、启明910人工智能加速芯片等领先技术。

(四)创新开放不断扩大,率先形成深度融入全球创新体系的发展平台

"十三五"期间,国家高新区坚持开放协同发展,不断提升国际竞争力,迈向了更高层次开放的新阶段,在全球的创新竞争力显著增强。深度融入"一带一路",集聚辐射全球创新资源的能力显著提升。

国际贸易规模持续扩大。2019年,高新区企业出口总额为41 371.5亿元,比"十二五"末增长了31.3%,占我国出口总额(191 906亿元)的比重为21.6%;企业当年实际利用外资金额达到3827.6亿元,比"十二五"末增长了39.9%,占全国实际使用外商直接投资金额(9415亿元)的比重为40.7%,其中,企业海外上市融资股本达到1820.9亿元,是"十二五"末的4.2倍;企业对境外直接投资额为1549.0亿元,较"十二五"末增长了70.5%。

国际贸易结构不断优化。2019年,国家高新区企业高新技术产品出口总额为23 514.4亿元,较"十二五"末增长了41.8%,占全国高新技术产品出口总额(50 427亿元)比重为46.6%;实现技术服务出口总额2550.7亿元,较"十二五"末增长了73.6%,占全国服务出口(19 564亿元)比重为13.0%,较上年提升了0.5个百分点。同时,高新区企业高新技术产品出口占出口总额比重达56.8%,该占比是全国的两倍多;技术服务出口占出口总额比重为6.2%,较"十二五"末提高了2.2个百分点。

国际创新合作不断深入。2019年，国家高新区企业设立的境外技术研发机构1842家，较"十二五"末增长了134.4%，拥有外资研发机构3646家，较"十二五"末增长了71.0%，外资研发机构成为有效配置国际创新资源的重要平台。企业通过加强国际知识产权布局，进一步开拓国际市场，提升创新的国际竞争力。2019年，国家高新区企业当年申请PCT国际专利2.7万件，占全国PCT专利申请受理量（6.1万件）的44.3%；申请欧美日专利2.6万件、授权欧美日专利2.2万件，分别是"十二五"末的2.9倍、5.5倍；拥有境外注册商标10.8万项，是"十二五"末的2.2倍。

（五）产城融合深入推进，率先形成绿色协调宜居宜业宜创的城市新区

"十三五"期间，国家高新区整体上表现出与所在城（区）的深度融合，城市与产业协同发展，基础设施建设明显提升，园区城市功能日趋完善。

宜居生态建设持续推进。2019年，国家高新区工业企业万元增加值综合能耗为0.464吨标准煤，明显低于全国万元国内生产总值能耗（0.49吨标准煤）[①]；根据2019年对国家高新区进行的问卷调查，大部分高新区出台了相关的环境保护和绿色发展政策，样本高新区平均绿化覆盖率达到40%，平均森林覆盖率为27.6%。

从业者报酬水平处于领先水平。2019年，国家高新区企业从业人员平均薪酬为15.1万元/年，较"十二五"末增长了86.3%，是全国城镇单位从业人员平均工资（72 053万元/年）的2.1倍；企业单位增加值中劳动者报酬占比也一路攀升，2019年达到41.5%。从业人员人均生产总值率先达到小康社会水平。

职能由经济发展向全面社会管理扩展。目前超过65%的国家高新区承担起传统行政区的社会民生和公共服务职能，许多高新区直接采取了与行政区合并的方式。据火炬中心调查数据显示，约有14%的国家高新区与所在行政区政府合署办公，实行"一套人马、两块牌子"的模式，管委会（即所在地政府）对辖区内经济和社会事务实行统一领导、统一管理，广州高新区、杭州高新区等均属于政区合一型，产城深度融合。

---

① 此处，全国万元国内生产总值能耗数值由"我国全年能源消费总量"与"全年国内生产总值"相除计算而来，计算结果仅用于与国家高新区的对比。

（六）创新活力得到释放，成为我国新时代改革探索的先行区

"十三五"期间，国家高新区坚持面向市场，不断改革和完善科技向现实生产力转化的体制机制，围绕产业发展、科技金融、新型研发机构和双创平台建设、科技成果转化等方面持续进行改革创新，各项政策的先试先行，为我国政策体制改革打下了坚实的基础。

部分高新区制定了高新区条例等地方性法规，依法行使开发建设、经济管理、社会管理与服务等权限。有高新区管委会建立职能"负面清单"，深化简政放权、放管结合、优化服务等重点改革，探索灵活实用、市场化激励的人事机制，提升园区管理服务效率；有高新区培育和发展经济类、服务类、公益慈善类等社会组织，加速由公共服务提供者向服务组织者转变；还有高新区建立健全智库参与的决策咨询制度。

针对发展中出现的一些制约创新的新问题新情况，国家高新区围绕调动科技人员的积极性和释放体制内创新活力，围绕破除一切束缚科技创新创业和科技成果转化产业化的体制机制障碍，围绕率先形成创新驱动发展新制度新机制，加大政策先行先试力度。落实和完善股权激励、收益分配等政策，让创新主体自主决定科研经费使用、成果转移转化等，赋予高校和科研院所更大自主权，更大地调动科技人员积极性。强化政策的配套细化，加大已出台政策落实的力度。加强试点政策的总结评估，完善后推广到全国实施，进一步完善全国的创新政策体系。以价值为导向，各地充分调动科技人员积极性，特别是围绕建立价值导向的收入分配制度、科技人员奖励政策等，积极探索更多对本区域适用性更强的特色的"个性"政策进行先行先试，精准施策，并在国家自创区试点的基础上，在本区域推广，形成更多有针对性、有实效的区域性创新政策。

二、"十四五"时期国家高新区高质量发展面临的新形势和新要求

党的十九大报告提出，中国要分两步走实现第二个百年目标：从2020年到2035年，基本实现社会主义现代化；从2035年到21世纪中叶，建成社会主义现代化强

国。"十四五"时期是全面建设社会主义现代化强国的开局起步期，是实现"第二个百年"奋斗目标的关键历史节点。我国经济已由高速增长阶段转向高质量发展阶段。展望"十四五"，国家高新区将站在历史的重要关口，机遇前所未有，挑战也前所未有。

（一）新一轮科技革命和产业变革深入发展

当前，以新一代信息技术、新能源、新材料、生命科学为代表的新一轮科技革命和产业变革在全球范围内加速演进。新一代信息技术、新能源等通用目的技术的广泛应用及其与其他产业的深度融合将推动工业向数字化、智能化、网络化、服务化趋势发展。到现在，数字技术已经从以数字产业化为主的上半场，进入以产业数字化为主、数字技术深度应用改造传统产业和社会的下半场。随着"数据+算力+算法"生态的不断完善，"万物互联+人工智能"的数字化经济社会形态正在加速到来。2020年4月21日，发展改革委首次明确新型基础设施的范围，包括信息基础设施、融合基础设施与创新基础设施三方面内容。可以预见，数字技术的深度应用和全面渗透，将深度赋能新时代的经济增长和社会进步。

这些变革为国家高新区的新时代发展提供了难得的机遇。国家高新区要增强科技创新能力，加快数字化和智能化等前沿技术的突破和产业应用，在人工智能、量子信息、集成电路、5G等关键领域进入全球领跑位置，成为第四次工业革命的创新者、引领者、贡献者，推动园区高质量发展，推动产业迈向更高层级。

（二）新冠肺炎疫情使百年未有之大变局加速演进

新冠肺炎疫情是近几十年来传播速度最快、感染范围最广、防控难度最大的重大突发公共卫生事件，目前已构成全球大流行，我国及世界多数国家都受到严重影响，全球经济加速衰退。疫情导致我国"十四五"时期经济社会发展面临的国际国内形势和基本条件发生改变，"十四五"规划编制和目标设定都需要基于新情况、新问题进行适度调整。习近平总书记反复阐述"当今世界正面临百年未有之大变局"，尤其强调要针对这个"大变局"，着力防范化解重大风险，注重化危为机。新冠肺炎疫情已超出重大突发公共卫生事件的范畴，对全球经济、政治、社会生活等带来重大冲击，深刻影响世界格局，加剧我国发展环境的复杂性和不确定性。因此，应站在世界百年未有之大变局的认识高度来看待此次疫情。

在经济方面，新冠肺炎疫情对全球经济的冲击已经超过2008年金融危机，极有可能引发全球经济衰退。在产业方面，新冠肺炎疫情会引发全球产业链全面重构。原先水平分工的全球产业链布局在新冠肺炎疫情面前脆弱不堪，那些缺少产业布局、产业空心化的国家付出了沉重代价。因此，新冠肺炎疫情将促使原先"低成本"导向的产业布局，更多地考虑靠近市场和风险控制因素，产业链的横向水平分工，将更多地转变为纵向的垂直整合，"产业空心化"的国家也将尽量确保涉及民生和公共安全的产业在域内布局。在政治方面，不同国家和地区在应对疫情方面的差异表现，以及不同阶层、不同群体在疫情中的不同遭遇，加剧全球民众在国家制度和意识形态方面的反思、分裂和对抗，进一步引发全球政治格局变动。此外，疫情对需求、供给、资金链及供应链等的多重"夹击"，都由企业微观主体承压，部分企业面临倒闭风险，以中小微企业为甚。

疫情期间，国家高新区表现出卓越的韧性和强劲的增长动力，新业态的培育和新产业的发展均取得显著业绩。尽管我国经济受到疫情冲击，但高质量的发展态势并没有发生根本性变化。疫情将结束于有效疫苗的产生，其对中国经济的影响是外生的、暂时的和阶段性的。我国拥有最完整、规模最大的工业供应体系，保证经济在外界不可控因素冲击下仍具有巨大的韧性。我国具有规模广阔、需求多样的国内消费市场，中等收入人群崛起带来的消费升级会成为"十四五"时期经济增长的巨大潜力。

（三）创新在我国现代化建设全局中将处于核心地位

党的十八大以后，创新驱动发展上升为国家战略，成为五大发展理念之首。创新驱动发展战略的提出主要来自原有发展方式难以为继，低端产业难以支撑富民强国目标的内部压力。习近平就曾指出"实施创新驱动发展战略，是加快转变经济发展方式、提高我国综合国力和国际竞争力的必然要求和战略举措"；2018年开始的由美国发起的贸易争端、科技"脱钩"和对我国高科技企业的打压制裁，则为我国加快自主创新和产业升级制造了巨大的外部压力，在内外部的双重压力之下，加快自主创新和确保产业自主可控上升为国家意志和全民共识。2019年8月中央财经委员会第五次会议上习近平强调"要充分发挥集中力量办大事的制度优势和超大规模的市场优势，以夯实产业基础能力为根本，以自主可控、安全高效为目标""打好产业基础高级化、产业链现代化的攻坚战"。

党的十九届五中全会提出坚持创新在我国现代化建设全局中的核心地位，把科技自立自强作为国家发展的战略支撑。国家高新区作为我国聚集创新要素、构筑创新体系和发展高科技产业的区域载体，肩负的国家使命愈加重大，面对的挑战也更加严峻。高新区需要在以往建设成就的基础上更加发奋努力，勇立潮头，永攀高峰，提高研发创新投入，全面加强核心技术攻关，破解产业技术发展中核心技术受制于人的问题。

（四）"双循环战略"赋予国家高新区未来发展新机遇

"十三五"时期，中国展现大国担当，一方面坚持扩大开放，通过设立亚投行、举办进博会、建立自由贸易试验区、打造国际化营商环境，向世界分享中国市场和发展红利，加快推动形成全面开放新格局；另一方面积极推动和捍卫全球化，提出"一带一路"倡议，促进国际经济合作，推动贸易投资自由化、便利化。党的十九大报告强调"推动形成全面开放新格局"，在全球治理上，中国贡献中国智慧，提出构建人类命运共同体，并在此次抗疫过程中，深入践行人类命运共同体的理念，向外方合作伙伴提供力所能及的帮助，开展国际抗疫合作交流。在国内开放方面，中国加快推动区域协同和城乡一体化发展，推动形成优势互补高质量发展的区域经济布局。

经济全球化伴随着区域一体化蓬勃发展，但全球化过程中的治理赤字、发展赤字和信任赤字累积，保护主义、单边主义抬头，逆全球化思潮和活动愈演愈烈。面对经济增速持续潜在下行，以及全球经济发展的高度不确定性，习近平总书记在分析国际国内形势时，强调"要把满足国内需求作为发展的出发点和落脚点""逐步形成以国内大循环为主体、国内国际双循环相互促进的新发展格局"。国家高新区"十三五"末出口额占到全国的1/5，实际使用外商直接投资占到全国的四成，在新的发展格局中，需要适时调整发展路径，在"十四五"时期，充分重视国内市场需求，从研发、生产、销售和服务各个环节形成国内循环和国际循环衔接有度的发展格局。当然，党的十九届五中全会也重申实行高水平对外开放，打消中国会在"双循环"新格局下，走回闭关锁国老路的疑虑，因此，国家高新区应该加持国家自贸区，形成更高水平的开放格局。

（五）"两区"定位为国家高新区指明发展新方向

国务院发布《关于促进国家高新技术产业开发区高质量发展的若干意见》（以下简称《意见》），提出将国家高新区建设成为创新驱动发展示范区和高质量发展先行区。这是自20世纪90年代批准成立首批国家高新区之后，首次以国务院名义发布的国家高新区主题文件。《意见》发布的时点，正值新冠肺炎疫情在全球持续肆虐，世界经济加速衰退；正值以美国为首的部分西方国家全力打压我国高科技企业，维持其对中国的全面优势；也正值国家高新区刚过而立之年，羽翼渐丰。30年的高速发展，国家高新区已经成为我国实施创新驱动发展战略的重要载体，在转变发展方式、优化产业结构、增强国际竞争力、带动区域发展等方面发挥了重要作用，走出了一条具有中国特色的高新技术产业化道路。面对百年未有之大变局，国家高新区又一次站在了历史的关口、大国博弈的阵地，需要完成新的使命和定位，引领新时代的征程。

"两区"定位需要国家高新区深刻认识全球经济社会发展时代特征，准确把握新经济时代新型产业发展的基本规律；要突出创新驱动，把以科技创新为核心的全面创新与实现高质量发展作为发展的主线；要深入研判国内外发展形势和区域发展环境变化带来的机遇与挑战，进一步明确新时期在国家与区域发展中的战略定位，提出推动高质量发展的总体思路，设计高质量发展目标体系；要明确具有地方特色和竞争优势的主导产业架构，谋划一批推动产业高端发展、创新发展和集群发展的重点工作与项目，设计一批优化提升创新创业生态的重点举措与抓手；要梳理一批推动园区产城融合发展、国际化及区域开放协同发展的重点任务与计划，加强治理能力现代化建设，做好体制机制改革与各项保障措施。

（六）全面深化改革要求国家高新区加快治理体系现代化

党的十八届三中全会首次提出"推进国家治理体系和治理能力现代化"重大命

题,并把"完善和发展中国特色社会主义制度,推进国家治理体系和治理能力现代化"确定为全面深化改革的总目标。党的十九届四中全会审议通过的《中共中央关于坚持和完善中国特色社会主义制度、推进国家治理体系和治理能力现代化若干重大问题的决定》明确提出了坚持和完善中国特色社会主义制度、推进国家治理体系和治理能力现代化的总体要求和总体目标,并对坚持和完善党的领导制度体系等13个方面的重点任务做出战略部署。中国的全面深化改革,已经进入以加快推进治理体系和治理能力现代化的新阶段。

推进国家治理体系和治理能力现代化,就是要使各方面制度更加科学、更加完善,实现党、国家、社会各项事务治理制度化、规范化、程序化,善于运用制度和法律进行治理。"十四五"时期,是加快推进治理体系和治理能力现代化的关键时期,国家高新区要继续高举全面深化改革大旗,在不同领域、不同层次探索构建中国特色高科技园区的制度安排和治理体系。

三、推动国家高新区高质量发展的关键议题

创新是推动高质量发展的核心动力。党的十九届五中全会将科技自立自强的重要性提上了历史的新高度,国家高新区以"占全社会研发投入的39.5%、占全国境内外有效发明专利量的32.1%,集聚了全国70%以上的国家工程研究中心、35%以上的高新技术企业"等成为国内创新资源最集中的功能区,理所当然成为推动国家科技自立自强的排头兵和先行者。国家高新区率先实现自立自强是建设社会主义现代化国家的内因所需,也是解决核心技术受制于人的必然要求。面向"十四五"时期,国家高新区要在参与新型举国体制推动科技创新、大力提升自立自强的创新能力、加快发展新动能和新经济等方面设立关键议题,开展专项行动。

(一)全方位响应并参与新型举国体制,推动科技创新新主题

2014年,习近平总书记在中国科学院第十七次院士大会、中国工程院第十二次院士大会上讲道:"在推进科技体制改革的过程中,我们要注意一个问题,就是我国社会主义制度能够集中力量办大事。这是我们成就事业的重要法宝。"举国体制是指以

国家利益为最高目标，动员和调配全国有关的力量，包括精神意志和物质资源，攻克某一项世界尖端领域或国家级特别重大项目的工作体系和运行机制。所谓新型举国体制就是把举国体制的一般特征，与新时代中国特色社会主义思想进一步结合，与当前国内外一系列重大变化和"四个面向"要求进一步结合，突破当前和未来影响中国发展的关键实践问题、重大工程问题和世界前沿问题。科技主管部门早在5年前就提出要探索社会主义市场经济条件下科技创新的新型举国体制。国家高新区要全方位响应并参与新型举国体制，推动科技创新新主题，包括但不限于以下3个方面：

——国家高新区要进一步增强自立自强的国家责任感和使命感，这是探索新型举国体制，推动科技创新主题的前提。实践证明，无论是应对事关国家安全和发展、事关社会大局稳定的重大风险挑战，还是在激烈的科技创新竞争中抢占制高点、掌握主动权，始终离不开自主可控的关键核心技术的强力支撑。新中国成立70多年来的科技成就表明，关键核心技术的研发涉及多种资源的协调、多条路线的协同和多个团队的创新，往往需要政府和科技部门的有效组织和引导，特别是在打造"国之重器"时，甚至需要倾注举国之力。

——国家高新区要积极加入国家引导推动的现代化重大创新工程。习近平总书记强调要"用好国家科技重大专项和重大工程等抓手，集中力量抢占制高点"。这就要求我们以国家重大科技项目和体现国家战略意图的现代化重大创新工程为牵引，在重要领域组建国家实验室，着力突破关键核心技术，不断提升重大创新工程建设效益，协同实现整体性能最优、综合效益最大。政府也要积极作为，加强支持、协调和引导，用好国家科技重大专项和重大工程等抓手，集中力量抢占制高点。新型举国体制以现代化重大创新工程为战略抓手，充分体现出党和国家勇挑重担、锐意创新的姿态。

——国家高新区要创新采用不同方式加入以攻克关键核心技术为主的新型举国体制。创新发展的制度安排是新型举国体制的实质。国家高新区除参与现代化重大创新工程以外，要围绕发动机、芯片、工业软件平台等重大关键技术创新和科学原理问题，通过与国有科研机构联合共建，参与类似工业和信息化部制造业创新中心，鼓励企业联合参加国家重大攻关项目，甚至创新采用以前没有的方式加入重大项目攻关，以此整体缩小我国科技产业与发达国家的差距，抢夺第四次工业革命的主动权。

（二）聚集与培育创新资源，最大幅度提升自立自强新能力

历经30多年发展，"发展高科技，实现产业化"依然是国家高新区在中长期要坚持的一个基本方向。这也是高新区区别于其他开发区和园区的一个重要方向性要求。过去30余年，国家高新区的科技创新体系建设可以总结为"三期"，即创新意识唤醒期、创新投入增长期和创新体系建设期。面向"十四五"，国家高新区大幅提升自立自强科技创新能力的重点有以下4个方面：

——围绕产业链布局创新链。国家高新区本质上仍是产业园区的属性，围绕产业链部署创新链，或者紧密贴合产业需求开展创新体系建设，既是其产业升级发展的客观需求，也是创新发展得以实现的内在机制。对于大多数国家高新区而言，尤其是刚升级或发展水平较差的高新区，不应当脱离产业，打造大而全、自我"空转"的创新体系，围绕产业链部署创新链，应当是指导其未来一段时期创新体系建设的核心理念和方法。

——提升三方面创新能力。过去高新区在引进创新、跟随创新、集成创新等方面形成了突出优势，但随着国际创新合作形势的变化，科技自立自强的重要性愈加凸显，高新区需要结合国家部署的前瞻性、战略性国家重大科技项目，承接和配合综合性国家科学中心建设，提高创新能级，构建区域性创新高地，未来重点要增强自主创新、原始创新和颠覆式创新能力。

——提升科技创新体系效能。经过几十年的建设和发展，国家高新区已经形成了相对完善的区域创新体系，并且在创新投入水平、要素丰度和质量上具有突出优势。下一阶段，国家高新区要重点提升创新体系的效能，提高"投入产出比"，提升创新成果质量与转化率，增强系统影响力，由此需要持续落实和强化企业创新主体地位，让企业在创新需求、创新投入和创新资源整合上扮演更重要的角色；同时还需要提升创新治理水平。过去科技创新体系的快速扩张（体现在经费增长、机构增多），伴随而来的是治理能力的低下，导致科研资金浪费、创新体系效能不足，这方面要学习先进经验，补足治理短板。

——实现区域创新体系与国家创新体系的协同。当前地方和各个高新区在创新体系建设上都致力于自成体系，导致重复建设、零和竞争的情况比较突出。未来，要促进国家高新区创新体系之间，以及地方和国家创新体系之间的协同，理顺链条，加强交互，提升效能。

（三）抢抓全球第四次工业革命机遇，布局新场景、发展新经济

第四次工业革命将以人工智能、移动互联、大数据等新技术深刻地改变人类的生产组织形态、国家治理形态及人们的生活方式，其影响前所未有。对中国来说，在前几轮工业革命中基本处于一个边缘化的位置，后期也仅是参与者而已。而在最新一轮工业革命中，中国则是潜在的领导者之一。面向"十四五"，国家高新区重点需要在两个方面发力，来抢抓第四次工业革命机遇，布局新场景发展新经济：

——抢抓国家布局"新基建"的发展机遇，建设和优化新经济发展场景。从5G基站建设、5G局部功能试点、无人驾驶试点、无人机物流配送、工业机器人应用、中文信息处理、动态监控、生物特征识别等领域出发，针对新经济发展，要鼓励新业态、新模式的创新创业，加快形成园区多元繁荣的新经济规模和范围。一方面积极争取国家布局的"新基建"项目；另一方面联合生产企业、社会组织、产业基金等构建新经济发展需求的新场景。

——培育世界级数字产业集群。数字产业，尤其是数字应用产业，是我国较少的领先世界的产业领域，除了通过数字技术赋能传统产业，推动传统产业的数字化转型，还要意识到数字产业是最具国际市场拓展前景，并且关系到数字时代全球治理权的产业。国家高新区作为我国数字产业高地，应当坚定不移地推进数字服务出口、推进数字产业的国际化，扩大中国构建的数字系统空间版图，率先打造世界级数字产业集群。在高质量发展阶段，国家高新区要经历一次深刻的战略转型，特别是在产业结构上要重视先进制造业与现代服务业深度融合发展，否则很难承担起高质量发展的使命。

（四）高质量培育高科技企业，全链条构建现代产业新体系

我国已经形成了世界规模最大的高科技产业集群，这些产业集群主要分布在国家高新区范围内。过去，我们更关注参与高科技产业全球分工，更关注产业规模的增

长,在新冠肺炎疫情冲击、高科技产业受到持续打压等冲击下,在产业发展方针,尤其在高科技产业发展方针上,国家有了新的考虑和要求。国家高新区在产业发展方面的重点任务就是要履行国家新要求,主要包括以下两个方面:

——构建或优化高新技术企业的成长结构,加强具有全球影响力科技创新企业的培育。设立百亿级、千亿级企业种子库,实施跟踪服务机制,精准、有效、及时解决种子企业发展中的问题。支持龙头企业有效利用资本市场开展并购重组,拓展国际市场,实现企业规模的跃升。深入实施高企倍增计划,瞪羚企业、隐形冠军企业和独角兽企业培育计划,形成科技型中小企业、高新技术企业、瞪羚企业、独角兽企业梯次发展格局,培育一批掌握核心技术、具有产业链控制力、占据价值链高端的创新型龙头企业、隐形冠军企业和高成长的独角兽企业。

——大幅提升存量产业的创新能力,以智能化、绿色化、高端化为发展方向,加快构建以创新为战略支撑,以高科技产业为主体,现代金融、人力资源相配套的现代化产业体系。深入对接"互联网+"和"工业4.0"战略,积极推动园区制造业提挡升级,大力发展智能产业引领经济转型,塑造数字化和智能时代的产业集群新优势。围绕科技创新促进服务业发展,为创新人才、创新企业、创新产业提供全方位优质服务,形成创新产业与创新服务业的互动共生。采取大中小企业融通发展、创新链和产业链协同布局的方式,围绕产业主导产品,以领军企业为龙头、大中小企业融通发展,形成以创新推动产业集群化发展新态势。

(五)高标准建设智慧新城,引领新时代、带动新生活、倡导新文明

"十四五"时期,国家高新区在继续做好产城融合等既有工作的基础上,针对人们对美好生活向往更加强烈和需要呈现多样化、多层次、多方面的特点,满足人们期盼有更好的教育、更稳定的工作、更满意的收入、更可靠的社会保障、更高水平的医疗卫生服务、更舒适的居住条件、更优美的环境、更丰富的精神文化生活的美好生活需求,有必要围绕以下5个方面增强园区企业从业者和人民的幸福感:

——加快大数据的流转与改革试点,探索引领中国社会发展的智能化园区。自国务院2015年8月31日出台《促进大数据发展行动纲要》,到2020年《中共中央国务

院关于构建更加完善的要素市场化配置体制机制的意见》提出加快培育数据要素市场，将其作为新时代经济体制改革的重要内容。随着第四次工业革命的深入，大数据因为其来源分散、数量巨大、格式多样需要进行采集、存储和关联分析，并与传统的金融、物流、媒体、制造业等相融合，产生一系列新媒体、新消费、新物流等新兴业态。"十四五"时期，国家高新区要结合自身产业基础或区域特点，继续加快大数据确权、流转与价值实现等改革试点，继续通过完善智能化政务服务、智能化社会配套、工厂智能化改造，以及共享云服务、云平台和加快跨界的标准应用等工作，探索引领中国社会发展的智能化园区。

——完善园区的城市化公共配套功能，建设能留住高端人才的生态化园区。根据国家高新区新修订的评价指标体系，继续加快各类教育、医疗、文化、娱乐、体育等城市化公共服务配套，特别是随着人民生活水平的提高，更加强调与自然和谐共存，高新区要加快与区域自然生态系统相结合，园区绿地率由当前全国平均30%的比例，到2025年争取提升到或超过国家生态园林城市规定的35%的标准，城市绿化覆盖率争取达到45%以上，在园区规划和建设中保持人与自然的和谐。

——凝练园区的科技品牌或发展特色，建设不断产生新思想的创新型园区。为发挥科技教育与产业融合发展的优势，高新区要创造性、前瞻性地凝练具有自身特点的科技品牌，类似合肥高新区的量子产业、石家庄高新区的生物医药、苏州高新区的医疗器械等科技品牌。对已初步形成科技品牌的高新区，要提高其全球影响力，包括但不限于加强关键技术突破、搭建全球科研平台、重视高端人才培养、建设全球性技术交流枢纽等。牢记高新区的科技本能，新升级高新区通过联合共建大学、引进分支机构、创建网络大学、建设具有育人功能的新型研发机构等方式，尽快弥补高等教育或创新人才不足的短板。科技创新背后是思想的产生，高新区要勇于创造新概念、新原理、新思想、新模式等新文化，真正成为城市的大脑和思想的源泉，同时，要增强正能量的宣传，对外要讲好中国高新区故事。

——开展环保、生活等精细化管理试点，建设引领城市管理的现代化园区。规划要高远，管理要精细。随着城市垃圾分类开始落地执行，国家高新区要在城市环保管理、社区人口管理、街区边角管理、公共设施管理、文明礼貌引导等方面推行精细化管理，发扬"锥子"精神，落实部门、人员、时间等责任，在管理标准、管理范围、管理责任上力求精细定位、精益求精，建设引领城市管理的现代化园区。

——试点提升园区建筑、道路等基础设施标准，建设应急管理引领型的示范园区。2020年突然暴发的新冠肺炎疫情给高新区的应急管理带来不小挑战。未雨绸缪，国家高新区在城市各类道路、园区建筑、基础设施、室内装修等方面，要适当提升标准，以高标准的市场需求带动园区城市高质量的管理。完善园区应对各类突发事件的应急管理制度，加强模拟培训，开展全员体验，把应急管理与生命等价看待，建设一批应急管理标准化、引领型的示范园区。

（六）深化对外开放，在建设全球命运共同体上争取新突破

"十四五"时期，受到新冠肺炎疫情传播、国际力量对比深刻调整，以及过去全球化过程中积累的矛盾爆发的影响，今后全球化可能遭遇波折，呈现出"区域全球化""有限全球化"等新的特点。面临这样的形势，国家明确表态坚持扩大开放，推进全球化，构建人类命运共同体。要加大开放创新力度，除了在国内推动区域协同发展、打造区域创新增长极，在国际开放合作方面，明确加强国际创新、产业和园区合作，支持企业"走出去"，拓展新兴市场。国家高新区一直是我国最开放的区域之一，不仅人才国际化程度高，并且在产业上深度嵌入国际产业分工体系，在新的形势下，国家高新区要致力于构建互利共赢的开放经济体系，主要有以下两个方面的重点任务：

——致力于成为深度嵌入国际创新网络的具有吸引力和整合力的国际创新枢纽。虽然国际格局深入调整，但创新资源，尤其是人才资源仍是最具流动性的。在真正的尖端创新领域，只有汇集全球顶尖人才，才能实现突破。国家高新区要致力于成为国际创新枢纽，要重视发挥两个主体的作用：一个是世界知名高校和科研院所的作用，通过其链接国际学术网络；另一个是世界级领军企业的作用，通过广泛在国外设立研发中心，整合其他国家的智力资源。

——打造国际化的营商环境。当前许多国家高新区同样是国家自由贸易试验区。自由贸易试验区是我国继续扩大开放、构建开放型经济新体制的重要平台载体。只有

在充分开放的条件下，提升企业、产业和园区的国际竞争力，才能谈国际竞争力，国际竞争力也才有意义。国家高新区要从打造国际化的营商环境入手，按照国际标准推进投资贸易便利化，形成具有全球吸引力的开放高地。

（七）强化依法治国意识，加快提升中国特色的园区治理能力

党的十九届五中全会建议"十四五"时期经济社会发展的指导思想包括加快建设现代化经济体系，加快构建以国内大循环为主体、国内国际双循环相互促进的新发展格局，推进国家治理体系和治理能力现代化。《意见》也提出，到2035年要实现园区治理体系和治理能力的现代化。"十四五"时期，国家高新区要推进园区治理体系和治理能力现代化，主要有以下两个方面的重点任务：

——探索更加科学的管理体制。理顺高新区与行政区融合的体制。研究制定"一区多园"统筹协同发展工作机制。探索法定机构改革，实现法定机构职责法定。创新人事薪酬管理机制，充分激发公职人员活力。探索建立合理的改革创新容错机制，提高行政效率及行政效能。逐步建立符合国际惯例和市场经济需要的行政法规体系和管理运行机制。

——推动高新区运行机制更加合理化。完善和规范"嵌入性"制度设计。发挥政府在科技创新、创新创业、产业发展、市场拓展等重点平台建设方面的组织、引导和扶持作用，把各类公共平台作为政府"嵌入"促进经济社会发展的抓手，参与平台的建设、决策、监督和管理，并帮扶平台运行，但不参与平台建设主体与市场利益相关者的分利和争利。建立良性的决策和政策推进过程。建立重大推进事项和政策出台的专家审议制度、社会征询制度和监督评价制度，实现公平与效率的统一，提高资源配置和政策支持的绩效，确保最大限度地实现决策和政策的预期目标。

——发展和完善新经济政策体系。构建高质量发展政策体系，大胆开展新经济制度创新，探索布局个性化产业跨界赛道，针对具体领域出台个性化的机会清单、场景创新举措和跨界行业规则。围绕跨区域创新合作等方面探索政策创新。

国家高新区创新能力评价报告2020

国家高新区 第二章
创新能力指数总览

一、2019年的指数表现

根据2019年火炬统计数据测算，2019年国家高新区创新能力指数总体表现如下。

（一）指数整体表现态势

国家高新区创新能力总指数持续增长（图2-1），从基期2010年开始到2019年，创新能力总指数从100点提升至326.4点，9年内增长了226.4点，平均每年增长25.2点。表明国家高新区整体创新能力在不断增强，创新发展水平在不断提升，国家高新区在践行创新驱动发展战略、推动高质量发展方面不断迈出坚实步伐。

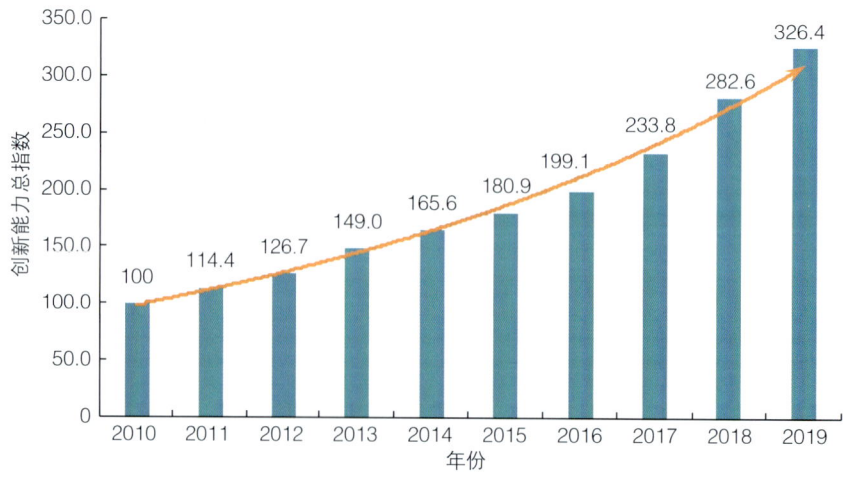

图2-1　2010—2019年国家高新区创新能力总指数

从指数的增长幅度和速度来看（图2-2），2011—2019年国家高新区创新能力总指数历年的增长幅度均在12点以上，除了2015年，其余年份的增长速度均保持在10%以上，尤其是2017—2019年，国家高新区创新能力总指数增幅超过了30点，分别高达34.7点、48.8点、43.8点，说明在过去的3年，高新区的创新能力得到了显著提升，创新发展成效斐然。在国际经济复苏迟缓、贸易保护主义抬头、国内经济转型压力加大的背景下，高新区正加快释放创新动能，不断为我国创新驱动发展战略的实施和经济向高质量发展阶段转变提供新的动力和支撑。

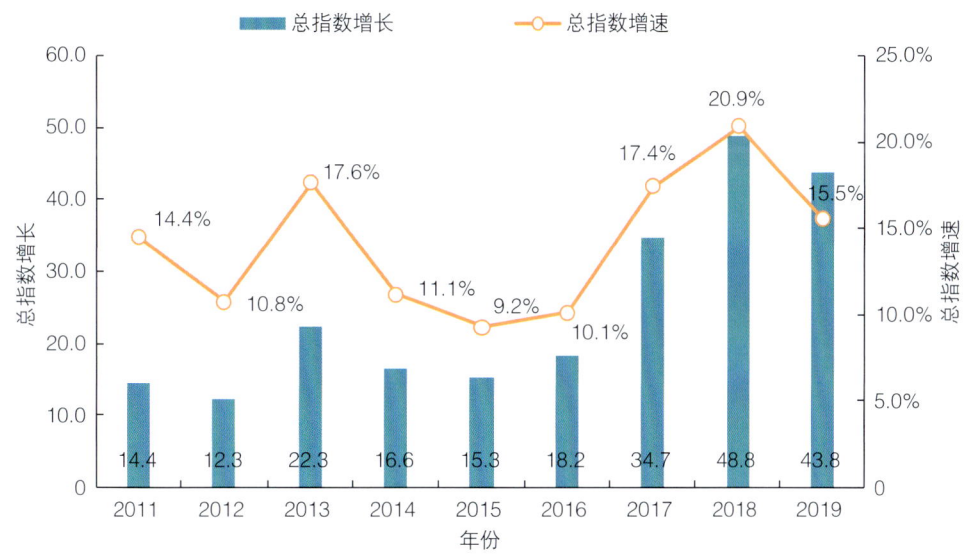

图2-2　2011—2019年国家高新区创新能力总指数增长情况

（二）分项指数增长和贡献

观察高新区创新能力5个分项指数的整体变化趋势，2010—2019年，5个分项指数均保持增长态势。其中，创新创业环境指数增长最为显著，整体呈"J"型曲线增长趋势，增长幅度也最大；其次是创新的国际化指数，正处于跨越"S"型曲线的二次增长阶段，并有明显的持续增长态势；创新资源集聚指数增长趋于平稳；创新驱动发展指数增长较为缓慢；创新活动绩效指数增长虽然也相对缓慢，但是近两年有较为明显的抬升趋势（图2-3）。

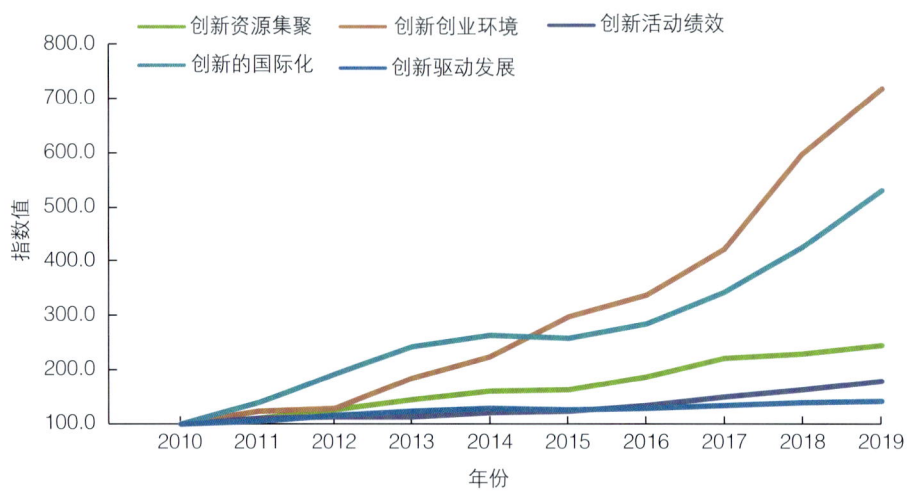

图2-3 2010—2019年国家高新区创新能力分项指数变化趋势

从分项指数的具体数值来看，2019年国家高新区创新资源集聚指数为244.5点，创新创业环境指数为720.0点，创新活动绩效指数为179.0点，创新的国际化指数为530.7点，创新驱动发展指数为142.9点（表2-1）。5个分项指数中创新创业环境指数最高，其次为创新的国际化指数，接着是创新资源集聚指数和创新活动绩效指数，最后是创新驱动发展指数。

表2-1 2010—2019年国家高新区创新能力分项指数

分项指数	2010年	2011年	2012年	2013年	2014年	2015年	2016年	2017年	2018年	2019年
创新资源集聚	100	111.2	126.2	144.3	161.5	162.6	186.0	220.5	229.6	244.5
创新创业环境	100	124.5	127.3	184.4	224.0	298.8	337.3	422.5	596.6	720.0
创新活动绩效	100	109.0	111.6	113.8	119.6	124.3	134.4	149.8	161.7	179.0
创新的国际化	100	140.1	193.0	241.9	262.6	259.5	285.4	341.9	424.0	530.7
创新驱动发展	100	104.1	115.1	122.4	129.2	126.4	129.3	134.4	138.4	142.9

以上分析说明，自2010年以来，国家高新区在创新创业环境建设方面取得的成效最为显著，这与国家在政策层面对双创工作的引导密切相关，但更得益于高新区自身对创新创业工作的高度重视和有力实践。同时，高新区一直是我国对外开放的前沿阵地，近些年来在创新的国际化方面取得的成效十分可观。高新区建立之初，就在强调培育和集聚创新资源，因此创新资源集聚指数一直在稳定增长。相对而言，高新区在

创新活动绩效和创新驱动发展方面表现较弱,是今后工作的重点任务和方向。

从投入产出的角度来看,创新资源集聚和创新创业环境指数9年来分别提升了144.5点和620.0点,而创新活动绩效和创新驱动发展指数的增长幅度则相对较低,分别提升了79.0点和42.9点。这表明国家高新区整体仍处于创新发展的投入期,应注意进一步提高创新资金的使用效率和创新资源的配置效率,切实将创新投入转变为创新产出和经济发展绩效,而这是一个长期过程,需要持续的坚持和努力。值得关注的是,结合前文指数趋势的分析,高新区创新活动绩效指数近两年的增长有抬升趋势,说明高新区创新驱动的原动力正在逐步增强。

2019年,国家高新区创新能力5个分项指数均有不同程度的增长:创新资源集聚指数增长14.9点,同比增长6.5%;创新创业环境指数增长123.4,同比增长20.7%;创新活动绩效指数增长17.3点,同比增长10.7%;创新的国际化指数增长106.7点,同比增长25.2%;创新驱动发展指数增长4.5点,同比增长3.3%(图2-4)。5个分项指数中增幅最大的是创新创业环境指数,增速最高的是创新的国际化指数。两年相比,除了创新创业环境指数,其余4个分项指数无论是增长幅度还是增长速度,2019年都高于2018年。

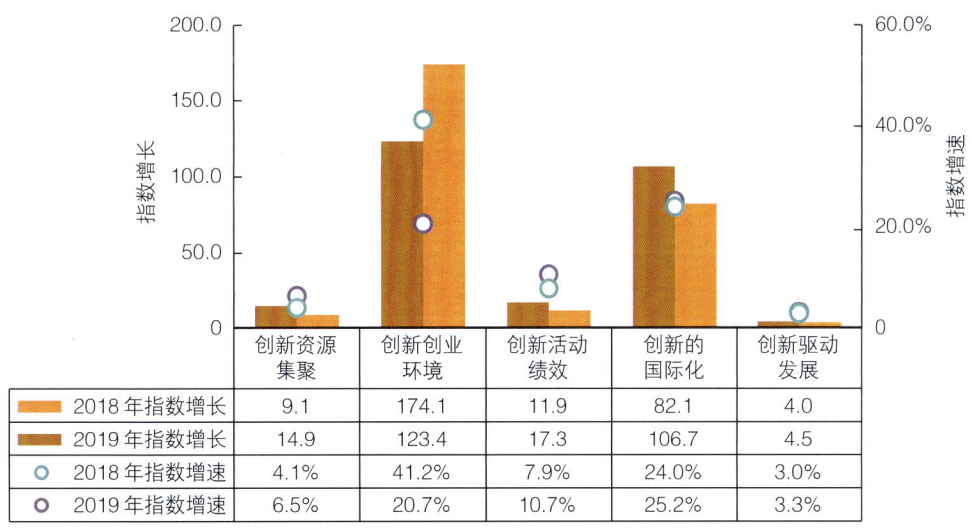

图2-4　2018年、2019年国家高新区创新能力分项指数变化情况

从分项指数近3年增速的雷达对比图来看（图2-5），创新创业环境指数增速经历了大幅增长、迅速回落的过程，创新的国际化指数增速持续提升，创新资源集聚指数增速2018年大幅回落后小幅回调，创新活动绩效指数增速变化不大，处于小幅震荡变化中。

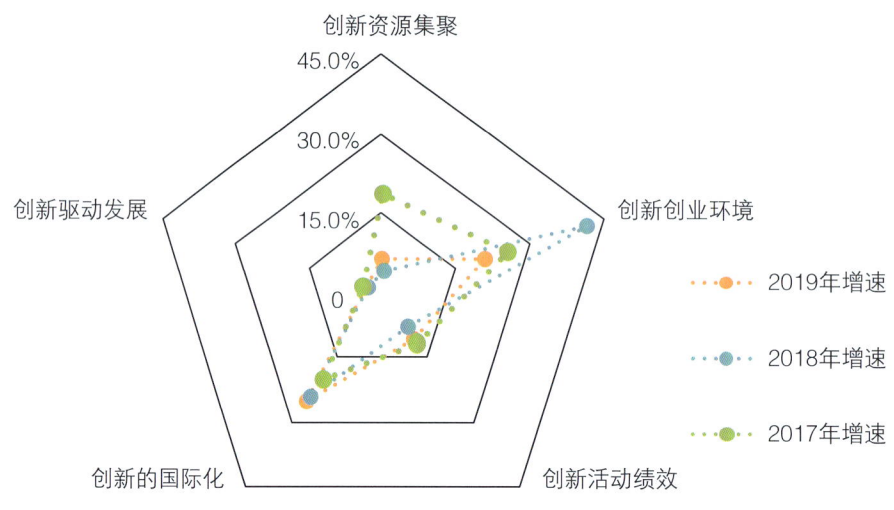

图2-5　2017—2019年国家高新区创新能力分项指数增速对比

5个分项指数对总指数增长的贡献情况如图2-6所示。2019年国家高新区创新能力总指数增长了43.8点，其中，创新资源集聚指数贡献了2.98点，创新创业环境指数贡献了24.68点，创新活动绩效指数贡献了4.33点，创新的国际化指数贡献了10.67点，创新驱动发展指数贡献了1.12点。由此可见，2019年对总指数增长贡献最大的仍然是创新创业环境指数，贡献率达到56.4%，但较上年度有所下降；其次为创新的国际化指数，贡献率为24.4%，较上年度有所提升。同时，创新活动绩效指数的贡献率（2019年是9.9%，2018年是6.1%）连续两年超过了创新资源集聚指数的贡献率（2019年是6.8%，2018年是3.7%），并且这种贡献率差距有所扩大，说明国家高新区创新能力的提升正加速向"产出端"转移。

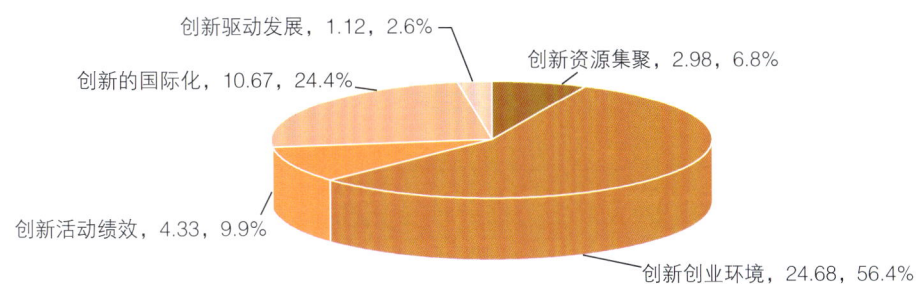

图2-6　2019年国家高新区创新能力分项指数的增长贡献和贡献率

通过分析2011—2019年5个分项指数对国家高新区创新能力总指数增长的贡献率（图2-7）可以发现，自2013年开始，高新区创新能力分项贡献率的主力一直是创新创业环境指数，贡献率一直维持在40%以上，其余4个分项指数的贡献率处在交替变化中，2016年以后创新的国际化指数贡献率处于上升周期中，2019年创新活动绩效指数的贡献率有明显抬升。

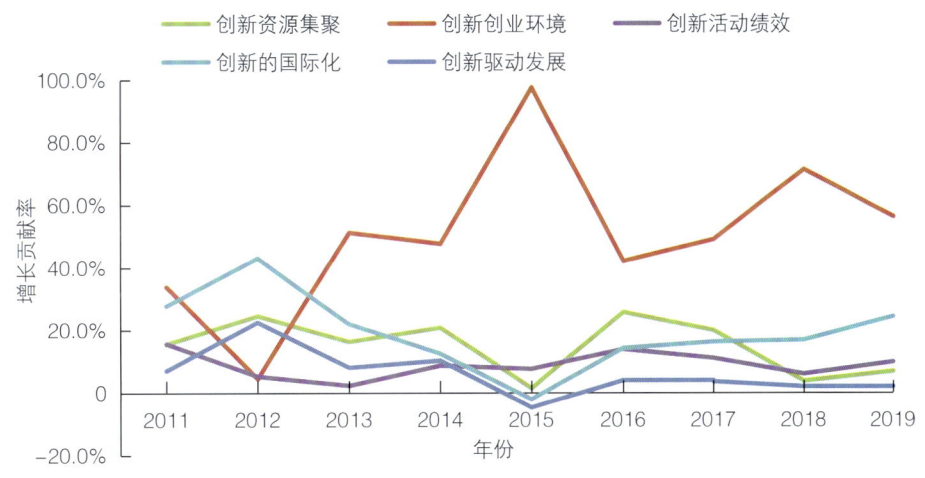

图2-7　2011—2019年国家高新区创新能力指数增长贡献率对比

具体到国家高新区，2019年拥有两年及以上评价数据的国家高新区共计169家，其中有115家国家高新区的创新能力总指标加权增长率为正值，也就是说68%的国家高新区的创新能力在2019年有所提升，但这一比例较2018年降低了4个百分点。这说明高新区整体创新能力的提升，是以大多数高新区个体创新能力的提升为基础的，但高新区个体间创新能力提升程度的差异较大，相当一部分高新区的创新能力有所下降。

二、不同区域国家高新区的表现对比

按照不同地区、省份的国家高新区群体[①]分别计算创新能力总指标和5个一级指标的加权增长率，通过对各地区、省份国家高新区创新能力加权增速的对比分析，发现不同区域国家高新区在2019年创新能力提升过程中的差异和特征表现如下。

（一）四大地区园区的表现对比

2019年四大地区国家高新区的创新能力均有不同程度提升，其创新能力总指标加权增长率从高到低依次为：东部地区高新区增长12.8%、中部地区高新区增长6.7%、西部地区高新区增长3.2%、东北地区高新区增长1.6%。从加权增长率的两年变化来看，只有东部地区高新区的加权增长率较2018年提高了2.1个百分点，中部地区、西部地区和东北地区高新区的增速均有所下降，尤其是西部地区和东北地区高新区的增速出现较大幅度下滑（图2-8）。整体来看，2019年东部地区高新区的创新能力在加速提升，中部地区高新区的提升相对平缓，而东北地区和西部地区高新区则处于震荡提升的状态。

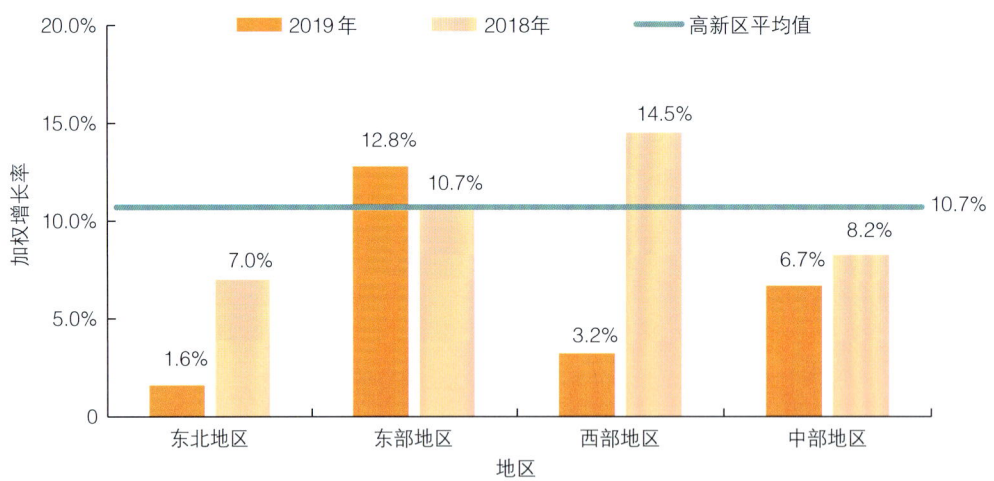

图2-8　2018年、2019年国家高新区创新能力总指标加权增长率的地区分布

将构成国家高新区创新能力的5个一级指标进行分解，通过对其加权增长率的分

---

① 不同地区、省份的国家高新区群体分类，参见附录"四、园区分类说明"。

析，可以发现2019年不同地区高新区的增长差异较为明显：一方面，东部和中部地区高新区实现了全面增长。这两个地区的高新区5个一级指标均有不同幅度的增长，且创新能力的提升均主要由创新创业环境、创新的国际化两个方面带动。另一方面，东北和西部地区高新区均存在下降的指标。东北地区高新区创新的国际化指标出现大幅增长，创新资源集聚和创新创业环境指标出现小幅增长，但创新活动绩效、创新驱动发展两个指标出现明显下降；西部地区高新区则是3个一级指标实现了一定幅度的增长，但创新的国际化、创新驱动发展两个指标均有小幅下降（图2-9）。

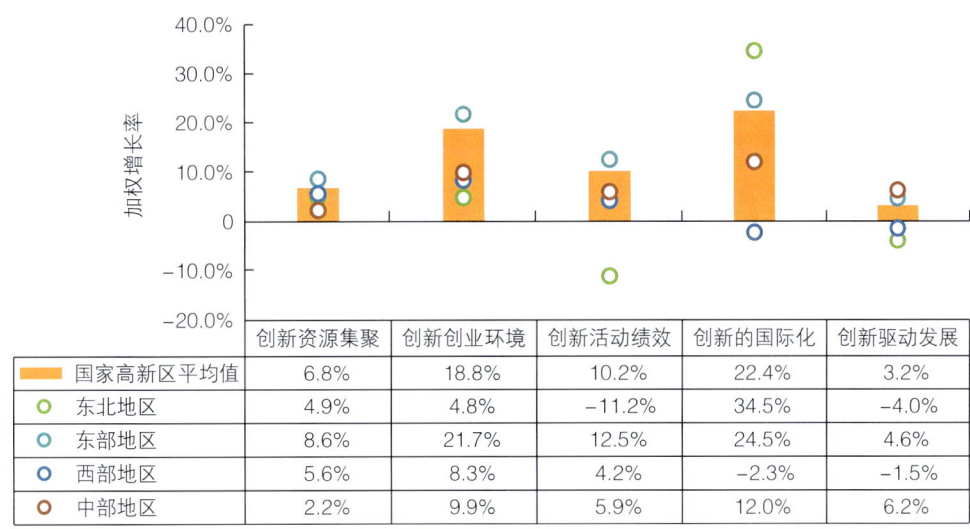

图2-9　2019年国家高新区创新能力5个一级指标加权增长率的地区分布

（二）各省份园区的表现对比

通过按照所属省级行政区（以下简称"省份"）计算省内国家高新区创新能力总指标的加权增长率，总体表现如表2-2所示。

表2-2　2019年国家高新区创新能力总指标加权增长率的省份表现

省份	创新能力总指标加权增长率	省份	创新能力总指标加权增长率
宁夏	29.4%	天津	12.2%
广东	20.3%	湖南	11.5%
内蒙古	19.6%	江西	10.7%
云南	13.0%	浙江	10.5%

续表

省份	创新能力总指标加权增长率	省份	创新能力总指标加权增长率
河南	10.4%	陕西	3.9%
青海	10.2%	黑龙江	2.1%
江苏	10.0%	山东	2.1%
海南	9.3%	辽宁	1.8%
四川	8.4%	吉林	1.3%
福建	8.3%	安徽	-1.0%
广西	7.9%	山西	-1.8%
河北	5.6%	贵州	-2.3%
上海	5.2%	重庆	-2.5%
北京	5.2%	甘肃	-6.4%
湖北	4.4%	新疆	-6.9%

把2019年各省份国家高新区创新能力总指标加权增长率划分为4个等级（图2-10）：

超过15%的省份共有3个，分别是宁夏（29.4%）、广东（20.3%）、内蒙古（19.6%），2019年这3个省份国家高新区的创新能力总指标加权增长率排名前三，创新能力的提升显著。

10%～15%（含）的省份共有8个，分别是云南（13.0%）、天津（12.2%）、湖南（11.5%）、江西（10.7%）、浙江（10.5%）、河南（10.4%）、青海（10.2%）、江苏（10.0%），2019年这8个省份国家高新区创新能力的提升十分突出。

0～10%（含）的省份共有13个，分别是海南（9.3%）、四川（8.4%）、福建（8.3%）、广西（7.9%）、河北（5.6%）、上海（5.2%）、北京（5.2%）、湖北（4.4%）、陕西（3.9%）、黑龙江（2.1%）、山东（2.1%）、辽宁（1.8%）、吉林（1.3%），2019年这13个省份国家高新区创新能力的提升相对明显。

出现负增长的省份共有6个，分别为安徽（-1.0%）、山西（-1.8%）、贵州（-2.3%）、重庆（-2.5%）、甘肃（-6.4%）、新疆（-6.9%），说明2019年这6个省份的国家高新区创新能力未见改善,需要相关省份层面对高新区的创新发展建设工作给予足够重视和支持,从顶层设计着手优化高新区整体发展环境,强化创新发展基础,明确高质量发展的导向和举措。

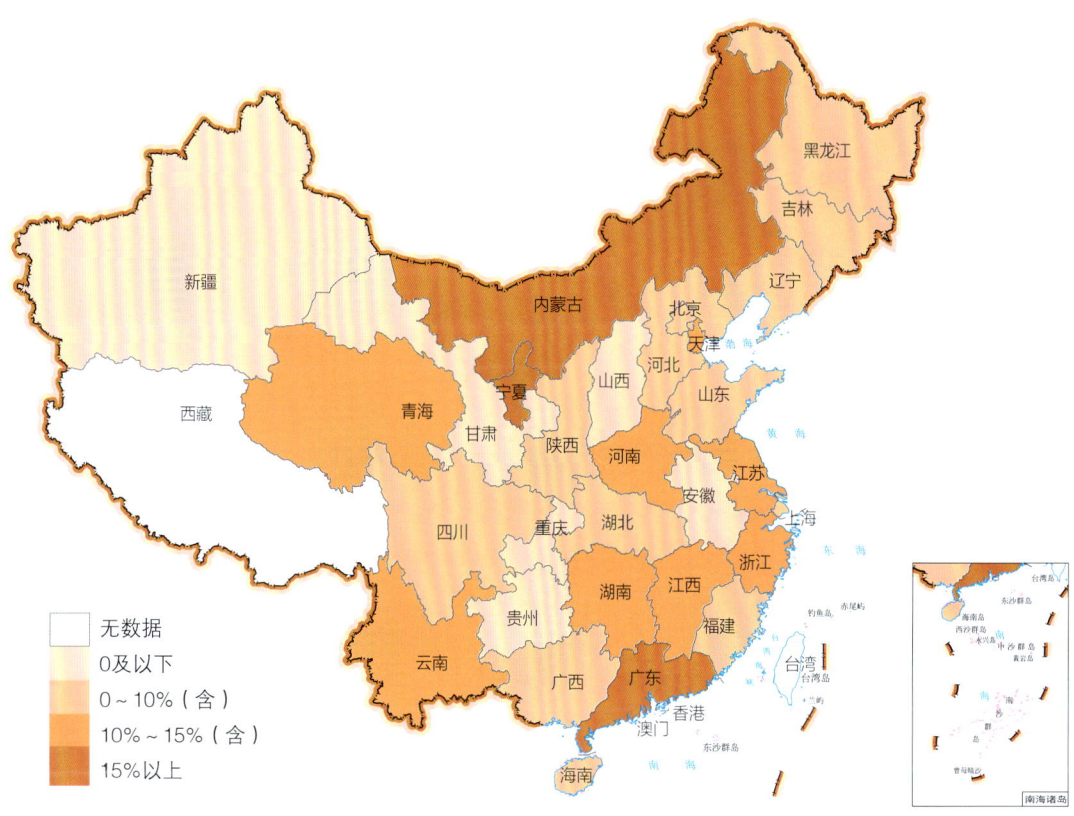

图2-10 2019年国家高新区创新能力加权增长率的省份分布情况

对构成国家高新区创新能力的5个一级指标进行分解,得出各省份国家高新区一级指标的加权增长率,如表2-3、图2-11所示。

表2-3 2019年国家高新区创新能力5个一级指标加权增长率的省份分布明细

省份	创新资源集聚	创新创业环境	创新活动绩效	创新的国际化	创新驱动发展
黑龙江	4.3%	−1.3%	17.5%	−45.0%	6.5%
吉林	16.1%	10.2%	−25.4%	30.0%	−2.6%
辽宁	0.5%	2.9%	1.2%	14.9%	−2.7%
北京	4.6%	7.1%	6.8%	7.6%	1.6%

续表

省份	创新资源集聚	创新创业环境	创新活动绩效	创新的国际化	创新驱动发展
福建	4.2%	20.4%	13.9%	9.0%	-4.1%
广东	7.1%	43.9%	22.5%	44.7%	0.0%
海南	44.1%	-15.7%	13.7%	-7.5%	3.6%
河北	2.7%	-14.4%	15.8%	15.8%	9.7%
江苏	14.7%	8.8%	12.3%	21.2%	0.2%
山东	10.3%	-3.0%	11.4%	-9.8%	-5.0%
上海	-6.4%	8.2%	13.5%	13.3%	0.5%
天津	-24.6%	49.0%	4.6%	3.4%	23.2%
浙江	13.9%	6.0%	14.2%	28.1%	0.6%
甘肃	5.0%	9.0%	-1.5%	-77.2%	-4.4%
广西	3.8%	17.5%	4.7%	21.6%	1.3%
贵州	1.2%	11.6%	0.5%	-37.1%	-5.1%
内蒙古	13.4%	32.0%	15.2%	24.4%	17.3%
宁夏	-4.6%	51.7%	78.2%	1.9%	0.9%
青海	-6.5%	-11.4%	37.1%	31.7%	5.2%
陕西	0.5%	12.3%	5.1%	-7.6%	3.2%
四川	14.3%	11.0%	7.1%	14.5%	0.3%
新疆	-8.8%	0.7%	-3.2%	-37.9%	-2.7%
云南	-11.7%	41.9%	11.7%	19.4%	8.3%
重庆	10.0%	-9.2%	-5.5%	-7.9%	-2.2%
安徽	0.1%	15.0%	-7.5%	-25.5%	1.8%
河南	2.4%	7.3%	22.1%	30.9%	-0.8%
湖北	1.5%	0.0%	7.7%	20.5%	0.7%
湖南	5.7%	29.4%	6.4%	35.7%	-2.8%
江西	8.7%	13.1%	12.2%	27.5%	2.1%
山西	-14.9%	-21.4%	19.4%	19.0%	-5.0%

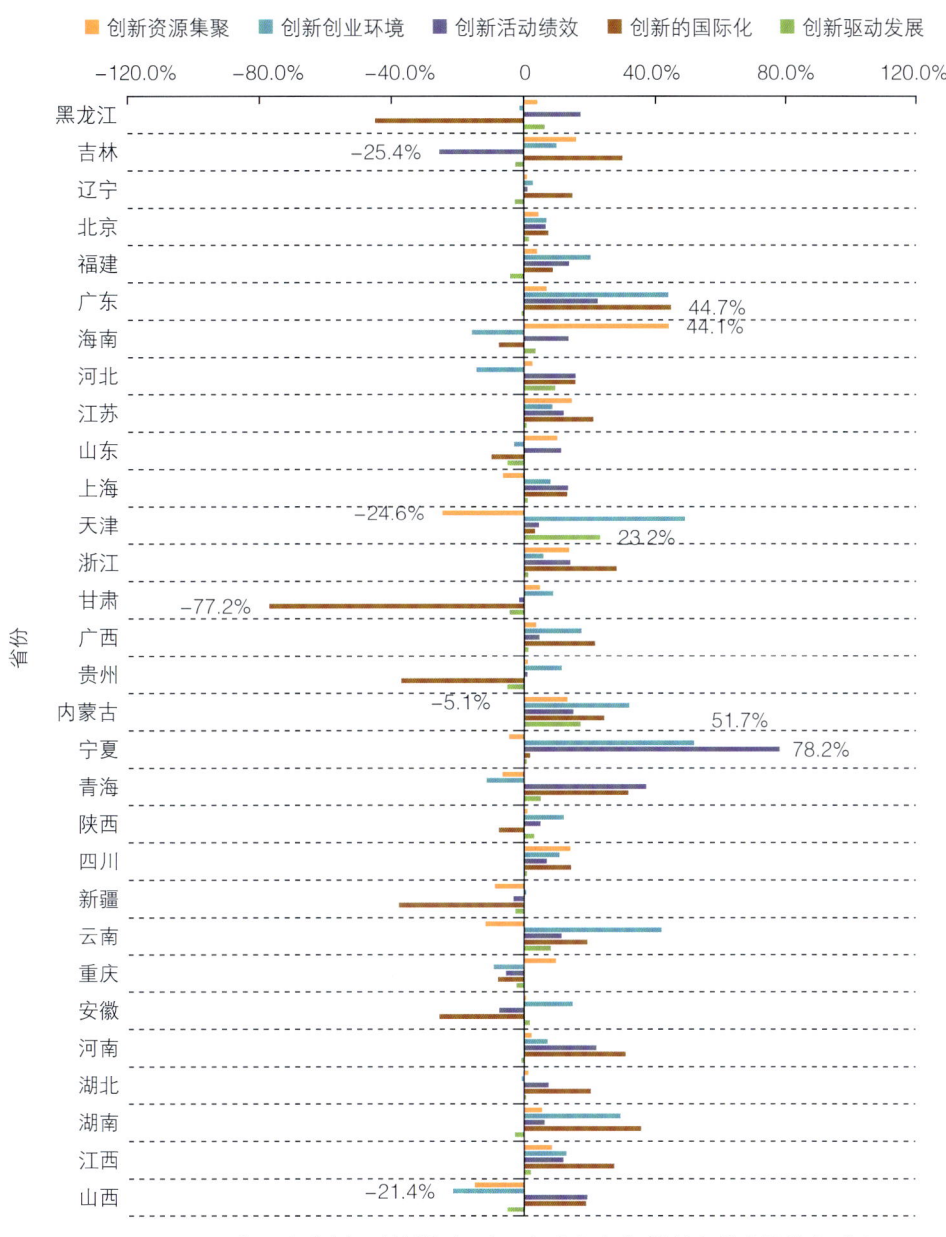

图2-11 2019年国家高新区创新能力5个一级指标加权增长率的省份分布对比

可以看到：2019年各省份国家高新区创新能力的5个一级指标加权增长率中，以创新的国际化指标极差最大，其次是创新活动绩效指标，在过去的一年，各省份高新区在创新的国际化、创新活动绩效方面的发展差异最为突出。

2019年高新区创新的国际化指标加权增长率最高、最低的省份分别为广东（44.7%）、甘肃（-77.2%），两者相差了121.9个百分点；创新活动绩效指标加权增长率最高、最低的省份分别为宁夏（78.2%）、吉林（-25.4%），两者相差了103.6个百分点；创新创业环境指标加权增长率最高、最低的省份分别为宁夏（51.7%）、山西（-21.4%），两者相差了73.1个百分点；创新资源集聚指标加权增长率最高、最低的省份分别为海南（44.1%）、天津（-24.6%），两者相差了68.7个百分点；创新驱动发展指标加权增长率最高、最低的省份分别为天津（23.2%）、贵州（-5.1%），两者相差了28.3个百分点。

具体到各个一级指标，2019年有八成以上省份的高新区创新活动绩效指标加权增长率均为正值，也就是说近八成省份的高新区创新活动绩效得到了一定程度的提升；同时，七成以上省份的高新区创新资源集聚、创新创业环境和创新的国际化指标有所提升；六成以上省份的高新区创新驱动发展指标有所提升。由此可见，创新驱动发展的成效是省份层面推动高新区发展工作的难点。

此外，国家高新区创新能力的5个一级指标均为正向增长的省份共计7个，分别为北京、江苏、浙江、广西、内蒙古、四川和江西，说明过去一年这些省份的高新区创新能力的发展更为均衡，支撑创新能力发展的5个方面都取得了良好成效。

三、不同类别国家高新区的表现对比

不同类别国家高新区的表现对比主要包括三类园区（世界一流高科技园区、创新型科技园区、创新型特色园区）和非三类园区的其他园区（以下简称"其他园区"）的对比，稳定期高新区和新升级高新区的对比，国家自主创新示范区园区（以下简称"自创区园区"）和非国家自主创新示范区园区（以下简称"非自创区园区"）的对比。按照不同类别的国家高新区群体[①]分别计算创新能力总指标和5个一级指标的加权增长率，以此来观察不同类别国家高新区群体在2019年创新能力提升过程中的差异和特征。

---

① 不同类别的国家高新区群体分类，参见附录"四、园区分类说明"。

（一）三类园区的表现对比

分别计算世界一流高科技园区、创新型科技园区、创新型特色园区及其他园区的创新能力总指标加权增长率（图2-12），可以看到：2019年三类园区和其他园区的创新能力总指标均有不同幅度的提升，其中，创新型特色园区加权增长率最大（达到13.6%）；其次为世界一流高科技园区（10.9%）；创新型科技园区和其他园区增长幅度相当，分别为7.3%、7.9%。

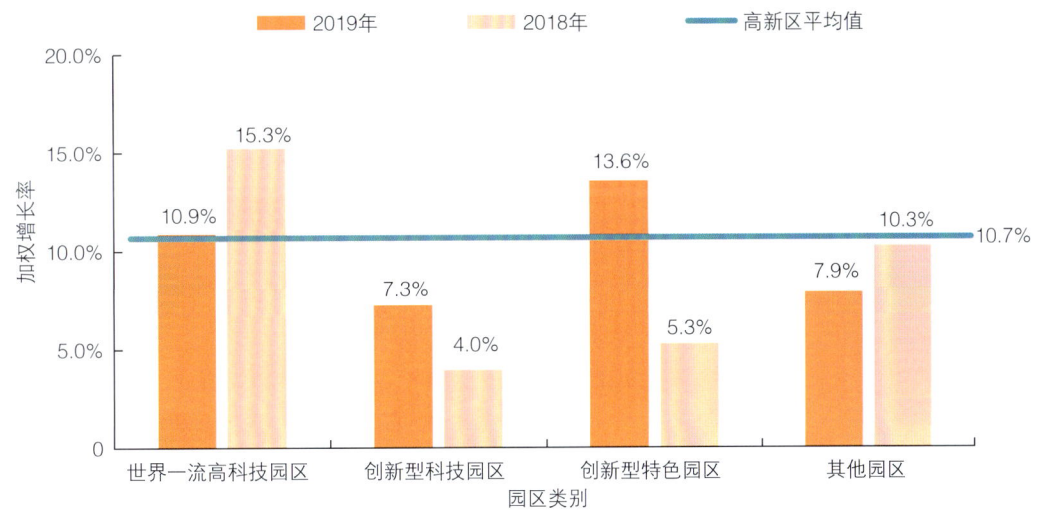

图2-12 2018年、2019年三类园区和其他园区创新能力总指标的加权增长率

从加权增长率的两年变化来看，创新型科技园区和创新型特色园区较2018年均有所提升，而世界一流高科技园区和其他园区则有所下降；从加权增长率的绝对数值来看，世界一流高科技园区的创新能力总指标能够有10.9%的加权增长率，相对于其较强的创新能力水平来说已经十分可观，这说明世界一流高科技园区作为创新基础较好、创新能力较强的园区，已经形成了创新发展的累积优势和势能。

将构成国家高新区创新能力的5个一级指标进行分解（图2-13），通过对其加权增长率的分析可以发现：2019年，世界一流高科技园区、创新型特色园区均在创新创业环境、创新的国际化方面表现突出，加权增长率均在20%以上，明显高出其他类别园区。创新型科技园区在各方面的表现较为均衡，其中创新驱动发展指标的加权增长率相对突出，高于其他类别园区。同时，其他园区的创新资源集聚指标的加权增长率表现突出，说明发展相对落后的其他园区正在通过创新资源集聚的强化，夯实创新基础，加快追赶进程。

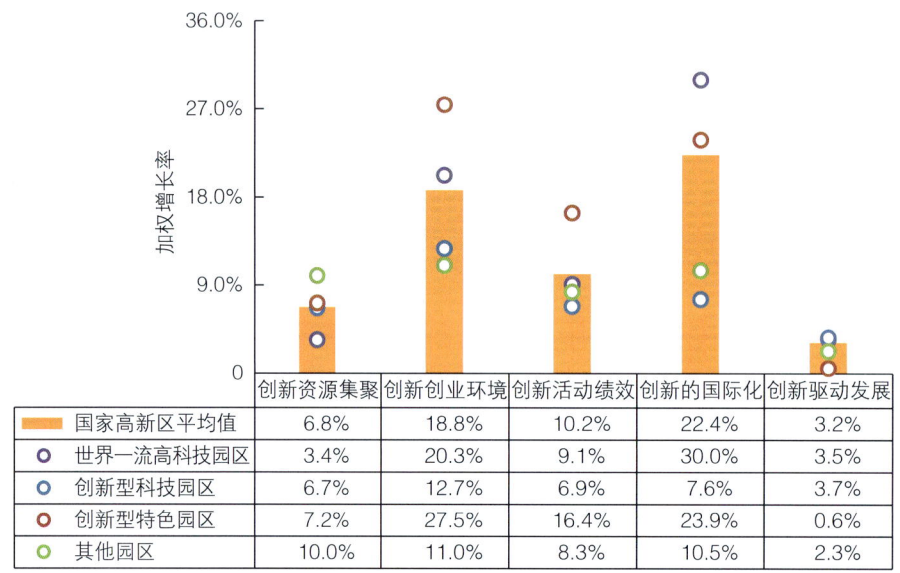

图2-13 2019年三类园区和其他园区创新能力5个一级指标加权增长率对比

（二）稳定期和新升级园区的表现对比

2019年新升级高新区、稳定期高新区的创新能力总指标加权增长率分别为14.4%、10.1%，表明新升级高新区创新能力提升的速度相对较快，一方面因为新升级高新区基数较小，存在"分母小的优势"因素；另一方面也与新升级高新区"以升促建"的阶段性政府指导、政策支持和投入紧密相关。

进一步对5个一级指标的加权增长率进行分析（图2-14）可以发现：新升级高新区的5个一级指标中有4个指标的加权增长率高于稳定期高新区，创新的国际化指标加权增长率也与稳定期高新区相当。可见，2019年新升级高新区在创新能力的各方面均取得了长足的进步。

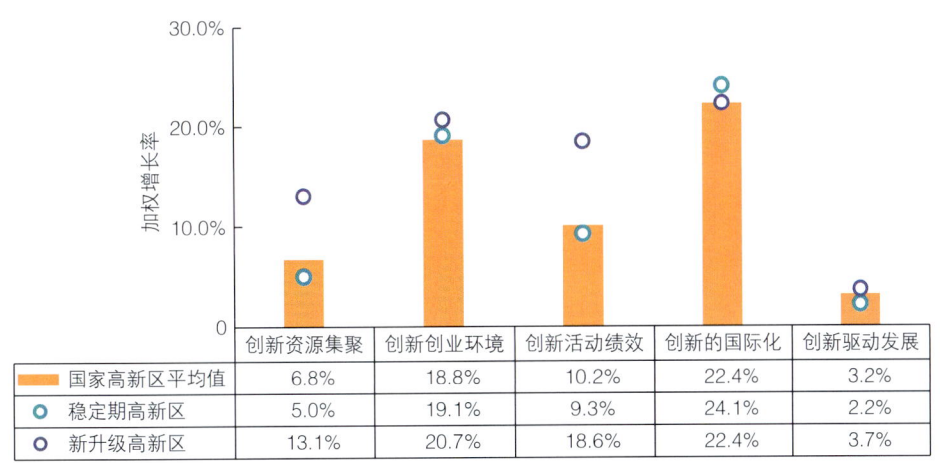

图2-14 2019年新升级和稳定期高新区创新能力5个一级指标加权增长率对比

（三）自创区和非自创区园区的表现对比

2019年，自创区园区的创新能力总指标加权增长率为10.9%，非自创区园区为7.7%，自创区园区创新能力的提升速度高出非自创区园区3.2个百分点。自创区园区多数为发展水平较高、经济和资源体量较大的园区，能够取得高出非自创区园区的增速，说明自创区园区的创新能力建设工作取得了良好成效，有效地起到了示范带动作用。

进一步分析5个一级指标的加权增长率（图2-15）可以看到：自创区园区的创新活动绩效、创新的国际化和创新驱动发展3个一级指标的加权增长率均高于非自创区园区；而非自创区园区则在创新创业环境、创新资源集聚的提升方面略有优势。这说明2019年自创区园区的发展工作重点集中在促进创新资源和成果转化为经济价值和社会效益方面，侧重提高创新驱动发展的成效；而非自创区园区的发展工作重点则是推动高新区的二次创业进程，侧重创新创业资源的集聚和环境的打造。

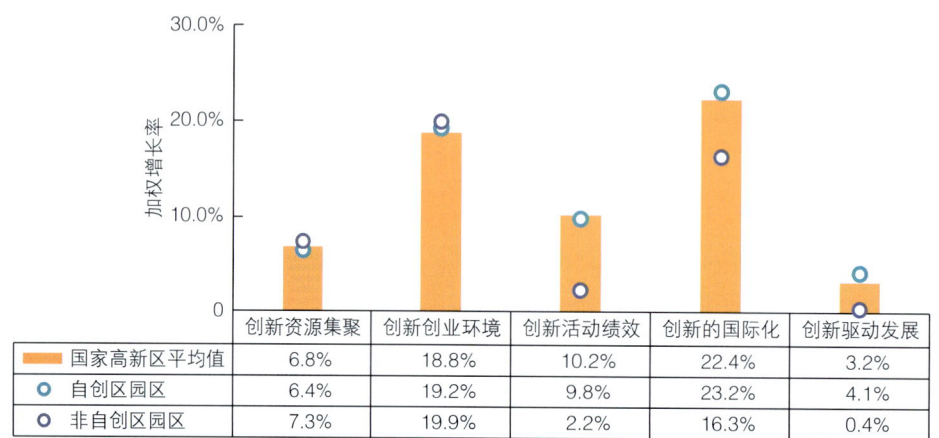

图2-15 2019年自创区园区、非自创区园区创新能力5个一级指标的加权增长率对比

国家高新区创新能力评价报告2020

创新资源 第三章
集聚评价

区域创新资源集聚能够较为客观地反映该区域创新能力的强弱。创新资源集聚程度一方面体现着国家高新区之间创新资源的禀赋差异；另一方面也反映了国家高新区财政及企业创新研发投入的基础。考察指标涵盖研发人员、研发经费、政府投入、研究机构和高新技术企业聚集程度。从测算结果来看，2019年创新资源集聚指数为244.5点，较上年增长14.9点，指数增速为6.5%。

创新资源集聚指标下设5个二级指标，分别为企业R&D人员全时当量、企业R&D投入与增加值比例、财政科技支出占当年财政支出比例、省级及以上各类研发机构数量、当年认定的高新技术企业数量。2019年，5个二级指标分别为182.0万人年、10.3%、15.4%、25 528家和29 073家，与2018年相比，同比增长率[1]依次为2.7%、0.3%、4.0%、13.4%和19.8%，5个指标均实现了增长（图3-1）。

从增速贡献[2]来看，当年认定的高新技术企业数量指标对创新资源集聚指数增长的贡献最大，对加权增长率的贡献率为42%；其次为省级及以上各类研发机构数量，贡献率为37%。

---

[1] 如果当年有新升级的国家高新区，则为了排除每年新升级国家高新区对增速的影响，报告中的"同比增长率"是指保持国家高新区数量相同的情况下所计算的增速，也即报告中本年度二级指标增速的计算对象是上一年全国国家高新区，如2018年5个二级指标数据均是169家高新区整体数据，而计算与2017年同比增长率时，使用的是2018年157家高新区整体数据和2017年157家高新区整体数据计算而来。如果当年没有新升级的国家高新区，则不用考虑。
[2] 在观察每个二级指标对相应一级指标增速的贡献时，使用的是"加权增长率"。

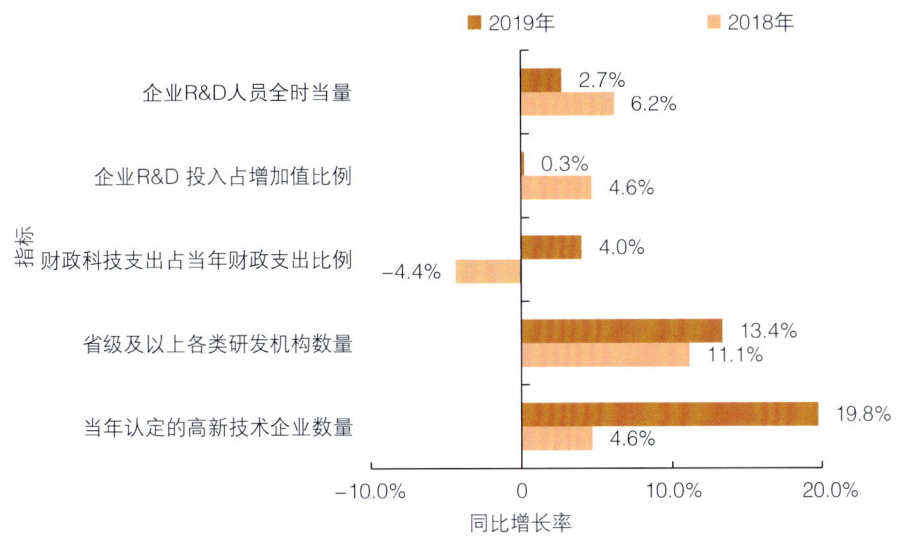

图3-1 2018年、2019年国家高新区创新资源集聚各二级指标的增长率对比

下面围绕5个二级指标，并结合相关指标和资料，分别从创新人才集聚、科技资金投入、创新主体培育3个方面对国家高新区创新资源集聚情况进行详细分析和阐述。

一、创新人才集聚

人才是第一资源，多层次人才的集聚对区域经济社会发展起着至关重要的作用。国家高新区作为我国人才集聚高地，始终高度重视人才工作，大力度招引人才与高标准培育人才并举。目前，国家高新区内已经聚集了一大批顶尖科学家、科技人员、企业家、技能型人才等各类人才，成为全国的创新人才高地。在创新资源集聚评价中，使用企业R&D人员全时当量这一指标来观察国家高新区创新人才集聚情况，以下为高新区的具体表现情况。

（一）人才招引政策持续完善，稳就业作用日益突出

集聚多层次创新创业人才，是国家高新区工作的重中之重。近年来，国家高新区不断加大人才工作投入，创新和完善人才政策体系，面向创新人才的支持政策已经成为国家高新区创新政策的标准配置。国家高新区2019年调查问卷显示，全国169家

国家高新区中,有154家建立了标志性专项人才计划,如中关村高端领军人才聚集工程、雏鹰人才计划,天津高新区人才政策"黄金七条",上海张江国家自主创新示范区国际人才试验区建设,成都高新区"金熊猫"人才计划,南宁高新区"年度创新人才"计划、"ABCDE"类人才计划,惠州高新区恺旋人才计划,湘潭高新区"551人才计划",株洲高新区中国动力谷双创人才计划等。

随着人才引进计划的相继出台和园区从业人员生活条件的逐步改善,国家高新区的人才发展环境显著提升,从业人员数量加速增长。2019年,国家高新区从业人员[①]数从2018年的2091.6万人增长至2213.5万人,同比增长5.8%,增速较上年提高1.3个百分点。其中,当年新增从业人员341.3万人,同比增长2.6%;当年吸纳高校应届毕业生68.4万人,同比增长0.6%(图3-2)。

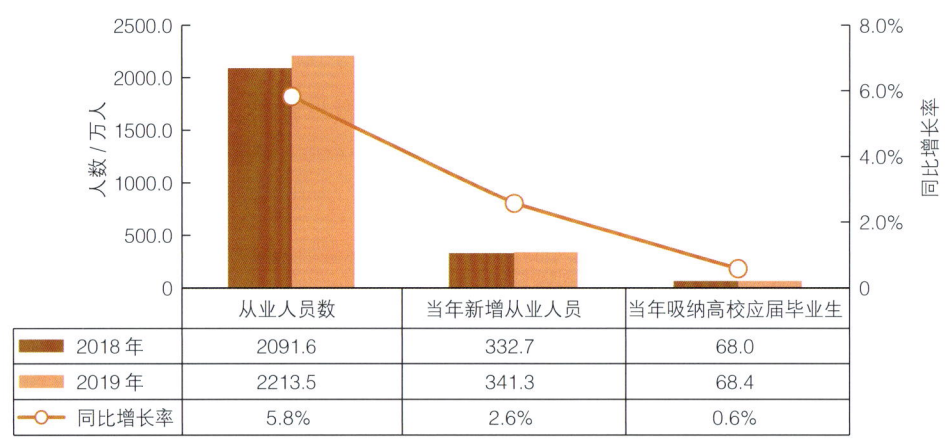

图3-2　2018年、2019年国家高新区从业人员情况比较

(二)企业从业人员结构更加优化,"双高"趋势明显

在从业人员源源不断汇入的同时,国家高新区从业人员队伍的整体结构也在不断优化,高学历化和高技能化趋势明显。

从学历来看,2019年国家高新区从业人员中有研究生(博士、硕士)148.5万人、本科生693.6万人、大专生464.7万人,分别同比增长9.9%、10.2%、5.3%;大专

---

① 本书国家高新区从业人员均指"入统企业的从业人员"。

以下学历的其他从业人员增速较为缓慢,同比增长2.4%(图3-3)。同时,2019年本科及以上学历从业人员占比由36.6%提升至38.0%,其中,研究生学历从业人员占比由6.5%提升至6.7%,本科学历从业人员占比由30.1%提升至31.3%,而大专学历及其他从业人员的占比则有所下降(图3-4)。可以看到,国家高新区以研究生、本科生为代表的高学历从业人员的增长速度明显高出其他学历人员,且高学历从业人员的占比在不断提升。

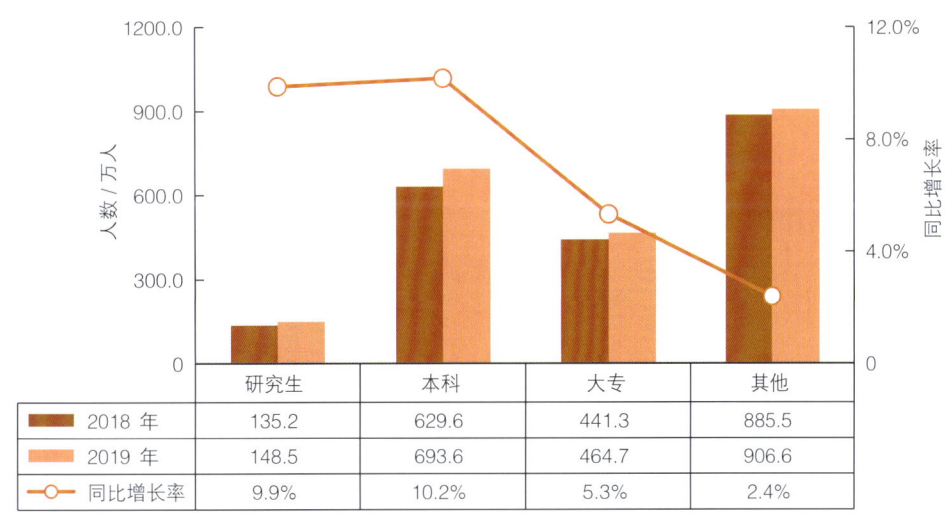

图3-3　2018年、2019年国家高新区各学历从业人员情况比较

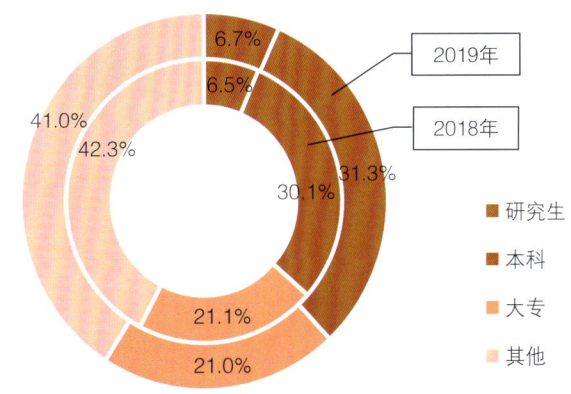

图3-4　2018年、2019年国家高新区从业人员的学历分布

具体到高新区(图3-5),2019年武汉、西安、杭州、中关村、成都、苏州工业园、上海张江、合肥、深圳等代表性园区,其从业人员中本科及以上学历从业人员占

比均在45%以上，分别为64.5%、64.4%、60.7%、59.8%、57.1%、55.2%、53.0%、48.3%、46.9%，远高于国家高新区整体水平（38.0%）。其中，武汉、西安、杭州、中关村、成都、苏州工业园、上海张江等7家园区较2018年提升明显，2019年占比均在50%以上。国家高新区作为中高端就业机会较多的地方，成为所在城市吸引知识型人才的关键流量口。

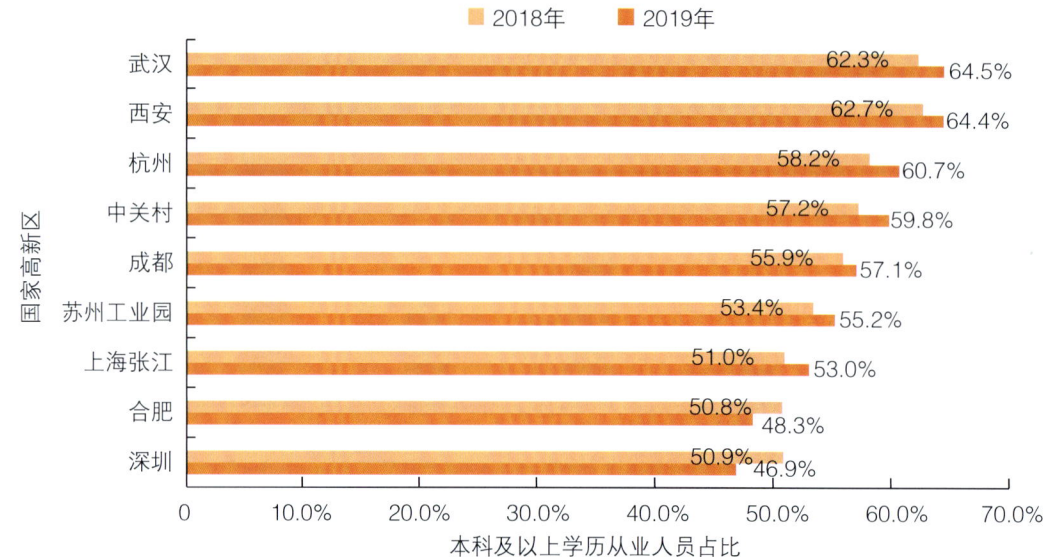

图3-5　2019年中国代表性国家高新区的本科及以上学历从业人员对比

从职业类型来看（图3-6），2019年国家高新区中层及以上管理人员数达到179.6万人，同比增长10.7%，占从业人员总数的比例为8.1%，较上年提高0.3个百分点；专业技术人员数达到616.1万人，同比增长11.9%，占从业人员总数的比例为27.8%，较上年提高1.5个百分点。高新区管理人才和技能人才增长迅速，其增长速度均明显高于从业人员的整体增速（5.8%），分别高出整体增速4.9个百分点、6.1个百分点。

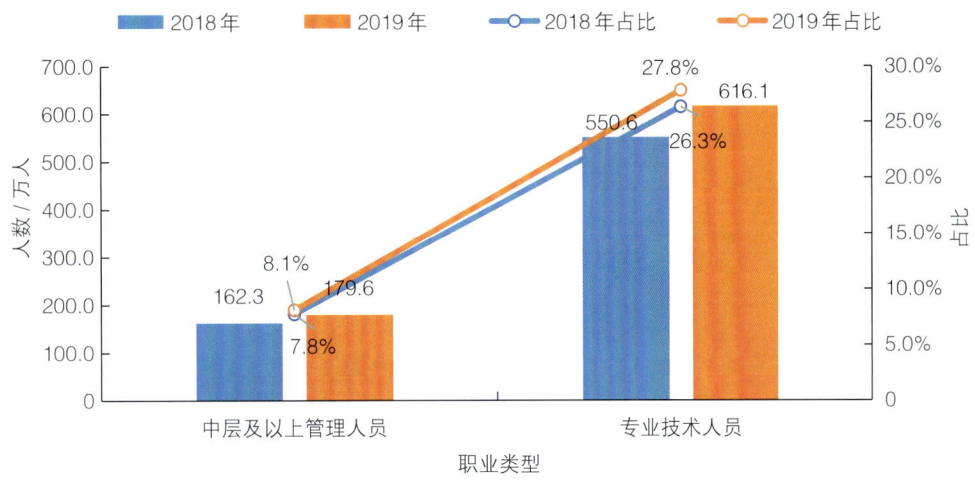

图3-6 2018年、2019年国家高新区从业人员的职业类型分布

高新区初级及以上技能人员共计242.0万人，占从业人员总数的比例为10.9%，较上年提高1.3个百分点。具体到技能级别（图3-7），从业人员中有高级技师（国家职业资格一级）10.7万人、技师（国家职业资格二级）23.0万人、高级技能人员（国家职业资格三级）65.3万人、中级技能人员（国家职业资格四级）66.3万人、初级技能人员（国家职业资格五级）76.7万人，同比增速均在20%以上，高新区的各类技能人员数量在迅速扩充。

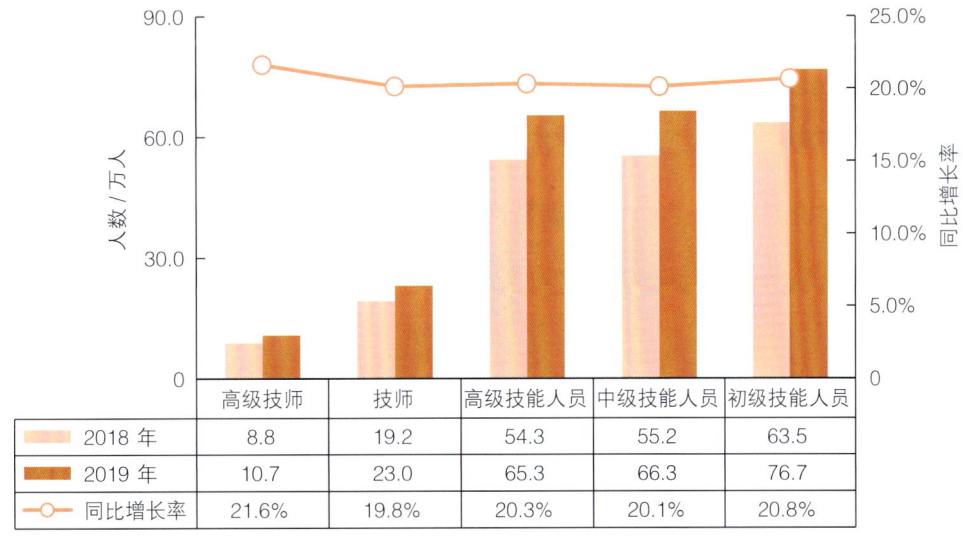

图3-7 2018年、2019年国家高新区各类技能从业人员情况比较

（三）科技活动人员不断集聚，区域不平衡未见改善

2019年，国家高新区中从事科技活动人员共计465.9万人，同比增长8.8%，占从业人员总数的21.1%，较上年提高0.6个百分点。其中，企业R&D人员全时当量整体保持稳定增长，从2011年的93.2万人年增长至2019年的182.0万人年（图3-8），同比增长2.7%，占我国全部R&D人员全时当量（461.0万人年）的39.5%。从研发人员密度来看，2019年高新区企业每万名从业人员中研发人员全时当量数为822人年，是全国平均水平的13.8倍。

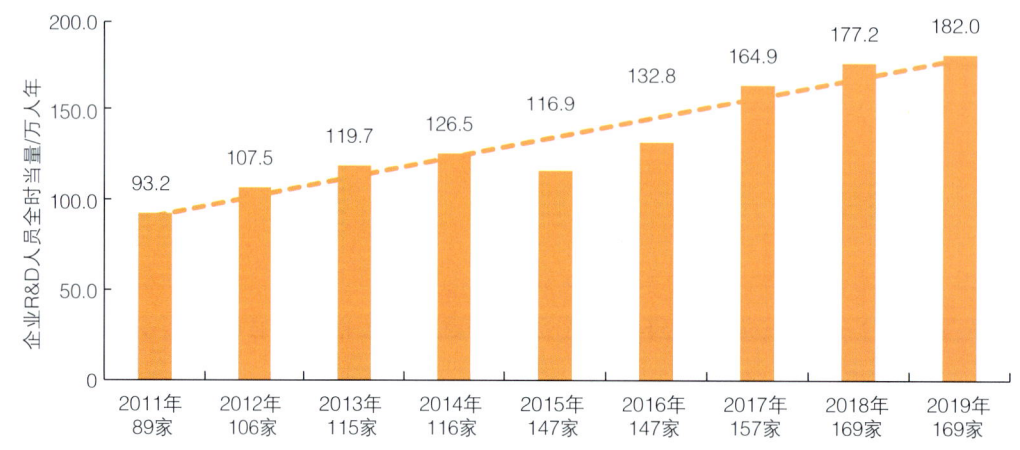

图3-8　2011—2019年国家高新区企业R&D人员全时当量情况

企业R&D人员全时当量按不同地区高新区、不同省份高新区、不同类别高新区进行对比，差异明显。

分地区来看（图3-9），2019年东北地区、东部地区、西部地区、中部地区的国家高新区企业R&D人员全时当量分别为4.9万人年、116.2万人年、24.2万人年和36.6万人年，地区差异显著。其中，东部地区集聚了国家高新区63.9%的研发人员资源，中部地区和西部地区各集聚了20.1%和13.3%的研发人员资源。相比2018年，2019年这种不平衡状况有所加剧，东部地区高新区研发人员的占比份额有所提升，而东北地区、西部地区和中部地区高新区的份额均略有下降。因此，需要通过差异化的政策倾斜及推动相对落后地区的高新区升级工作等多方举措，来改善国家高新区研发和创新资源的区域分布不平衡现状，提升相关高新区和所在地区整体的创新发展水平。

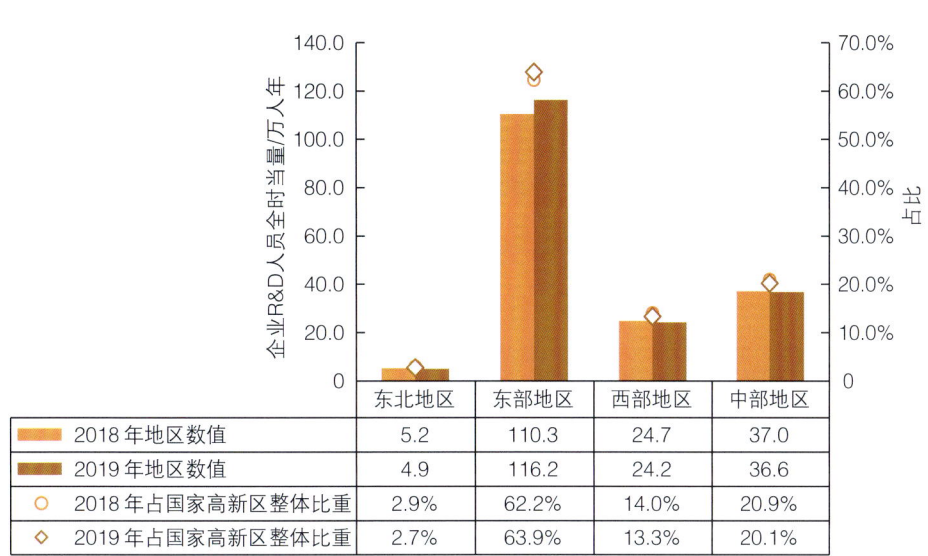

图3-9　2018年、2019年国家高新区企业R&D人员全时当量的地区分布情况

分省份来看，2019年国家高新区企业R&D人员全时当量超过10万人年的省份共有6个，分别为广东、江苏、北京、湖北、浙江和陕西（表3-1）。其中，广东省高新区企业R&D人员全时当量为34.6万人年，占全国高新区总量的19.0%，较上年提高0.8个百分点。广东省在该指标上的突出表现，虽然与广东省国家高新区的数量较多有关，但更重要的是广东省近几年加大了对省内国家高新区的统筹管理，省政府层面的重视推动了国家高新区创新驱动发展工作的有效开展。

表3-1　2019年国家高新区企业R&D人员全时当量的省份分布情况

省份	国家高新区企业R&D人员全时当量/万人年	占国家高新区整体的比例	省份	国家高新区企业R&D人员全时当量/万人年	占国家高新区整体的比例
广东	34.6	19.0%	四川	6.9	3.8%
江苏	24.0	13.2%	湖南	6.3	3.5%
北京	18.9	10.4%	福建	5.4	3.0%
湖北	16.1	8.9%	安徽	5.3	2.9%
浙江	10.5	5.7%	河南	4.7	2.6%
陕西	10.2	5.6%	江西	3.4	1.9%
山东	9.9	5.5%	辽宁	2.7	1.5%
上海	8.5	4.7%	重庆	2.34	1.28%

第三章　创新资源集聚评价

续表

省份	国家高新区企业R&D人员全时当量/万人年	占国家高新区整体的比例	省份	国家高新区企业R&D人员全时当量/万人年	占国家高新区整体的比例
广西	2.17	1.19%	黑龙江	0.68	0.37%
天津	2.12	1.17%	云南	0.33	0.18%
河北	2.06	1.13%	甘肃	0.29	0.16%
吉林	1.53	0.84%	海南	0.16	0.09%
内蒙古	0.86	0.47%	新疆	0.15	0.08%
贵州	0.85	0.46%	宁夏	0.08	0.05%
山西	0.75	0.41%	青海	0.03	0.02%

注：为了便于比较，部分指标数据保留两位小数，余同。

分园区类别来看，平均每家世界一流高科技园区、创新型科技园区和创新型特色园区的企业R&D人员全时当量分别为89 558人年、18 002人年、9587人年，均明显高于其他园区。尤其是世界一流高科技园区的企业R&D人员全时当量均值是国家高新区平均水平的8.3倍，在研发人才资源集聚能力方面具有绝对的领先优势。按照稳定期园区和新升级园区、自创区园区和非自创区园区进行划分，可以看到稳定期园区与自创区园区的企业R&D人员全时当量的均值分别为27 604人年、24 907人年，要远高于新升级园区和非自创区园区的均值，是高新区平均水平的2倍多（图3-10）。

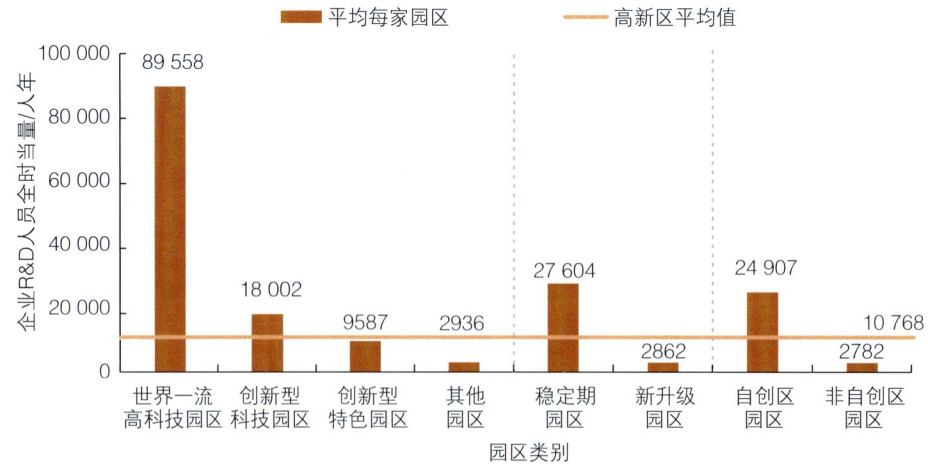

图3-10 2019年不同类别国家高新区的企业R&D人员全时当量情况

具体到单个园区,2019年企业R&D人员全时当量在1.0万人年及以上的国家高新区共计38家,其中排名前十的国家高新区分别为中关村、深圳、武汉、西安、广州、上海张江、苏州工业园、南京、成都和杭州高新区,分别为18.9万人年、15.0万人年、10.4万人年、8.9万人年、8.4万人年、8.3万人年、6.7万人年、5.1万人年、5.0万人年和4.6万人年(图3-11),中关村和深圳高新区的企业R&D人员数量头部效应明显。

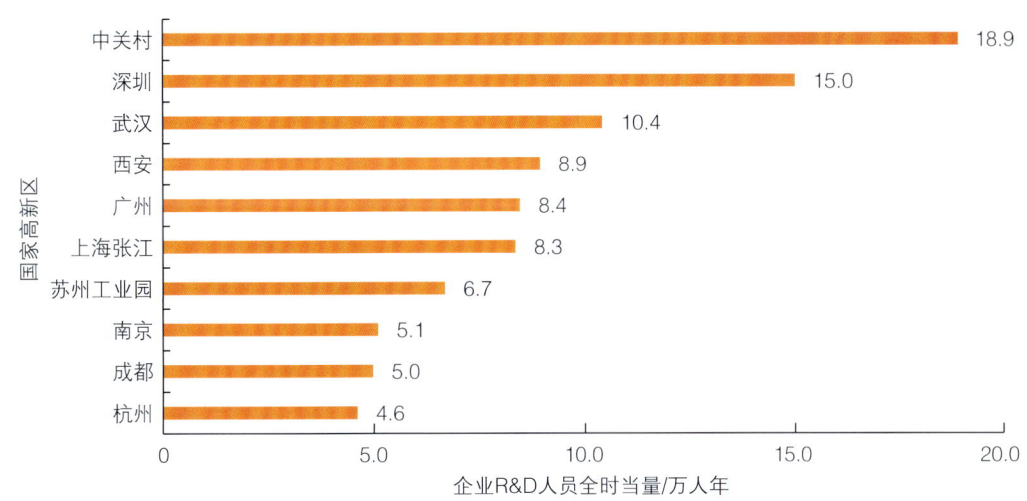

图3-11　2019年企业R&D人员全时当量排名前十的国家高新区情况

二、科技资金投入

源源不断的科技资金投入是提升创新实力的重要保障。经过多年的发展和建设,国家高新区不断提升科技资金投入水平,并创新支持方式,逐步建立起政府、企业、社会多方参与的科技投入体系。国家高新区创新资源集聚评价中,用财政科技支出占当年财政支出比例、企业R&D投入占增加值比例分别体现科技创新经费中的政府投入和企业投入。

(一)财政科技拨款加速增长,税收减免政策有效落实

国家高新区通过加大政府科技资金投入力度,充分发挥财政资金的引导和杠杆作用,调动更多社会资金投入创新。直接的财政科技拨款和间接的财税政策是国家激励

企业研发与创新的普遍做法。

2019年，国家高新区财政科技拨款总额达1277.7亿元，同比增长20.9%，增速较上年提高了4.3个百分点。其中，有10家高新区当年财政科技拨款在30亿元及以上，较上年增加了1家，分别为深圳、上海张江、武汉、广州、西安、合肥、苏州工业园、天津、成都和南京高新区。

2011—2019年，国家高新区通过财政拨款支持科技创新的力度呈波动上升趋势，财政科技支出占当年财政支出比例从2011年的7.8%提升至2019年的15.4%，整体比2011年约翻了一番（图3-12）。

图3-12　2011—2019年国家高新区财政科技支出占当年财政支出比例变化情况

在财税政策方面，高新区为企业创新提供的财政税收优惠政策，包括设立高新技术产业专项补助资金、科技发展资金资助企业科研开发、设立专利申请资助专项经费、对自主创新型企业减税或返还、特许权使用费实行免征或减征、建立高增值产品的增值税补偿机制等多种举措。

从税收减免的具体情况来看，2019年国家高新区对企业减免税收总计3395.2亿元，同比增长14.3%。其中，增值税减免890.7亿元，小幅下降0.8%；所得税减免2384.4亿元，同比增长19.8%（图3-13）。

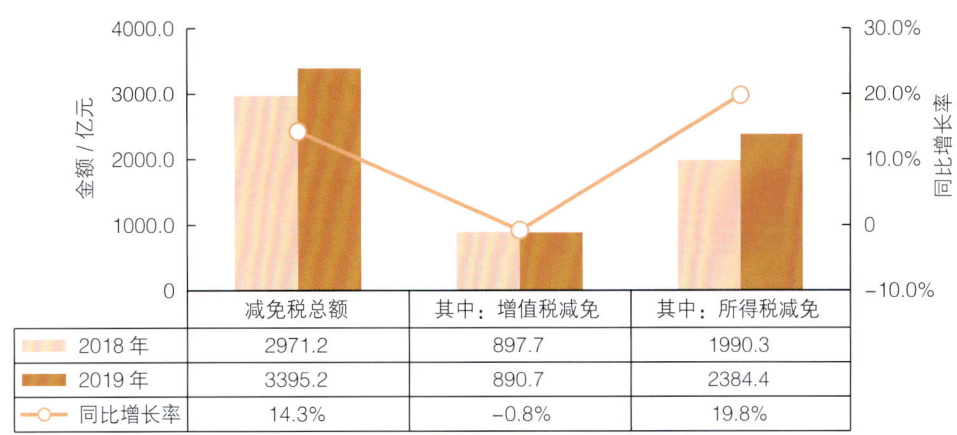

图3-13　2018年、2019年国家高新区企业税收减免情况

在企业所得税减免中，享受高新技术企业所得税减免1090.8亿元，所占份额最大，为57.5%，不过该比例较上年有所下降；其次为研发加计扣除所得税减免，税额达到798.0亿元，同比增长55.3%，是所得税减免中增长最快的税种；而技术转让所得税减免额为8.1亿元，较2018年有所下降（图3-14）。

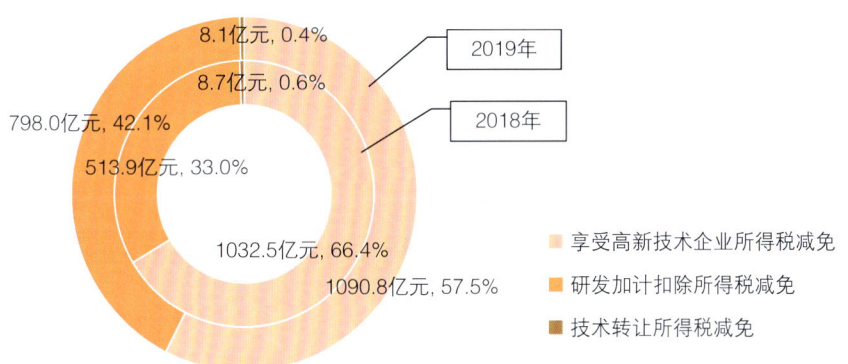

图3-14　2018年、2019年国家高新区企业所得税减免额和分布情况

（二）东部和中部地区国家高新区财政科技支持力度优势显著

财政科技支出占当年财政支出比例按不同地区高新区、不同省份高新区、不同类别高新区进行对比，有明显差异。

从地区分布情况来看（图3-15），2019年财政科技支出占当年财政支出比例最高的是中部地区高新区，达到16.9%，其次是东部地区为16.0%，西部地区和东北地区则相对较低，分别为12.9%和8.3%，反映出东北地区高新区政府层面的科技投入力度和水平较弱，严重影响了东北地区的经济振兴。从两年变化来看，东北地区和中部地区的比例均出现了下降，东部地区和西部地区则出现了上升，说明2019年东部地区和西部地区的国家高新区对创新活动的财政支持力度进一步强化，政府对创新的重视程度有所提高。

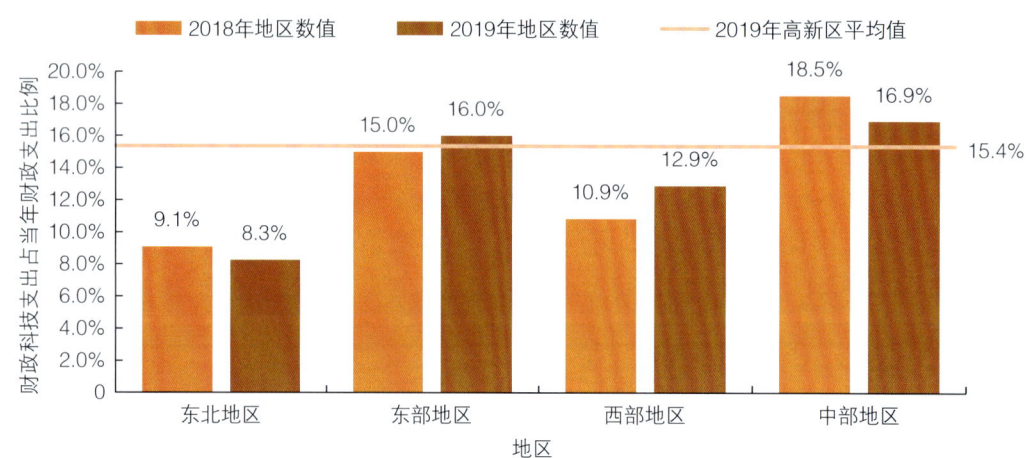

图3-15　2018年、2019年国家高新区财政科技支出占当年财政支出比例的地区分布情况

从省份分布情况来看（表3-2），2019年国家高新区财政科技支出占当年财政支出比例高于50%的分别是北京[①]、海南和上海。除此之外，安徽、天津、陕西、重庆、广东5个省份高新区占比均在20%以上。从两年变化来看，30个省份中有14个省份的高新区该比例出现上升，16个省份出现下降，其中，海南省出现大幅上升，主要是由于海口高新区财政总支出额度出现了大幅下降。

---

① 部分国家高新区没有一级财政，财政支出、财政科技支出数据分别使用"管委会管理并支出的园区发展专项资金额"和"专项资金中用于科技支出金额"代替。北京中关村高新区两项资金数额相同，仅作为对比参考。

表3-2 2018年、2019年国家高新区财政科技支出占当年财政支出比例

省份	2019年国家高新区财政科技支出占当年财政支出比例	2018年国家高新区财政科技支出占当年财政支出比例	省份	2019年国家高新区财政科技支出占当年财政支出比例	2018年国家高新区财政科技支出占当年财政支出比例
北京	100.0%	100.0%	贵州	11.9%	10.5%
海南	66.2%	1.3%	浙江	11.7%	9.2%
上海	50.8%	73.5%	江苏	10.8%	10.4%
安徽	36.7%	40.1%	吉林	9.9%	10.7%
天津	24.7%	28.9%	四川	9.6%	8.2%
陕西	22.3%	16.7%	内蒙古	9.3%	7.1%
重庆	21.9%	22.1%	山西	8.5%	15.9%
广东	21.0%	21.0%	辽宁	8.4%	9.1%
福建	18.0%	19.1%	山东	7.8%	7.6%
湖北	15.7%	16.6%	河北	7.8%	6.3%
江西	15.7%	14.0%	云南	6.4%	9.0%
河南	15.2%	16.4%	黑龙江	6.0%	5.9%
甘肃	14.5%	11.8%	宁夏	5.5%	7.6%
湖南	13.0%	14.4%	新疆	1.8%	2.0%
广西	12.0%	12.3%	青海	0.4%	1.2%

从不同类别高新区来看，2019年世界一流高科技园区财政科技支出占当年财政支出比例达到26.9%，远高出创新型科技园区、创新型特色园区和其他园区；稳定期园区高出新升级园区6.3个百分点，自创区园区高出非自创区园区6.1个百分点（图3-16）。整体来看，发展比较成熟的世界一流高科技园区、稳定期园区和自创区园区，政府更为重视创新，财政科技投入的力度更大，而三类园区中的创新型科技园区和创新型特色园区表现一般。

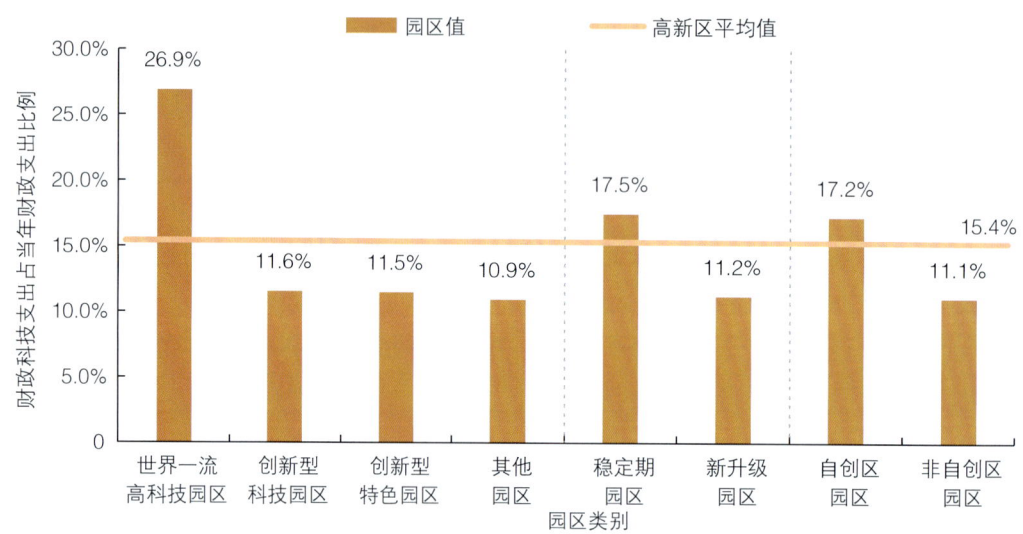

图3-16　2019年不同类别国家高新区财政科技支出占当年财政支出比例情况

（三）企业科技活动经费全面提高，委外费用增长最快

截至2019年年底，国家高新区的企业科技活动经费支出合计为16 774.2亿元，同比增长20.4%。从科技活动经费支出明细来看，人员人工费用支出7413.4亿元，直接投入费用为4621.5亿元，折旧费用与长期费用摊销为744.6亿元，无形资产摊销为265.1亿元，设计费用支出365.8亿元，委托外单位开展科技活动的经费支出为1855.3亿元。相比2018年，各项科技活动经费支出均有所提升，其中以委托外单位开展科技活动的经费[①]增长最快，同比增速为37.1%（图3-17）。

从科技活动经费支出的分布结构来看，2019年国家高新区企业的人员人工费用支出占比最高，达到45.4%，其次是直接投入费用，占比为28.3%（图3-18）。

---

① 2018年开始，"委托外单位开展科技活动的经费"统计口径有所扩大，这也是此指标在过去一年增长较快的重要原因。

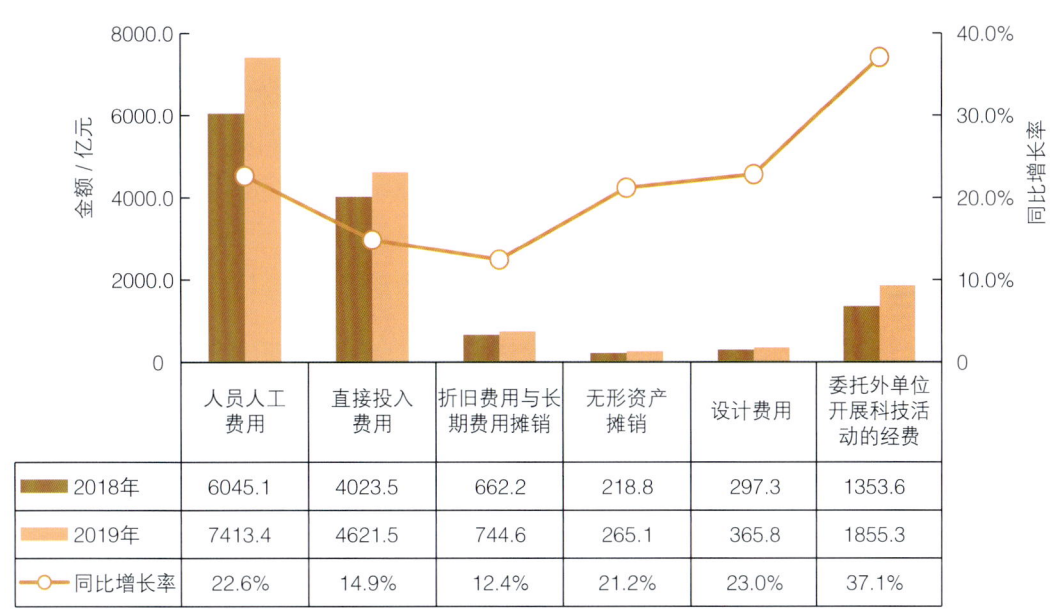

图3-17 2018年、2019年国家高新区企业的各项科技活动经费支出情况

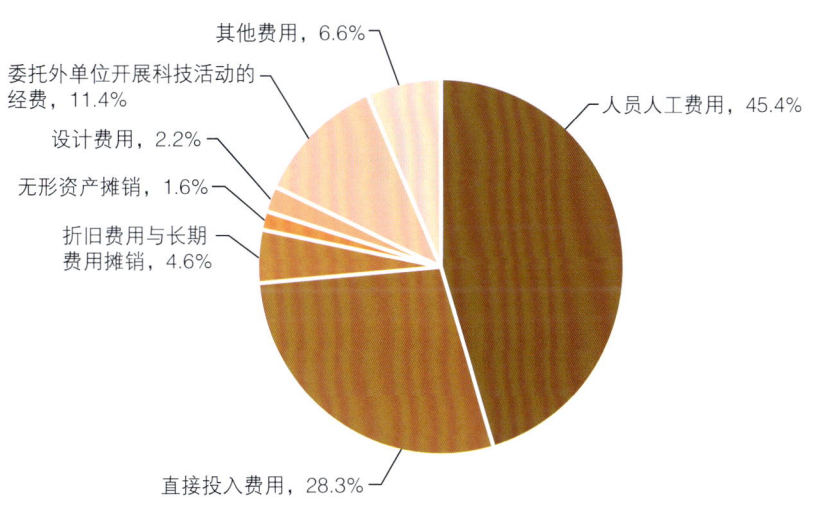

图3-18 2019年国家高新区企业的各项科技活动经费支出的分布情况

（四）企业研发投入占全国企业半数，研发投入强度是全国平均水平的3倍

2019年，国家高新区企业研发投入费用在持续增长，企业R&D经费内部支出（以下简称"企业R&D投入"）为8259.2亿元，同比增长10.8%，占到全国企业R&D经费支出（16 921.8亿元）的48.8%，国家高新区企业研发费用占全国企业将近一半。其

中，企业R&D投入超过100亿元的高新区共计16家，较上年增加2家，从高到低分别为中关村、深圳、上海张江、广州、武汉、西安、杭州、苏州工业园、成都、南京、合肥、东莞、长沙、济南、珠海和宁波高新区，中关村和深圳高新区的企业R&D投入分别高达1107.8亿元、875.1亿元。

从研发投入强度来看，2019年国家高新区企业R&D投入与园区生产总值（GDP）的比例[①]为6.8%，是我国全社会研发投入强度（2.2%）的3.1倍，远高于全国平均水平。2011—2019年，国家高新区企业R&D投入占增加值比例整体呈增长趋势，2019年为10.3%，与上年持平（图3-19）。

图3-19 2011—2019年国家高新区企业R&D投入占增加值比例情况

对企业R&D投入占增加值比例按不同地区高新区、不同省份高新区、不同类别高新区比较分析如下。

从地区分布情况来看，2019年东部地区国家高新区企业R&D投入占增加值比例最高，达到11.6%；其次为中部地区，达到10.1%；而西部地区和东北地区均不足8%。从两年变化来看，2019年东部地区、东北地区高新区的企业R&D投入占增加值比例均

---

① 此处，研发投入强度使用"国家高新区企业R&D投入与GDP比例"，是为了与全国的研发投入强度数据保持一定的可比性。

有所提升，而中部地区、西部地区则略有下降（图3-20）。整体来看，东部地区和中部地区高新区的企业研发投入力度要远高于东北地区和西部地区。

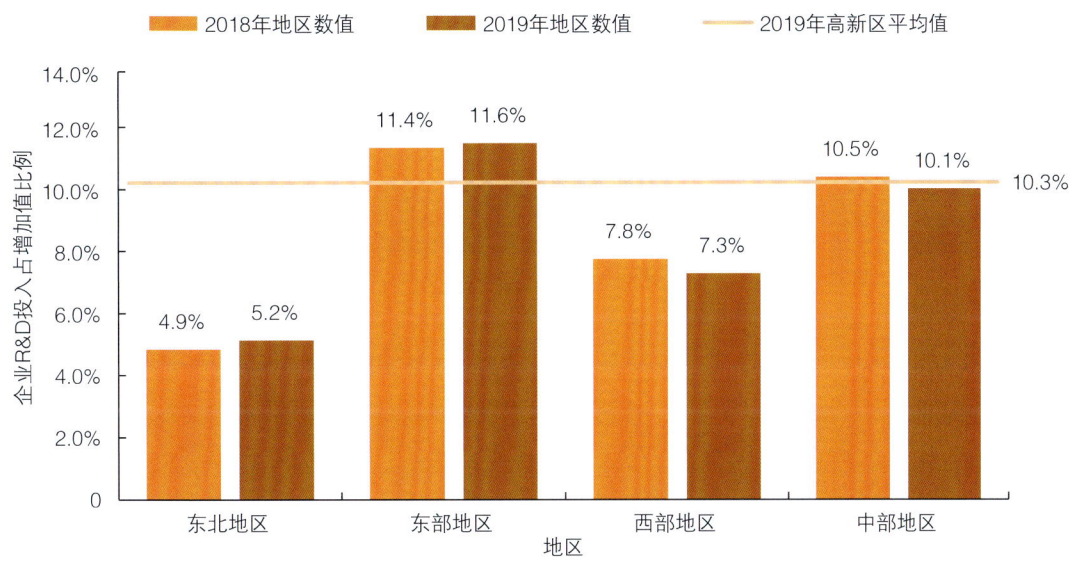

图3-20　2018年、2019年国家高新区企业R&D投入占增加值比例的地区分布情况

从省份分布情况来看（表3-3），2019年国家高新区企业R&D投入占增加值比例在10%及以上的省份共计8个，从高到低分别为广东、湖南、四川、江苏、浙江、福建、北京和安徽。其中，广东省高新区企业R&D投入占增加值比例高达16.5%，但该比例较上年略有下降。从两年变化来看，有11个省份高新区企业R&D投入占增加值比例有所提升，19个省份有所下降，出现下降的省份居多。

表3-3　2019年国家高新区企业R&D投入占增加值比例的省份分布情况

省份	2019年国家高新区企业R&D投入占增加值比例	2018年国家高新区企业R&D投入占增加值比例	省份	2019年国家高新区企业R&D投入占增加值比例	2018年国家高新区企业R&D投入占增加值比例
广东	16.5%	17.7%	浙江	12.0%	13.4%
湖南	13.3%	11.9%	福建	10.07%	9.5%
四川	12.4%	11.1%	北京	10.06%	8.7%
江苏	12.2%	10.0%	安徽	10.0%	11.3%

续表

省份	2019年国家高新区企业R&D投入占增加值比例	2018年国家高新区企业R&D投入占增加值比例	省份	2019年国家高新区企业R&D投入占增加值比例	2018年国家高新区企业R&D投入占增加值比例
湖北	9.8%	10.2%	广西	6.9%	5.9%
河北	9.7%	11.2%	贵州	4.9%	3.9%
江西	9.5%	9.7%	山西	4.8%	5.7%
山东	9.4%	8.3%	天津	4.6%	11.9%
重庆	9.0%	9.8%	吉林	4.5%	4.2%
河南	8.9%	10.1%	海南	3.8%	5.5%
上海	8.5%	9.9%	黑龙江	2.1%	1.4%
陕西	7.7%	10.2%	青海	2.0%	2.1%
辽宁	7.50%	7.8%	云南	1.7%	1.7%
宁夏	7.48%	12.0%	甘肃	1.10%	1.4%
内蒙古	7.0%	5.3%	新疆	1.06%	1.1%

从不同类别高新区来看，世界一流高科技园区的企业R&D投入占增加值比例最高，为12.3%，创新型科技园区和创新型特色园区均在9.0%及以上，三类园区企业R&D投入占增加值比例均高于其他园区，而世界一流高科技园区的优势最为明显，比国家高新区平均水平高2.0个百分点。同样，稳定期园区、自创区园区的企业R&D投入占增加值比例分别为11.0%、11.5%，均高于国家高新区平均水平，分别是新升级园区、非自创区园区的1.4倍和1.8倍（图3-21）。

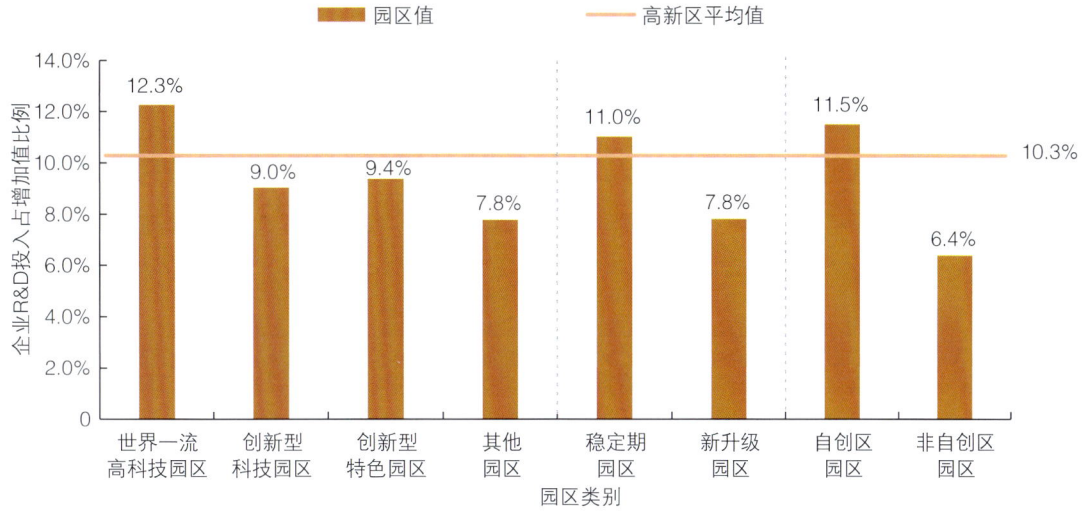

图3-21 2019年不同类别国家高新区的企业R&D投入占增加值比例情况

三、创新主体培育

高校、科研院所、企业都是国家高新区创新体系的重要组成部分，是进行科学研究、技术开发、技术产业化的重要主体。国家高新区一直将创新主体的引进和培育作为推动创新发展的重要工作，并通过资源招引、政策支撑和环境优化，在创新主体培育方面取得了显著的成效。国家高新区创新资源集聚评价中，体现创新主体发展的指标有两个，分别为省级及以上各类研发机构数量[①]、当年认定的高新技术企业数量。

（一）过半研发机构集聚东部园区，江苏、广东并驾齐驱

国家高新区培育和集聚了众多的研究机构，以增强知识和技术的源头供给。2011—2019年，国家高新区省级及以上各类研发机构数量整体呈增长趋势（图3-22），2019年为25 528家，同比增长13.4%[②]。2019年，平均每个国家高新区拥有省级及以上各类研发机构151家。

---

① 省级及以上各类研发机构数量，具体包含的机构类型见附录。其中，2016年开始该指标新纳入"国家和地方联合实验室、其他国家级研发机构和新型产业技术研发机构"3类机构数；2019年开始，该指标去掉了"外资研发机构"。
② 图3-22显示省级及以上各类研发机构数量较上年有所"减少"，是因为2019年各类研发机构类型中去掉了"外资研发机构"的缘故。此处同比增长13.4%，是剔除了指标统计变化的影响。

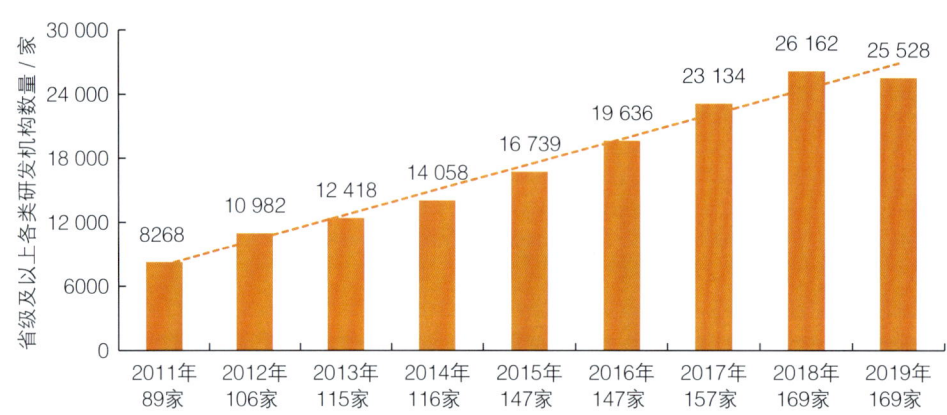

图3-22 2011—2019年国家高新区省级及以上各类研发机构数量

具体来看（图3-23），截至2019年年底，国家高新区内共有国家或行业归口研究院所1054家，同比增长14.1%；国家认定博士后科研工作站有1447家，同比增长13.8%。累计建设国家重点实验室384家、国家工程研究中心（包含分中心）111家、国家工程技术研究中心260家、国家工程实验室169家、国家地方联合工程研究中心（工程实验室）436家，高新区集聚了全国70%以上的国家工程研究中心、国家重点实验室、国家工程实验室。同时，拥有国家认定的企业技术中心（包含分中心）790家，同比增长9.1%。

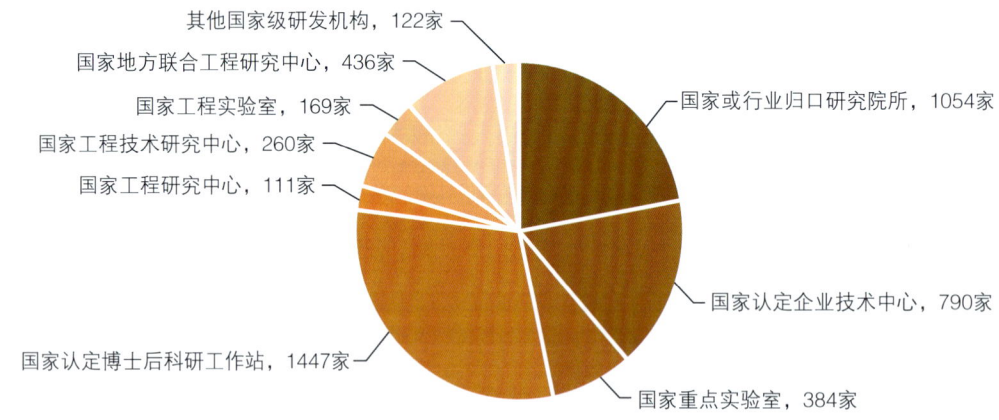

图3-23 2019年国家高新区各类国家级研发机构数量分布情况

此外，具有较强市场优势的新型研发机构在高新区中迅速发展，为我国科技经济"两张皮"的问题提供了行之有效的解决路径。从国家层面到省份层面纷纷推出了促进新型研发机构发展的政策和举措，旨在进一步优化科研力量布局，强化产业技术供给，促进科技成果转移转化，推动科技创新和经济社会发展深度融合。

2019年，国家高新区拥有各类新型产业技术研发机构2088家，其中省级及以上新型产业技术研发机构1085家，同比增长27.9%。目前，高新区的新型产业技术研发机构主要集中在东部地区（1213家），其中省级及以上新型产业技术研发机构645家（图3-24），以广东、江苏、浙江等省份表现最为突出；中部地区、西部地区高新区分别拥有260家、141家省级及以上新型产业技术研发机构；东北地区高新区仅拥有39家新型产业技术研发机构。

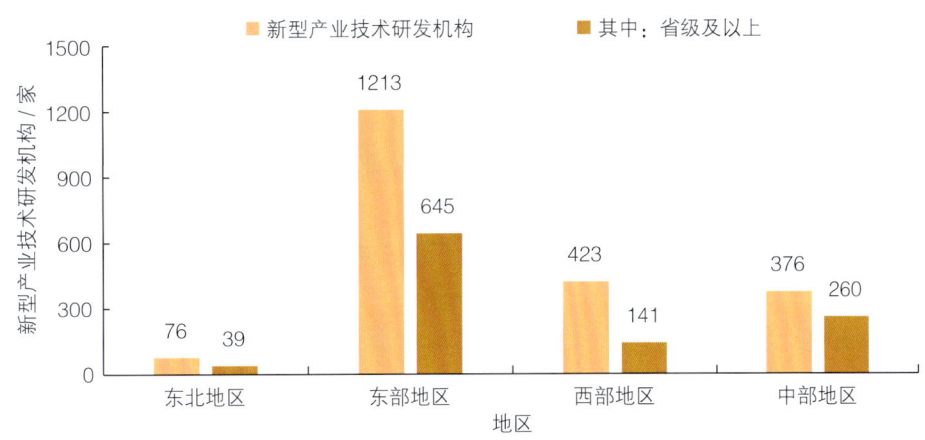

图3-24　2019年国家高新区新型产业技术研发机构数量的地区分布情况

以下按不同地区高新区、不同省份高新区、不同类别高新区对省级及以上各类研发机构数进行分析。

从地区分布情况来看，2019年东北地区、东部地区、西部地区、中部地区的国家高新区分别集聚了1556家、13 455家、4246家、6271家省级及以上各类研发机构，52.7%的研发机构集中在东部地区的高新区中。观察两年变化：直观地从数量上看，除了东部地区，其他3个地区的省级及以上各类研发机构数量较上年均有所增长，这里可以看出，2019年指标中去掉的"外资研发机构"主要集中在东部地区；同样，从占高新区整体比重来看，东部地区高新区所占比重有所下降，东北地区、东部地区、西部地区均有所提升（图3-25）。

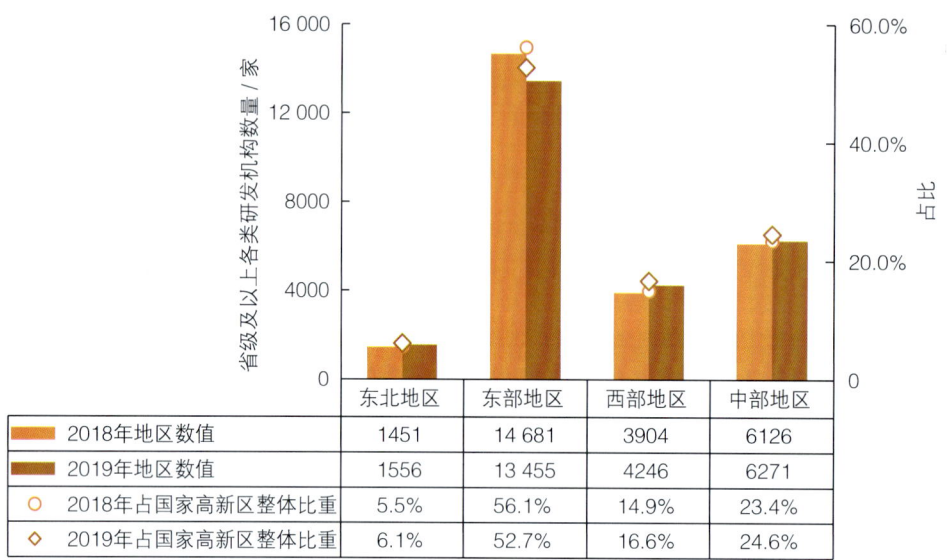

图3-25　2018年、2019年国家高新区省级及以上各类研发机构数量的地区分布情况

从省份分布情况来看，2019年国家高新区省级及以上各类研发机构数量超过1000家的省份共有8个，分别为江苏、广东、湖北、浙江、山东、湖南、河南和北京，这8个省份集聚了高新区六成以上的研发机构；其中，江苏、广东分别拥有省级及以上各类研发机构3574家、3563家，占国家高新区整体的比例均在14%左右，远超其他省份（表3-4）。

表3-4　2019年国家高新区省级及以上各类研发机构数量的省份分布情况

省份	国家高新区省级及以上各类研发机构数量/家	占国家高新区整体的比例	省份	国家高新区省级及以上各类研发机构数量/家	占国家高新区整体的比例
江苏	3574	14.0%	陕西	889	3.5%
广东	3563	14.0%	安徽	856	3.4%
湖北	1986	7.8%	四川	850	3.3%
浙江	1647	6.5%	辽宁	785	3.1%
山东	1550	6.1%	重庆	767	3.0%
湖南	1490	5.8%	上海	715	2.8%
河南	1319	5.2%	福建	582	2.3%
北京	1130	4.4%	广西	528	2.1%

续表

省份	国家高新区省级及以上各类研发机构数量/家	占国家高新区整体的比例	省份	国家高新区省级及以上各类研发机构数量/家	占国家高新区整体的比例
吉林	481	1.9%	甘肃	228	0.89%
江西	468	1.8%	云南	172	0.67%
天津	354	1.4%	山西	152	0.60%
河北	306	1.2%	内蒙古	143	0.56%
黑龙江	290	1.14%	青海	75	0.29%
贵州	277	1.09%	宁夏	65	0.25%
新疆	252	0.99%	海南	34	0.13%

按园区类别划分，平均每家世界一流高科技园区、创新型科技园区、创新型特色园区的省级及以上各类研发机构数量分别为697家、303家、162家，均高于国家高新区均值（151家），且远高于其他园区均值，三类园区的研发机构资源相对丰富，尤其世界一流高科技园区均值是国家高新区均值的4.6倍；稳定期园区的省级及以上各类研发机构数量均值为318家，是新升级园区的4.4倍；自创区园区的省级及以上各类研发机构数量均值为289家，是非自创区园区的4.0倍（图3-26）。

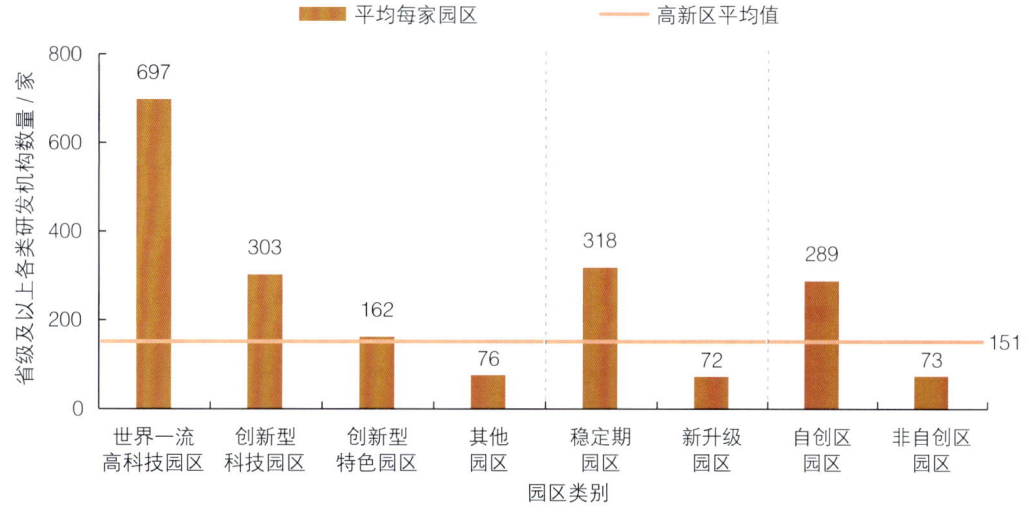

图3-26 2019年不同类别国家高新区平均省级及以上各类研发机构数量的分布情况

（二）当年认定高企近3万家，高企率提升4个百分点

高新技术企业认定工作肇始于国家高新区，培育高新技术企业一直是高新区推动创新发展工作的重要抓手。2019年，国家高新区共拥有高新技术企业80 957家，同比增长20.4%，约占全国高新技术企业总数（约22.5万家）的36.0%。其中，填报火炬统计报表的高新技术企业数（以下简称"入统高新技术企业"）共计79 579家，同比增长26.7%，占高新区企业总数的56.4%（简称"高企率"），该比例较上年提高4.1个百分点。

从具体园区来看（图3-27），2019年入统高新技术企业在1000家以上的高新区较上年增加2家，共计15家，分别为中关村、上海张江、深圳、广州、西安、武汉、成都、佛山、天津、南京、郑州、苏州工业园、长沙、杭州和合肥高新区。其中，仅中关村就拥有15 692家入统高新技术企业，占国家高新区整体的19.7%。

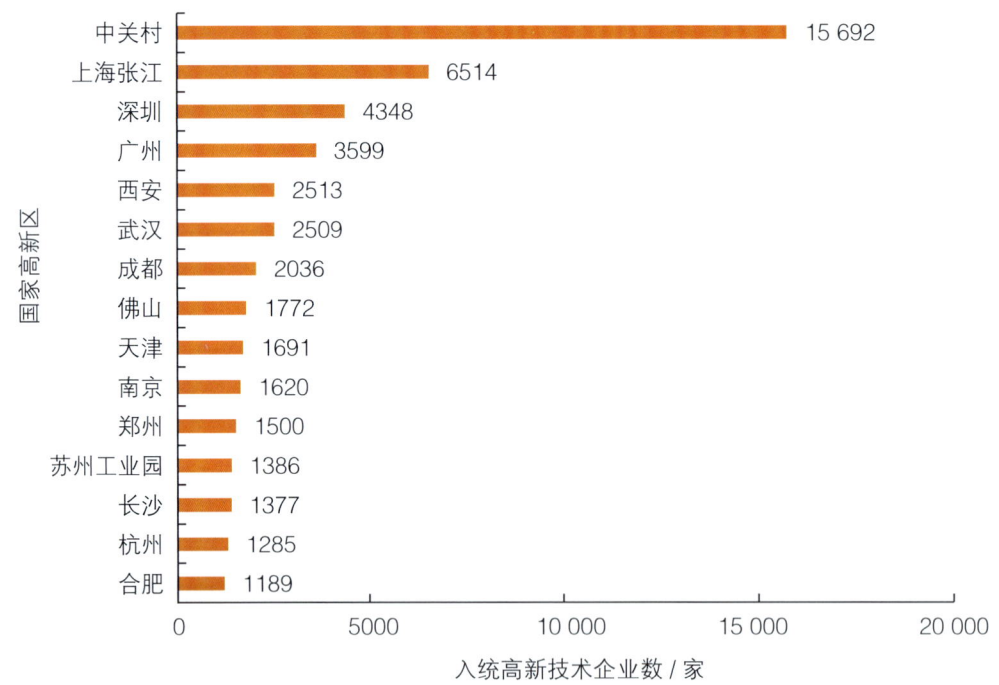

图3-27　2019年入统高新技术企业数超1000家的国家高新区

同时，国家高新区高新技术企业的新生力量不断壮大。2011年高新区当年认定的高新技术企业数量仅为4971家，2019年达到29 073家，是2011年的5.8倍，同比2018年

增长19.8%，高新区高新技术企业培育和认定工作卓有成效（图3-28）。

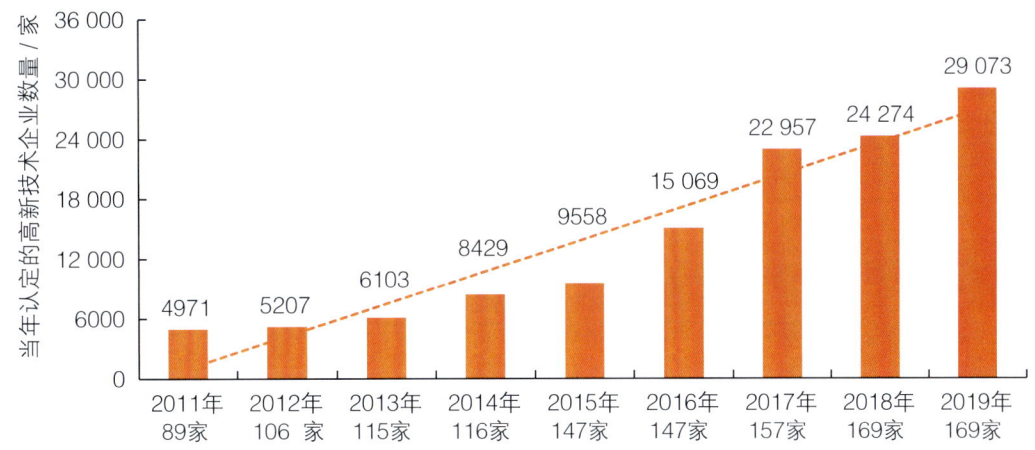

图3-28　2011—2019年国家高新区当年认定的高新技术企业数量

以下按不同地区高新区、不同省份高新区、不同类别高新区对当年认定的高新技术企业数量进行分析。

从地区分布情况来看（图3-29），2019年东北地区、东部地区、西部地区、中部地区的国家高新区分别拥有1240家、19 102家、3647家和5084家当年新认定的高新技术企业，65.7%的新认定高新技术企业集中在东部地区的高新区中。从两年变化来看，2019年四大地区高新区当年认定的高新技术企业数量较上年均有所增加，而从占高新区整体比重来看，只有西部地区有所下降，其他3个地区均有不同幅度的提升，西部地区高新区需要在高新技术企业的引进和培育方面加大工作力度。

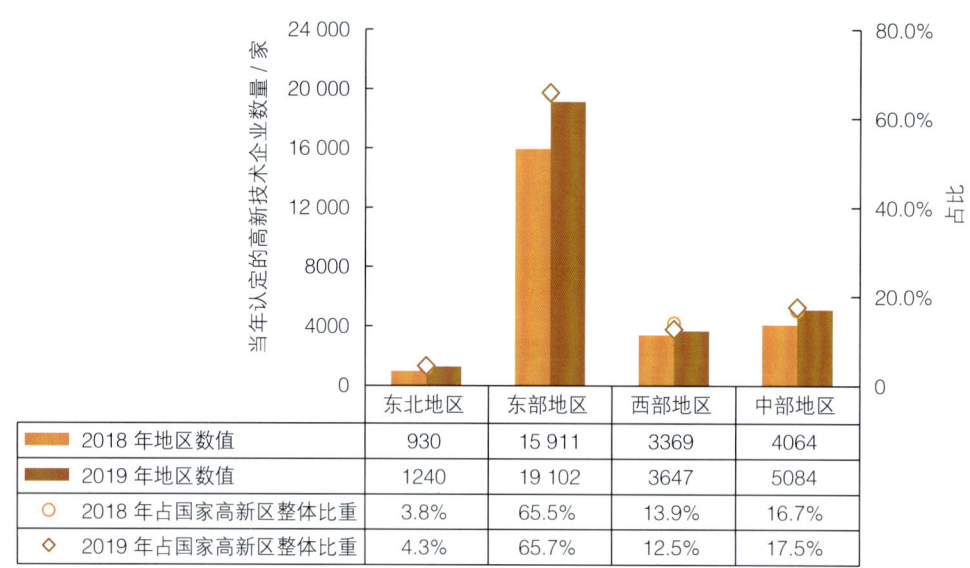

图3-29　2018年、2019年国家高新区当年认定的高新技术企业数量的地区分布情况

从省份分布情况来看（表3-5），2019年当年认定的高新技术企业数量超过1000家的国家高新区较上年增加了3家，共计8家，分别为北京、广东、江苏、上海、湖北、浙江、陕西和四川，这8家高新区当年认定的高新技术企业数量合计13 853家，占国家高新区整体的比例为69.0%。其中北京市、广东省、江苏省当年认定的高新技术企业数量分别为4409家、4292家和3087家，占国家高新区整体的比例均在10%以上。

表3-5　2019年国家高新区当年认定的高新技术企业数量的省份分布情况

省份	国家高新区当年认定的高新技术企业数量/家	占国家高新区整体的比例	省份	国家高新区当年认定的高新技术企业数量/家	占国家高新区整体的比例
北京	4409	15.2%	山东	992	3.4%
广东	4292	14.8%	河南	970	3.3%
江苏	3087	10.6%	湖南	847	2.9%
上海	2865	9.9%	辽宁	752	2.6%
湖北	1776	6.1%	河北	698	2.4%
浙江	1462	5.0%	天津	637	2.2%
陕西	1096	3.8%	安徽	620	2.1%
四川	1059	3.6%	福建	608	2.1%

续表

省份	国家高新区当年认定的高新技术企业数量/家	占国家高新区整体的比例	省份	国家高新区当年认定的高新技术企业数量/家	占国家高新区整体的比例
广西	560	1.9%	黑龙江	114	0.39%
山西	471	1.6%	云南	87	0.30%
重庆	424	1.5%	内蒙古	72	0.25%
江西	400	1.4%	新疆	58	0.20%
吉林	374	1.3%	海南	52	0.18%
贵州	140	0.48%	宁夏	15	0.05%
甘肃	122	0.42%	青海	14	0.05%

按园区类别划分（图3-30），2019年世界一流高科技园区、创新型科技园区、创新型特色园区、其他园区当年认定的高新技术企业数量平均分别为1421家、258家、159家和51家，世界一流高科技园区的头部效应明显，分别是创新型科技园区、创新型特色园区和其他园区的5.5倍、8.9倍和27.9倍。同时，2019年稳定期园区、自创区园区当年认定的高新技术企业数量平均分别为437家、384家，分别是新升级园区、非自创区园区的9.1倍、7.4倍。

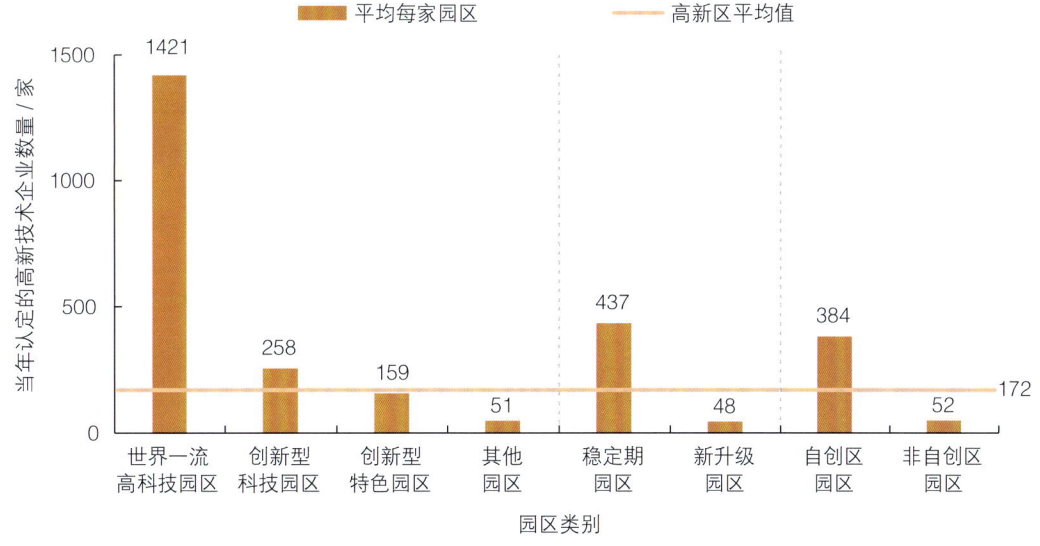

图3-30　2019年不同类别国家高新区当年认定的高新技术企业数量的分布情况

（三）高企创新指标表现突出，经济规模指标仍需提升

从创新投入情况来看（表3-6），2019年国家高新区高新技术企业科技活动人员合计379.1万人，占国家高新区整体的比例为81.4%；R&D人员全时当量145.1万人年，占国家高新区整体的比例达到79.7%；R&D经费内部支出达到6338.7亿元，占国家高新区整体的比例达到76.7%。高新技术企业的创新人员、创新投入指标占国家高新区整体的比例均在75%以上。

表3-6 2019年国家高新区高新技术企业主要创新投入指标及占比情况

类别	科技活动人员合计/万人	R&D人员全时当量/万人年	R&D经费内部支出/亿元
高新技术企业	379.1	145.1	6338.7
国家高新区整体	465.9	182.0	8259.2
占国家高新区整体的比例	81.4%	79.7%	76.7%

从创新成果产出情况来看（图3-31），2019年国家高新区高新技术企业当年申请专利、申请发明专利分别为62.1万件、32.6万件，占国家高新区整体的比例分别为79.7%、79.2%；授权专利、授权发明专利分别达到38.2万件、13.2万件，占国家高新区整体的比例分别为80.3%、79.9%；拥有有效专利、有效发明专利分别为290.6件、70.7万件，占国家高新区整体的比例分别达到88.0%、82.4%。同时，高新技术企业当年形成国际标准312项，当年形成国家或行业标准7159项，当年获得国家科技奖励269项，占国家高新区整体的比例分别为67.0%、82.9%和84.1%。除了国际标准之外，2019年高新技术企业当年的主要创新成果指标占国家高新区整体的比例均接近80%或在其以上。

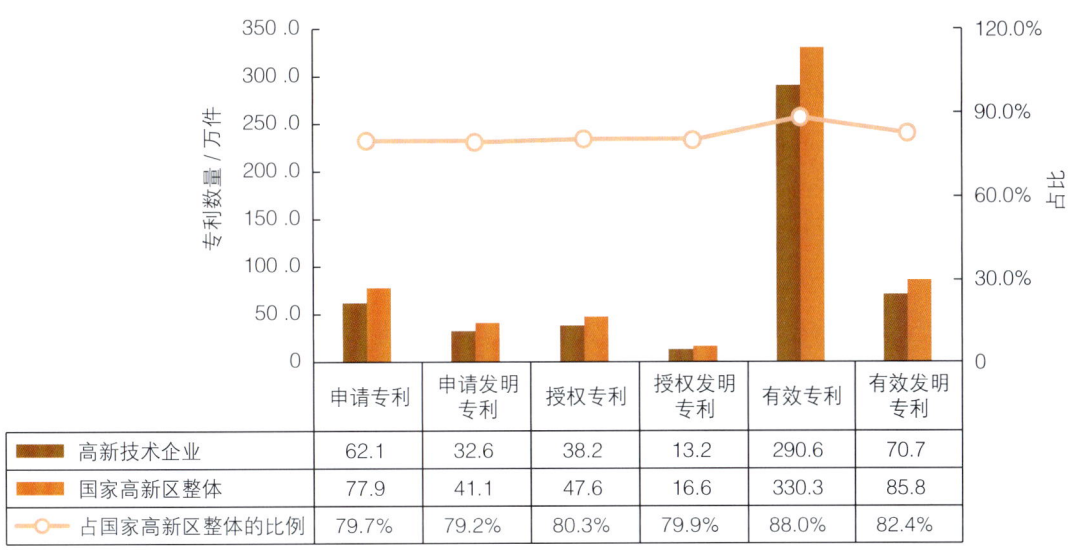

图3-31 2019年国家高新区高新技术企业专利成果产出及占比情况

高新技术企业对高新区创新经济方面的贡献较为显著。2019年高新区高新技术企业实现技术收入32 071.6亿元、认定登记的技术合同成交金额达5454.5亿元，占国家高新区整体的比例分别为67.7%、80.4%；高新技术产品销售收入113 267.1亿元、新产品销售收入63 231.7亿元，占国家高新区整体的比例分别达到78.2%、73.0%，占比均超过2/3（图3-32）。

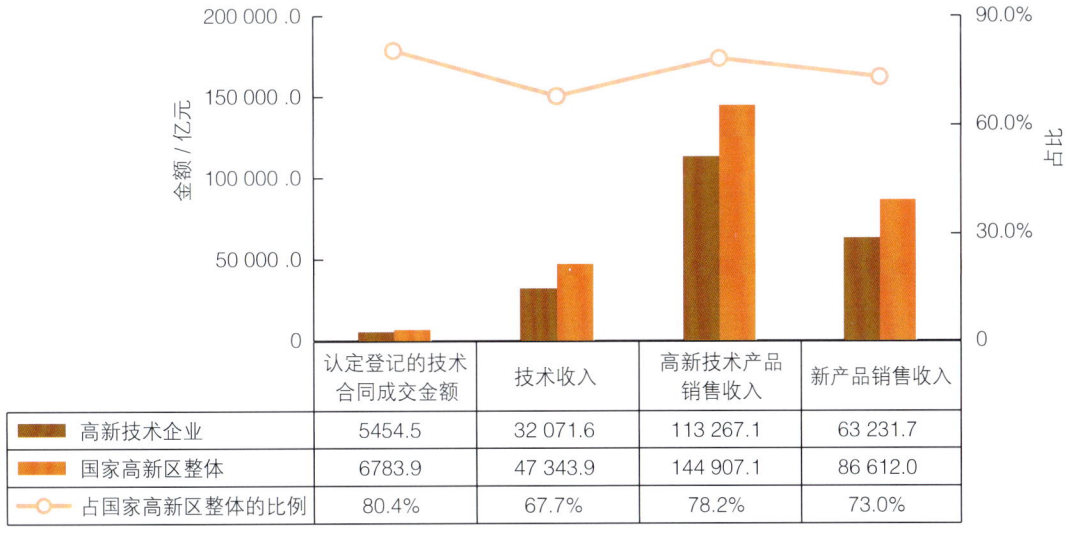

图3-32 2019年国家高新区高新技术企业主要创新经济指标及占比情况

无论是在创新投入、创新成果产出还是创新经济方面，高新技术企业的贡献基本都在七成以上，可见高新技术企业在支撑国家高新区创新发展方面发挥着中坚作用。

但是从主要的经济规模指标来看（图3-33），2019年高新技术企业营业收入、工业总产值、净利润、上缴税费、出口总额这5项指标占国家高新区整体的比例在40%~55%，与创新方面的贡献相比，高新技术企业在经济规模方面的贡献欠佳。这主要是因为全国高新技术企业中的中小微企业占比高达96.7%，其中高新区的该比例为96.1%，且该比例还有进一步上升的趋势。

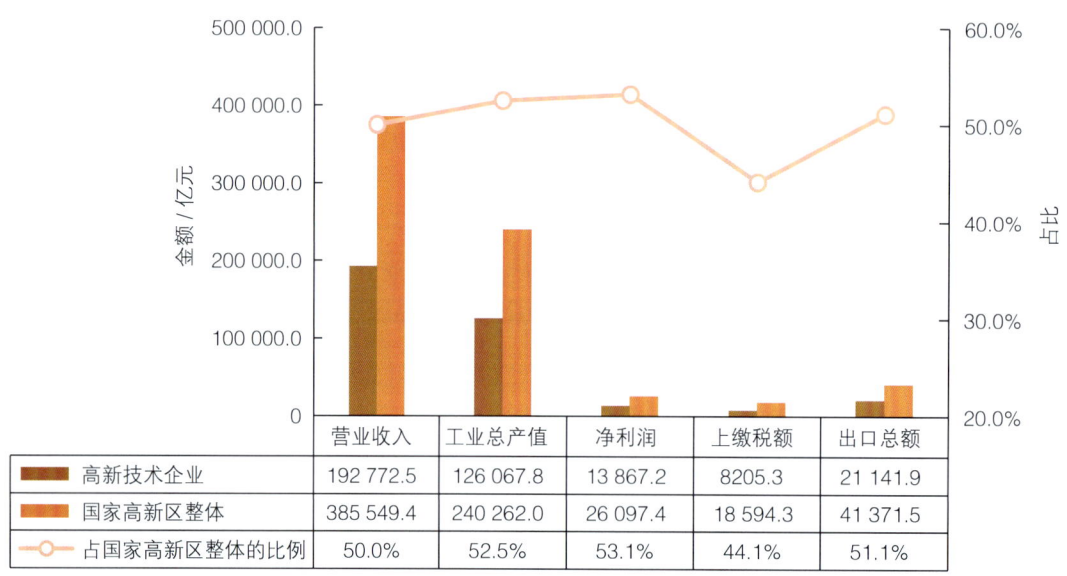

图3-33　2019年国家高新区高新技术企业主要经济规模指标及占比情况

国家高新区创新能力评价报告2020

创新创业 第四章
环境评价

创新创业环境主要考察影响创新能力与绩效的外部因素，关注的是高新区所营造的创新创业环境对吸引创新要素和提升创新能力方面的作用。国家高新区创新创业环境的营造一方面取决于高新区管委会直接或间接提供的创新服务；另一方面则是聚集在高新区的各类创新主体共同构建的创新氛围与支撑条件。前者可以直接通过高新区所搭建的平台载体、聚集的服务资源来测度，而后者则可以从创新创业活跃程度得到间接反映。

优越的创新创业环境是国家高新区持续开展创新活动的有力支撑和保障，是高新区创新活动所依赖的关键基础条件。从测算结果来看，2019年创新创业环境指数为720.0点，比上年增长123.4点，增速为20.7%。

创新创业环境指标下设5个二级指标，分别为当年新注册企业数占工商注册企业总数比例、省级及以上各类创新服务机构数量、企业开展产学研合作研发费用支出、科技企业孵化器及加速器内企业数量、创投机构当年对企业的风险投资总额。2019年5个二级指标分别为21.6%、5176家、1501.4亿元、122 092家和1013.1亿元，其同比增长率分别为6.7%、18.0%、79.3%、14.3%和5.8%，5个指标均实现了正增长（图4-1）。

从增速贡献来看，以企业开展产学研合作研发费用支出指标对创新创业环境指标增长的贡献最大，对创新创业环境指标加权增长率的贡献为53%；其后为省级及以上各类创新服务机构数量和科技企业孵化器及加速器内企业数量，分别贡献17%和14%。

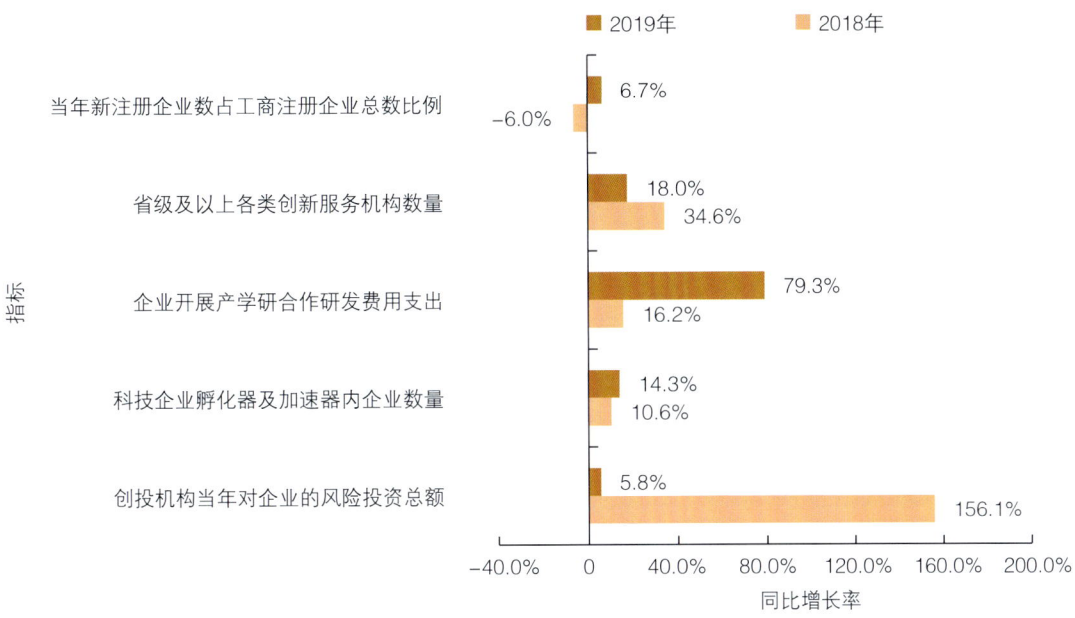

图4-1　2018年、2019年国家高新区创新创业环境各二级指标的增长率对比

下面围绕5个二级指标，并结合相关指标和资料，分别从创新服务与协同创新、金融服务与创业投资、创业孵化与双创活力3个方面，对国家高新区创新创业环境建设情况进行详细分析和阐述。

一、创新服务与协同创新

国家高新区一方面通过积极探索和完善相关创新创业政策，为园区企业的创新发展提供良好的政策服务环境；另一方面通过大力推动相关创新创业服务机构的发展，提高园区服务双创的能力，为企业开展产学研合作提供便利条件，助推科技创新成果产业化。国家高新区创新创业环境评价中，采用省级及以上各类创新服务机构数指标来体现创新服务建设方面的情况，采用企业开展产学研合作研发费用支出指标来体现创新合作开展的情况。

（一）创新创业政策资金不断增长，支持创业风投力度最大

创新创业是国家高新区健康持续发展的动力之源，而良好的创新创业环境是激发和支撑创新创业的关键所在。国家高新区不断积极探索有效的创新创业政策，持续优

化创新创业环境，为推动园区高质量发展提供良好的软硬件支撑。2019年，国家高新区在创新创业政策方面的内容主要涉及对众创空间等双创平台提供支持，建立创业投资引导机制，搭建互联网+线上线下联动的创业网络平台，下放科技成果使用、处置和收益权，科研基础设施等向社会开放，精简前置审批，清理规范涉企收费等[①]。

随着国家高新区创新创业政策环境的持续优化，高新区支持创新创业的资金也在不断增长。具体来看，2019年高新区管委会支持企业技术创新的资金达到523.7亿元，同比增长15.2%；对科技型企业贷款贴息的资金为45.6亿元，同比增长3.9%；支持创业风险投资的资金为581.8亿元，同比增长9.1%；吸引和支持大学及研发机构的资金为257.4亿元，同比增长26.8%；支持创新创业服务机构发展的资金为76.0亿元，其中创新券17.2亿元，分别同比增长11.4%、19.5%；支持创新创业人才的资金为107.2亿元，同比增长3.2%；支持担保机构的资金为371.8亿元，同比增长9.3%（图4-2）。从资金分布来看，2019年国家高新区支持创新创业的资金主要集中在支持创业风险投资、支持企业技术创新、支持担保机构、吸引和支持大学及研发机构方面，占比分别达到29.6%、26.7%、18.9%和13.1%。

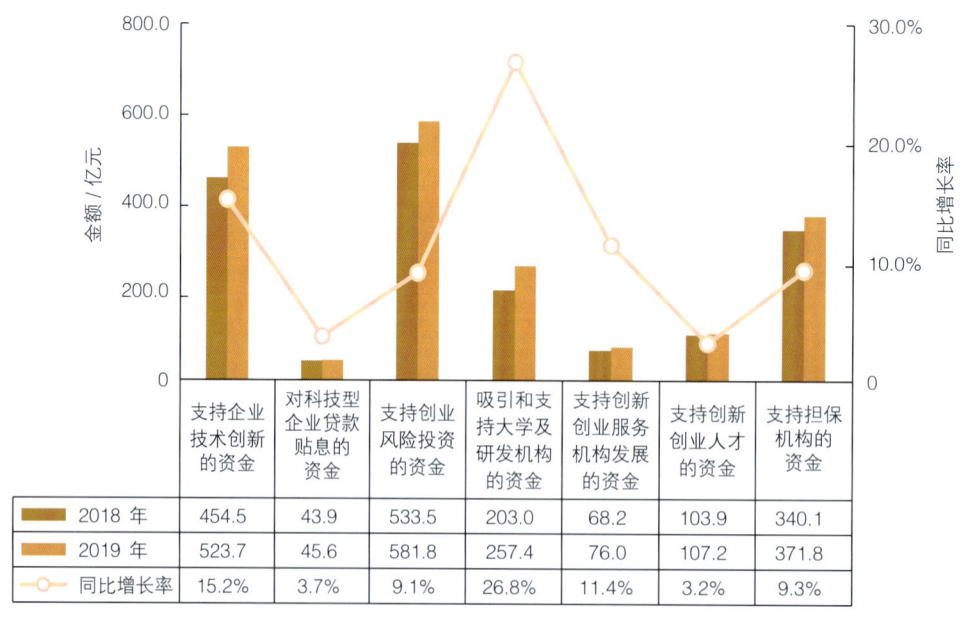

图4-2　2018年、2019年国家高新区管委会支持创新创业资金情况

---

① 资料来源：调查问卷。

（二）东部园区创新服务机构数占六成，中关村仍独占鳌头

国家高新区省级及以上各类创新服务机构数量[①]自2013年开始持续增长，2019年达到5176家，同比增长18.0%（图4-3）。具体包括省级及以上生产力促进中心293家，其中国家级107家；省级及以上技术转移机构840家，其中国家级314家；省级及以上产业技术创新战略联盟858家，其中国家级154家；省级及以上资质产品检验检测机构3185家，其中国家级1171家（图4-4）。

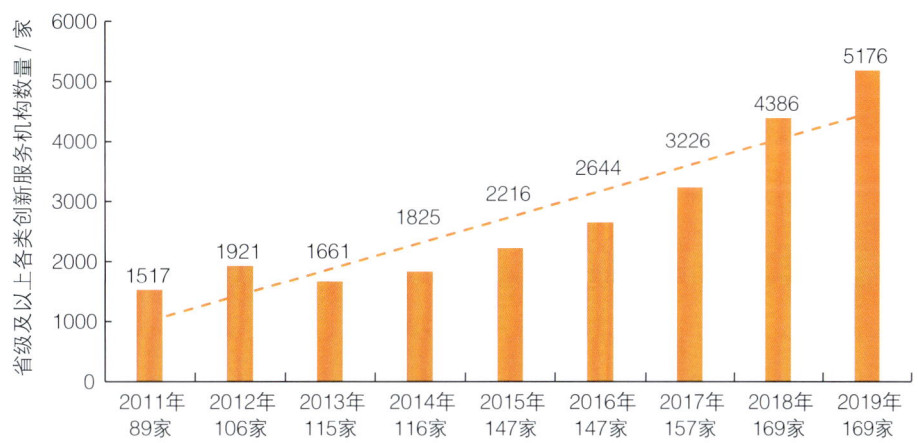

图4-3　2011—2019年国家高新区省级及以上各类创新服务机构数量情况

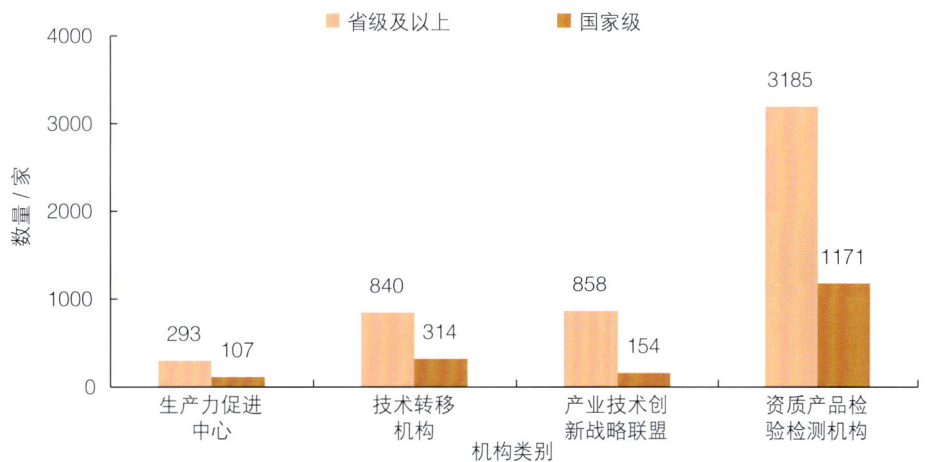

图4-4　2019年国家高新区省级及以上各类创新服务机构数量情况

---

① 自2013年开始，该指标中有两类机构的内涵发生变化，使得相应数值大幅减小，故2011年、2012年该指标数值仅作参考。

以下按不同地区高新区、不同省份高新区、不同类别高新区对评价指标省级及以上各类创新服务机构数量进行分析。

从地区分布来看，2019年东北地区、东部地区、西部地区、中部地区国家高新区各拥有省级及以上各类创新服务机构291家、3056家、797家、1032家，东部地区占国家高新区整体比重最高，达59.0%，该比例较上年下降1.9个百分点；中部地区机构数量增长迅速，占国家高新区整体比重由17.7%提升至19.9%，而西部地区则由16.0%下降到15.4%；东北地区占比最少，仅占国家高新区整体比重的5.6%，较上年略有提升（图4-5）。

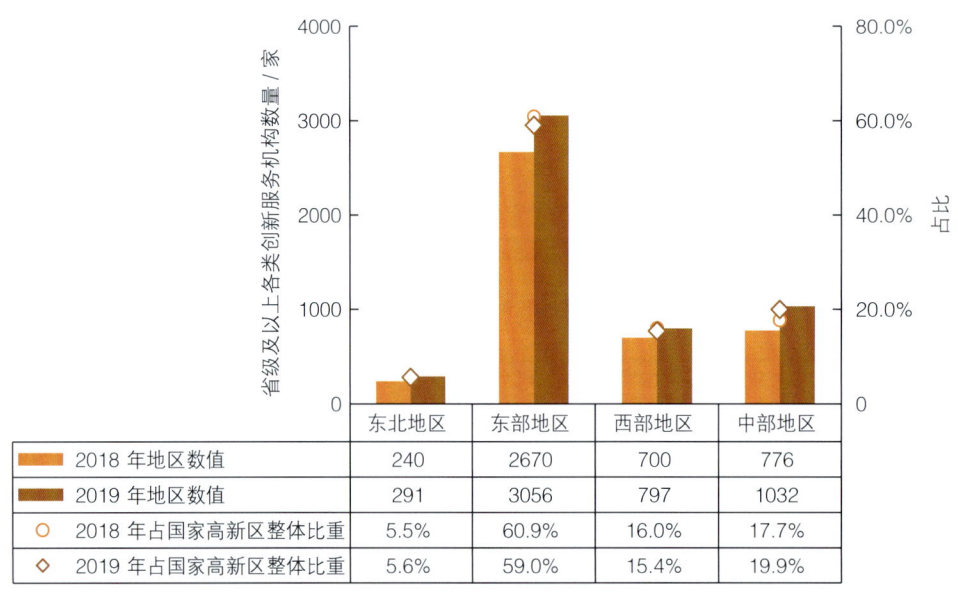

图4-5　2019年国家高新区省级及以上各类创新服务机构数量的地区分布情况

分省份来看，国家高新区各类创新服务机构数量主要集中在北京和江苏、广东、山东、浙江等沿海省份。其中，北京市最为突出，拥有省级及以上各类创新服务机构986家，占国家高新区整体的比例为19.0%；其次是江苏省，占比达到10.6%，广东、山东、浙江、湖北占比也均在5%以上；四川、湖南、河南、安徽、陕西等中西部内陆省份表现相对较好；而占比不到1%的省份有6个，分别为新疆、云南、宁夏、内蒙古、海南和青海，这6个省份的高新区所拥有省级及以上各类创新服务机构数量均不到30家（表4-1）。

表4-1 2019年国家高新区省级及以上各类创新服务机构数量的省份分布情况

省份	国家高新区省级及以上各类创新服务机构数量/家	占国家高新区整体的比例	省份	国家高新区省级及以上各类创新服务机构数量/家	占国家高新区整体的比例
北京	986	19.0%	重庆	95	1.8%
江苏	549	10.6%	贵州	86	1.7%
广东	385	7.4%	广西	73	1.41%
山东	355	6.9%	福建	71	1.37%
浙江	312	6.0%	吉林	70	1.35%
湖北	288	5.6%	山西	70	1.35%
四川	250	4.8%	黑龙江	63	1.22%
湖南	220	4.3%	天津	60	1.16%
上海	212	4.1%	甘肃	59	1.14%
河南	178	3.4%	新疆	26	0.50%
辽宁	158	3.1%	云南	25	0.48%
安徽	154	3.0%	宁夏	21	0.41%
陕西	145	2.8%	内蒙古	14	0.27%
江西	122	2.4%	海南	8	0.15%
河北	118	2.3%	青海	3	0.06%

分不同类别高新区来看，平均每家世界一流高科技园区拥有的省级及以上各类创新服务机构数量最高，达到206家，远超其他类型的园区，是高新区平均值的6.6倍；创新型科技园区的这一数字也高出高新区平均值，是高新区平均值的1.6倍；平均每家稳定期园区拥有省级及以上各类创新服务机构69家，是高新区平均值的2.2倍；平均每家自创区园区拥有机构数61家，是高新区平均值的2.0倍；而新升级园区、非自创区园区则不及高新区平均值的一半（图4-6）。

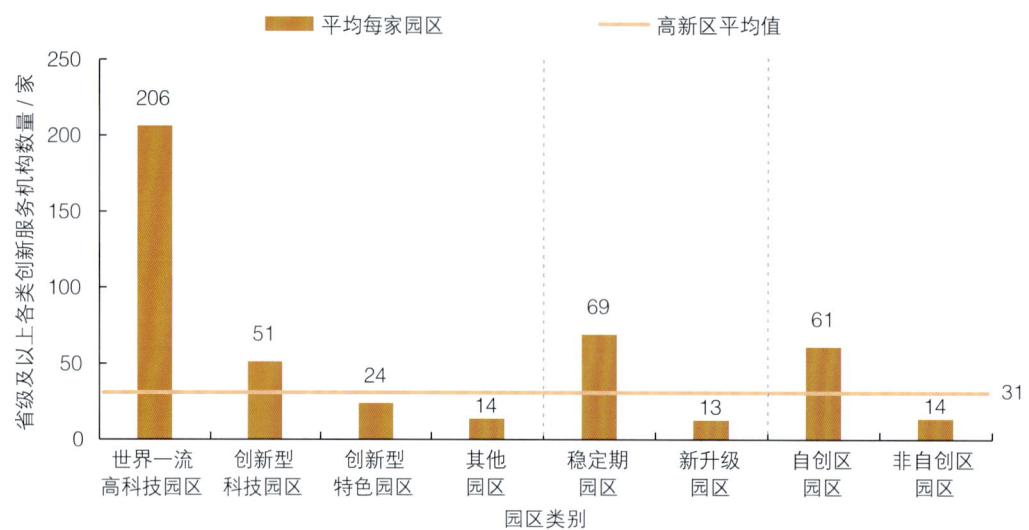

图4-6　2019年不同类别国家高新区省级及以上各类创新服务机构数量分布情况

具体到园区层面，2019年拥有省级及以上各类创新服务机构数量排名前十的国家高新区分别为中关村、上海张江、广州、成都、苏州工业园、长沙、武汉、宁波、南京和杭州高新区。其中，中关村园区数量最多，达到986家，是排名第二的上海张江园区的4.9倍，占国家高新区整体的19.0%（图4-7）。

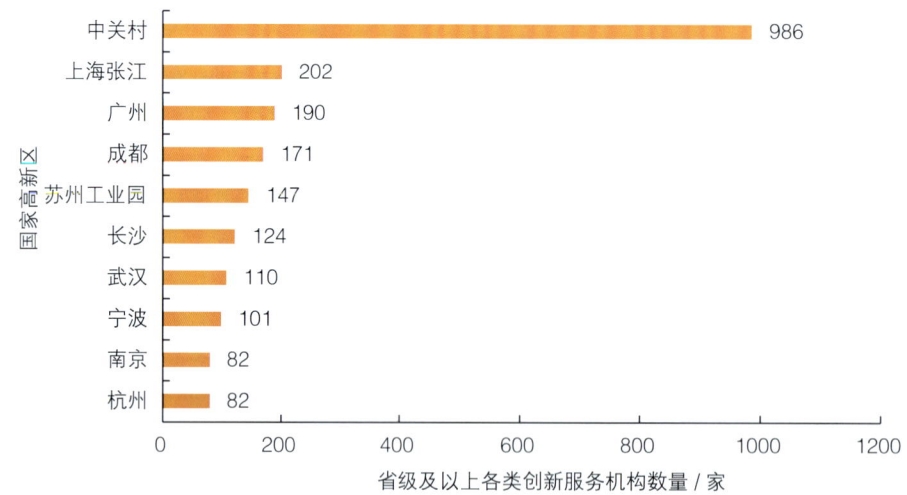

图4-7　2019年拥有省级及以上各类创新服务机构数量排名前十的国家高新区

（三）产学研合作步伐加速，企业间开放创新合作继续强化

产学研合作经费是产学研主体之间合作规模的表征，体现了不同创新主体之间的协作水平。2011—2015年，国家高新区产学研合作经费一直处于缓慢增长状态，自2016年开始加速增长，2019年更是出现爆发式增长，企业开展产学研合作研发费用支出达到1501.4亿元，同比增长79.3%（图4-8）。究其原因，中美贸易摩擦、全球化进程受阻，一定程度上促使高新区企业更积极地与高校院所、创新型企业开展研发合作，倒逼企业自主创新能力提升。

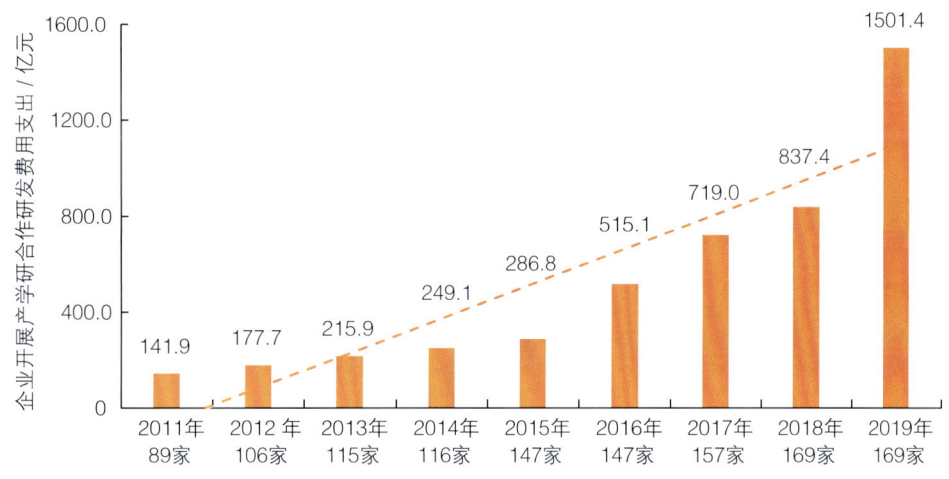

图4-8　2011—2019年国家高新区企业开展产学研合作研发费用支出情况

从产学研费用支出明细来看，委托境内研究机构费用为390.2亿元，同比增长56.0%；委托境内高等学校费用为65.8亿元，同比增长25.8%；委托境内企业费用达到1045.3亿元，同比增长95.4%（图4-9）。从产学研费用支出结构来看，委托境内企业费用在3种产学研合作支出中占比最高，达到69.6%，较上年提高5.7个百分点，说明2019年高新区企业间的开放创新合作最为活跃，且这种合作得到了进一步的强化（图4-10）。

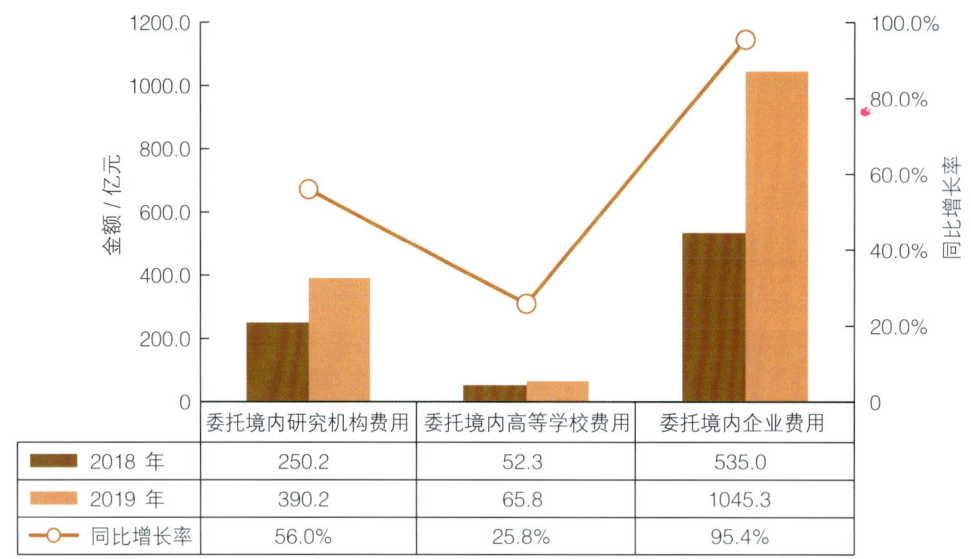

图4-9　2018年、2019年国家高新区企业开展产学研合作研发费用支出情况

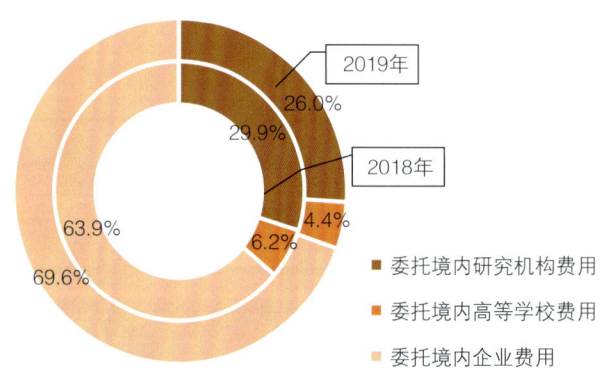

图4-10　2018年、2019年国家高新区企业开展产学研合作研发费用支出分布情况

以下按不同地区高新区、不同省份高新区、不同类别高新区对评价指标企业开展产学研合作研发费用支出进行分析。

分地区来看，国家高新区企业开展产学研合作研发费用支出的地区间差异较大，东部地区高新区产学研合作规模最大，经费支出达1258.6亿元，较上年几乎翻了一番，占国家高新区整体比重为83.8%，占比较上年提高6.6个百分点；其他3个地区的经费支出均较上年有所增长，但均不足120亿元，且占国家高新区整体比重较上年均有不同程度的下滑，其中中部地区增长最慢，且占比下降幅度最大（图4-11）。

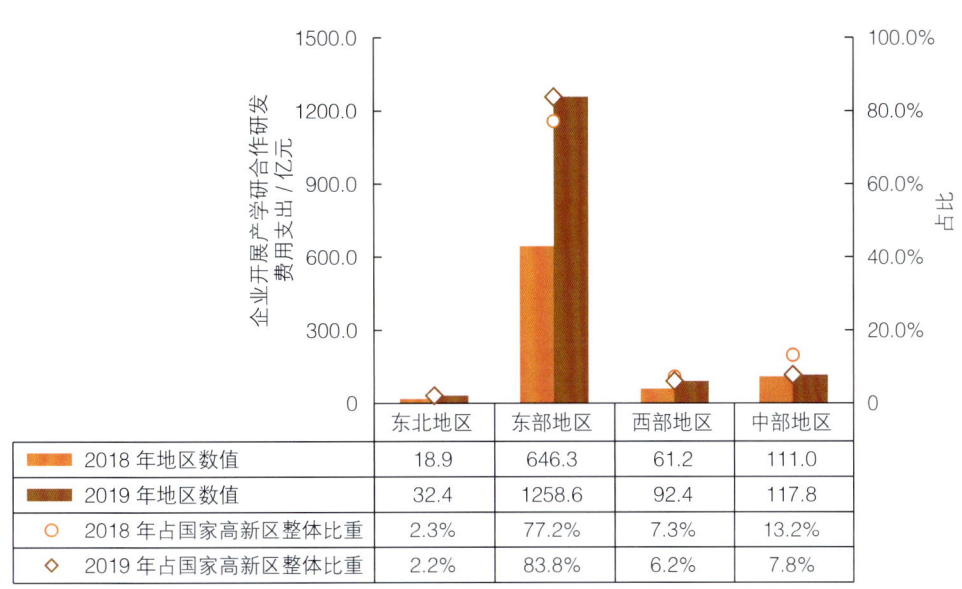

图4-11 2019年国家高新区企业开展产学研合作研发费用支出的地区分布

分省份来看，国家高新区开展产学研合作研发费用支出较多的是东部沿海和中部部分省份。费用支出超过50亿元的省份较上年增加了1个，共计5个省份，分别是广东、北京、上海、浙江和江苏，占国家高新区整体的比例分别达到44.4%、19.9%、5.9%、4.4%和4.1%；其中，广东的费用支出较上年出现大幅增长，广东、北京这两个省份的高新区贡献了高新区整体六成以上的产学研合作费用（表4-2）。

表4-2 2019年国家高新区企业开展产学研合作研发费用支出的省份分布情况

省份	国家高新区企业开展产学研合作研发费用支出/亿元	占国家高新区整体的比例	省份	国家高新区企业开展产学研合作研发费用支出/亿元	占国家高新区整体的比例
广东	667.1	44.4%	四川	34.1	0.69%
北京	298.1	19.9%	陕西	31.6	0.65%
上海	87.9	5.9%	吉林	15.7	0.57%
浙江	66.0	4.4%	湖南	13.8	0.45%
江苏	60.9	4.1%	河南	13.2	0.43%
湖北	44.3	2.9%	天津	11.2	0.42%
山东	42.7	2.8%	河北	10.8	0.34%
安徽	36.0	2.4%	黑龙江	10.4	0.69%

续表

省份	国家高新区企业开展产学研合作研发费用支出/亿元	占国家高新区整体的比例	省份	国家高新区企业开展产学研合作研发费用支出/亿元	占国家高新区整体的比例
福建	9.7	0.65%	内蒙古	3.0	0.20%
江西	8.5	0.57%	云南	2.6	0.18%
广西	6.7	0.45%	山西	2.1	0.14%
重庆	6.5	0.43%	甘肃	1.5	0.10%
辽宁	6.3	0.42%	新疆	1.05	0.07%
贵州	5.0	0.34%	宁夏	0.15	0.01%
海南	4.1	0.27%	青海	0.03	0.00%

按不同类别高新区来看，2019年平均每家世界一流高科技园区的企业开展产学研合作研发费用支出为98.7亿元，是高新区平均值的11.1倍；创新型科技园区、创新型特色园区和其他园区均未达到高新区平均水平。同时可以看到，平均每家自创区园区的企业开展产学研合作研发费用支出为22.9亿元，远高于非自创区园区，是其22.9倍；稳定期园区则是新升级园区的8.6倍（图4-12）。

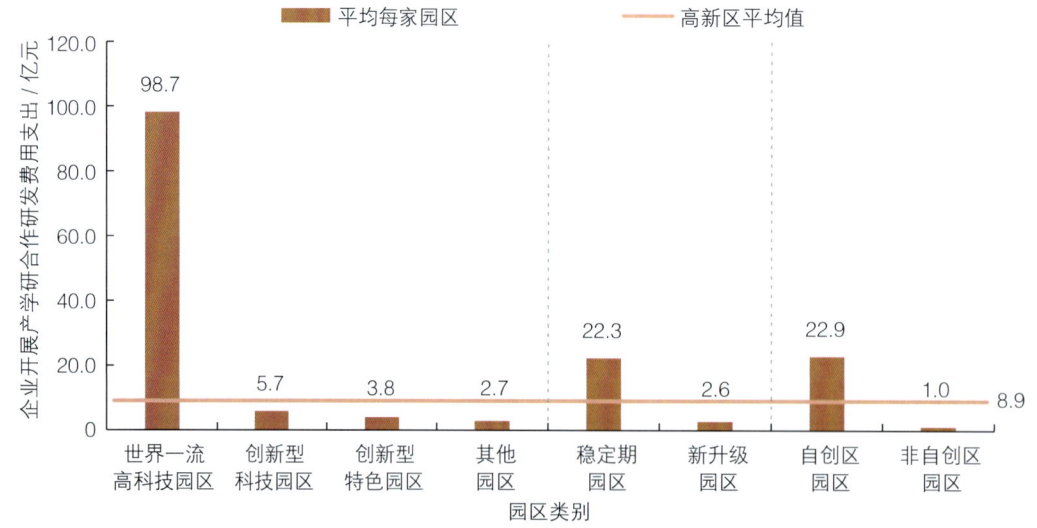

图4-12 2019年不同类别国家高新区企业开展产学研合作研发费用支出对比

具体到单个园区，2019年企业开展产学研合作研发费用支出达到10亿元以上的园区共计18家，较上年增加5家。其中，深圳、中关村、东莞3家高新区的费用支出均超过200亿元，合计贡献了高新区近六成的费用，远高于其他园区。其余15家园区支出均在100亿元以下，并且多数园区支出不超过30亿元。深圳高新区费用支出规模最大，达到378.8亿元，占高新区整体支出的比例高达25.2%（图4-13）。

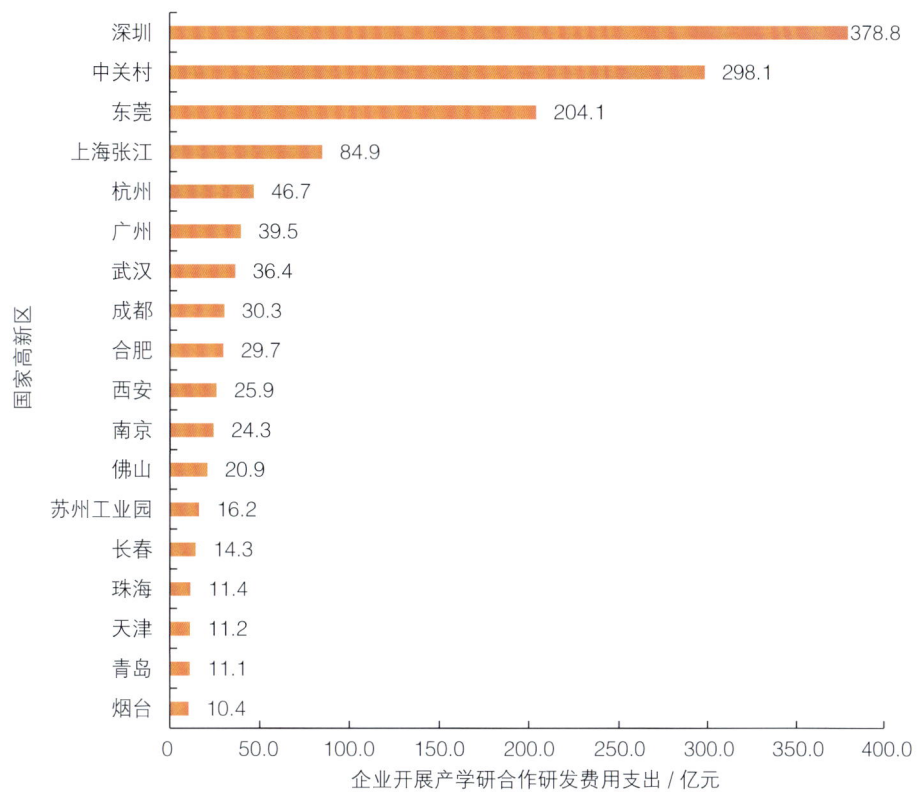

图4-13　2019年企业开展产学研合作研发费用支出超10亿元的国家高新区

二、金融服务与创业投资

科技金融对高新区的创新发展意义重大。科技创新的加速、创新经济的发展，都离不开资本的投入。一方面，面向市场的科技创新在转化为商品、进入产业化过程中，需要资本作为发展要素投入；另一方面，资本获取高收益的逐利行为与科技进步相结合，在科技创新的支撑下实现高价值回报，在利益驱动下加快了科技发展速度。因此，科技与金融的结合，即科技金融的发展，是高新区实施自主创新战略、提升创新能力和园区竞争力，进而促进高新区经济创新增长和引领产业结构调整的重要保障。

为了推动科技金融的快速发展，国家高新区积极招引和培育各类金融机构，完善科技金融服务体系，为区内企业提供多元化的融资渠道，加速推进科技与资本融合。国家高新区创新创业环境评价中，体现创业投资方面情况的指标为创投机构当年对企业的风险投资总额。

（一）产业投资基金蓬勃发展，政府参与度进一步提高

国家高新区为科技金融发展提供政策空间。一直以来，各高新区积极围绕创新链部署资金链，从科技企业的需求出发，不断创新科技金融政策和金融产品，创新基金、创业投资引导基金、"新三板"、科技保险、科技银行等创新的科技金融业务都是在高新区率先试点，高新区已经成为科技金融发展的引领区。

科技金融政策和产品创新已经成为国家高新区服务企业创新的重要抓手。为进一步推动和完善资本市场，促进中小企业发展，解决"中小企业多、融资难，社会资金多、投资难"的问题，国家高新区在多层次、多方面进行了有力的探索，综合运用无偿资助、股权投资、风险补偿、贷款贴息、后补助和建设多层次资本市场等多种方式，支持金融服务和产品创新，拓宽企业投融资渠道，满足企业尤其是创业企业和科技型中小企业的融资需求。例如，2019年西安高新区出台《加快金融业发展的若干政策》和《金融支持产业发展的若干政策》等精准靶向举措，率先在全国实现3个工作日内完成新设投资机构的工商注册行政审批；成立西安高新金融控股集团有限公司，构建金融全牌照体系。合肥高新区依托税融通、政保贷、创新贷、转型升级贷等财政金融产品，通过"融资+"创新增信，促进金融资本与财政资金、税务、担保、保险跨业合作，完善产业金融生态系统，为企业提供低成本融资。天津高新区制定出台《天津滨海高新区关于进一步支持科技型中小企业融资发展的若干措施》，从直接融资、间接融资、融资服务三方面对科技型中小企业进行支持。

从2019年高新区金融服务政策内容分布来看，为技术创新项目提供低息贷款或贷款贴息，为企业自主创新贷款提供担保，试行知识产权、无形资产和个人信誉担保抵押贷款，启动股权激励试点，建立开放式创新（创业）投资基金，设立非盈利科技企业资信评估机构，降低科技贷款风险等政策是国家高新区采用较多的金融支

持政策[①]。

近些年来，国家高新区积极通过设立产业投资基金来发挥公共财政资金的杠杆作用，引导投资银行、风险投资机构等机构投资者积极参与到产业创新发展中，更好地推动新兴产业集群的发展。2019年，高新区内产业投资基金规模达到17 425.3亿元，同比增长23.1%（图4-14）。其中，纯内资民营基金规模与政府参与的基金规模相当，分别为7737.1亿元、7969.3亿元，这两类基金规模占到高新区整体产业投资基金规模的90%；而外资参与的基金仅为290.1亿元，占高新区整体的1.7%。同时可以看到，2019年政府参与的基金规模反超了纯内资民营基金规模，说明高新区公共财政资金支撑产业发展的力度进一步增强。

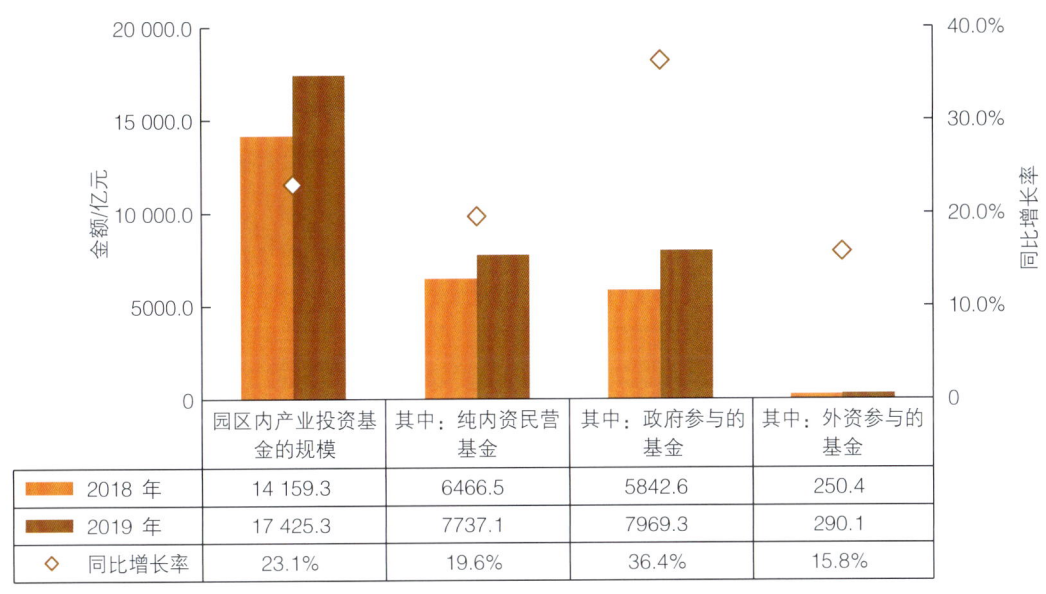

图4-14　2018年、2019年国家高新区产业投资基金分布情况

同时，国家高新区持续创新投融资服务模式，推动科技经济深度融合。深圳高新区打造南方创投网，2019年累计项目总数14 776条，覆盖企业5000多家，投资机构550余家；全年累计下达的股权投资项目9个，下达资助资金计划7050万元；全年新增9家科技金融联盟成员，现有各类投融资机构及高科技企业成员300多家。成都高新区

---

① 资料来源：调查问卷。

首创"盈创动力科技金融服务模式",成为国务院推广到全国的科技金融改革创新经验;打造高新区融资信用平台,与金融机构联合开发出反担保物要求低的"成长贷"等产品,并编制实施《成都高新区推进知识产权融资试点工作方案》。广州高新区设立科技信贷风险资金池,推动银行加大对科技型中小企业的贷款支持,开展科技型中小企业贷款成本补贴。天津高新区建立高新区银政通科技金融服务平台,着力解决企业融资难、融资贵问题。

(二)金融服务机构数量全面增长,企业踊跃借力资本市场

金融服务机构发挥着促进资本配置和流通的重要功能,国家高新区通过多种举措积极引进和培育金融服务机构,逐步完善科技金融服务体系,各类金融服务机构发展卓有成效。截至2019年年底,国家高新区内共有创业风险投资机构5113家、银行4777家(其中731家科技支行)、保险代理机构3169家、证券机构1262家、担保公司1625家、小额贷款公司1360家、科技融资租赁公司1491家、科技金融服务机构5922家。与2018年相比,高新区各类金融服务机构均实现了增长,其中银行数量增长最快,同比增长18.5%;其次为证券机构,同比增长11.0%(图4-15)。

图4-15 2018年、2019年国家高新区各类金融服务机构情况

随着"新三板""新四板""科创板"等资本市场的逐步建立和完善,国家高新区形成了主板和中小板(一板)、创业板(二板)、科创板、全国中小企业股份转让系统(新三板)和区域性股权交易市场(新四板)5个层次的资本市场体系。2019年,国家高新区企业的实收资本(股本)共计110 368.5亿元,同比增长21.1%。其中,企业上市融资股本13 073.1亿元,同比增长32.6%,企业海外上市融资股本1820.9亿元,同比增长达102.6%,占企业上市融资股本的13.9%。

从企业上市和挂牌情况来看,2019年国家高新区内共有上市企业1476家,较上年增加127家,其中当年新上市119家;新三板挂牌企业数3501家,其中当年挂牌50家;地方四板挂牌企业数2878家,较上年增加754家。具体到单个园区,2019年上市企业数达到20家的高新区共有15家,较上年增加2家,包括中关村、深圳、上海张江、广州、西安、南京、宁波、武汉、杭州、长沙、苏州工业园、成都、珠海、合肥和佛山高新区,其中排名前三的高新区上市企业数分别达到324家、122家和103家,从第4名开始数量急剧减少,上市企业数均不到50家(图4-16)。

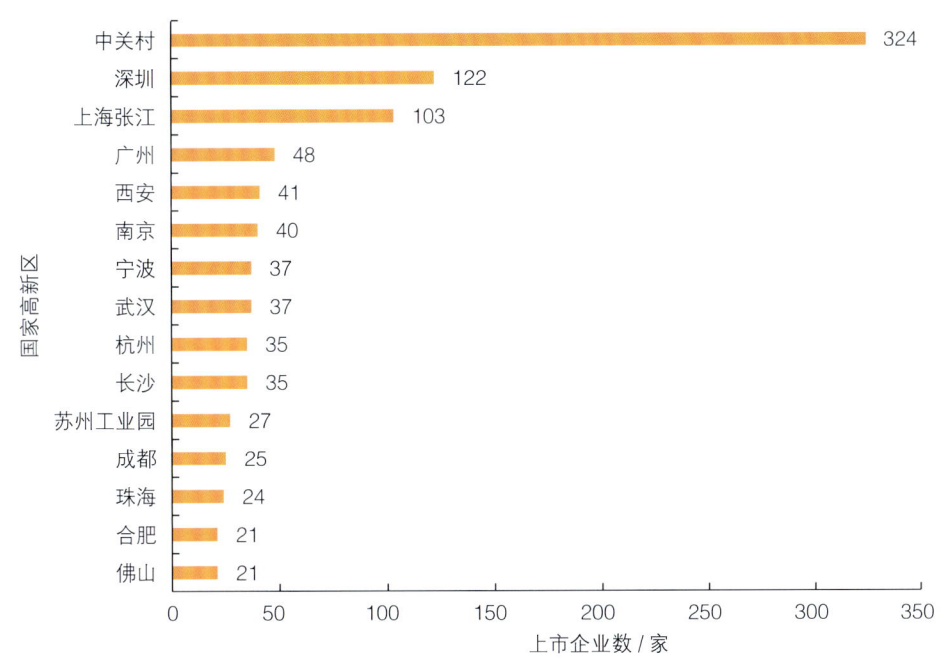

图4-16 2019年上市企业数超过20家的国家高新区

（三）机构风险投资增速趋缓，与硅谷地区的差距加大

随着大众创业、万众创新的深入推进，风险投资行业在我国也得到了快速的发展，对创新创业的支撑作用不断增强。国家高新区是创新创业的高地，也是风险投资的热地。截至2019年年底，国家高新区内共有创业风险投资机构5113家，从2013年开始，高新区创投机构当年对企业的风险投资总额进入增长的快车道，几乎以一年翻一番的速度增长，2018年出现爆发式增长，总投资额达到957.4亿元，同比增长156.1%，2019年增速回落至5.8%（图4-17）。风险投资的多寡很大程度上体现了区域创新创业生态的优劣，以上数字说明国家高新区整体的创新创业生态在不断优化。

图4-17　2013—2019年国家高新区创投机构当年对企业的风险投资总额变化

以下按不同地区高新区、不同省份高新区、不同类别高新区对评价指标创投机构当年对企业的风险投资总额进行分析。

分地区来看，2019年东北地区、东部地区、西部地区、中部地区的国家高新区创投机构当年对企业的风险投资总额分别为4.6亿元、793.7亿元、70.8亿元和144.0亿元，占国家高新区整体比重分别为0.5%、78.3%、7.0%和14.2%，东部地区拥有高新区近八成的风险投资额，但是占高新区整体的比重较上年略有下降，中部地区则有所提升（图4-18）。

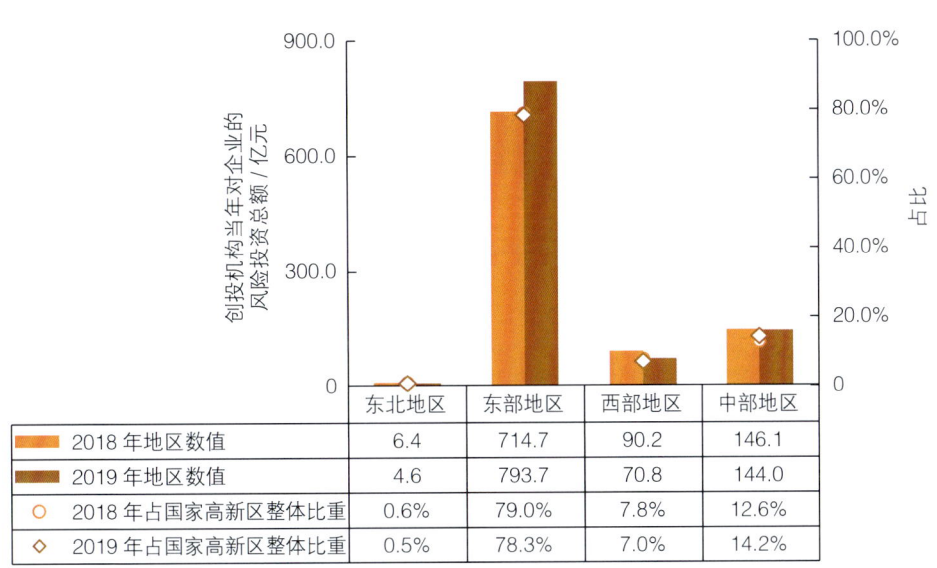

图4-18 2018年、2019年国家高新区创投机构当年对企业的风险投资总额的地区分布

分省份来看（表4-3），2019年创投机构当年对企业的风险投资总额达到100亿元以上的省份有4个，分别为北京、上海、广东和江苏，这4个省份合计占国家高新区整体的比例均在10%以上。其中，北京中关村园区创投机构当年对企业的风险投资总额为281.7亿元，占国家高新区整体的比例达到27.8%。国家高新区的风险投资主要集中在东部省份及重要城市；中西部省份中，湖北、四川、安徽、湖南、陕西等省份高新区的风险投资规模也在20亿元以上，但相比东部地区代表性省份，规模相对较小；另外，海南、青海、新疆、山西等省份高新区的风险投资为零，这些省份高新区的创新创业生态亟须建设和优化。

表4-3 2019年国家高新区创投机构当年对企业的风险投资总额的省份分布

省份	国家高新区创投机构当年对企业的风险投资总额/亿元	占国家高新区整体的比例	省份	国家高新区创投机构当年对企业的风险投资总额/亿元	占国家高新区整体的比例
北京	281.7	27.8%	安徽	35.1	3.5%
上海	175.3	17.3%	湖南	34.8	3.4%
广东	146.4	14.4%	陕西	23.2	2.3%
江苏	119.0	11.7%	福建	20.7	2.0%
湖北	46.2	4.6%	河南	16.7	1.7%
四川	41.7	4.1%	江西	11.2	1.1%
浙江	40.7	4.0%	山东	5.8	0.57%

续表

省份	国家高新区创投机构当年对企业的风险投资总额/亿元	占国家高新区整体的比例	省份	国家高新区创投机构当年对企业的风险投资总额/亿元	占国家高新区整体的比例
辽宁	4.0	0.40%	河北	0.08	0.01%
天津	3.9	0.39%	黑龙江	0.06	0.01%
广西	2.5	0.25%	云南	0.04	0.00%
重庆	1.8	0.18%	宁夏	0.02	0.00%
甘肃	0.8	0.08%	海南	0	0
吉林	0.51	0.05%	青海	0	0
贵州	0.45	0.04%	新疆	0	0
内蒙古	0.23	0.02%	山西	0	0

分不同类别高新区来看（图4-19），2019年平均每家世界一流高科技园区吸纳的创投机构当年的风险投资额达到75.8亿元，远高于创新型科技园区、创新型特色园区和其他园区，是国家高新区平均值的12.6倍，世界一流高科技园区作为我国国家高新区的领头羊，其风险投资规模远超其他各类园区，是创新创业生态的高地。同时可以看到，平均每家稳定期园区的风险投资规模为17.2亿元，是新升级园区的24.6倍；平均每家自创区园区为15.6亿元，是非自创区园区的26.0倍。

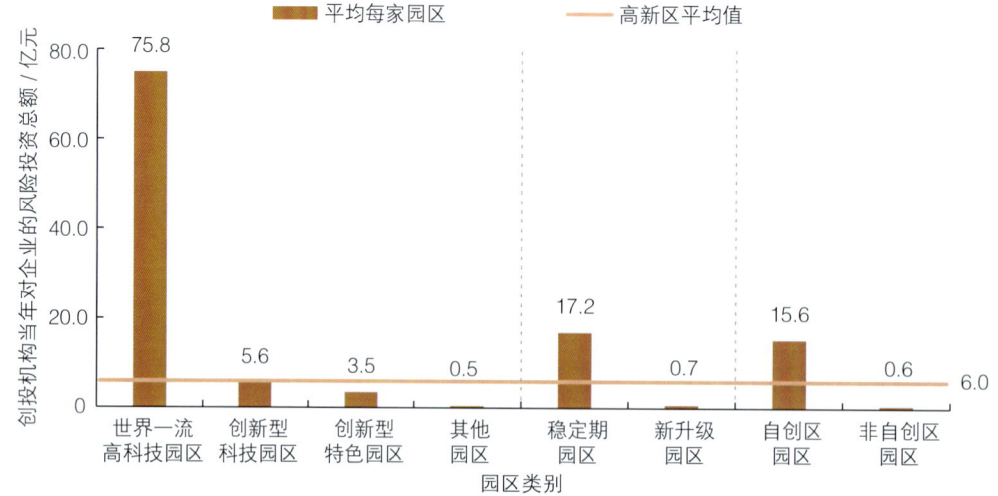

图4-19 2019年不同类别国家高新区创投机构当年对企业的风险投资总额

具体到单个园区，2019年吸引创投机构的风险投资金额超过10亿元的高新区有17家，较上年增加1家，世界一流高科技园区均位列其中。中关村园区表现最为突出，风险投资总额达到281.7亿元，占高新区整体的27.8%；其次为上海张江高新区，风险投资总额为170.0亿元，占到高新区整体的16.8%；此外，广州、深圳高新区的风险投资总额也在50亿元以上（图4-20）。

图4-20　2019年创投机构当年对企业的风险投资总额超过10亿元的国家高新区

尽管我国的国家高新区吸纳风险投资额在持续增长，但与世界先进园区还存在较大差距。2019年，硅谷地区风险投资继续保持非常高的水平，仅第一季度的风险投资就达到43亿美元（折合296.6亿元人民币），高于国家高新区风险投资最高的中关村园区（281.7亿元）；硅谷地区全年风险投资更是高达420亿美元（折合2897.4亿元人民币），是国家高新区全年吸纳风险投资总额的2.9倍，相比2018年二者差距再次拉大。

三、创业孵化与双创活力

创业孵化是国家高新区最突出的功能之一。第一家科技企业孵化器就诞生在国家高新区。随着"大众创业、万众创新"活动的开展，国家高新区进一步加大了创业孵化载体的建设力度，构建了"众创空间—孵化器—加速器—专业园区"的孵化体系，并且不断提升创业服务质量，优化创新创业环境。如今，国家高新区已经成为双创主体最密集、双创活力最强劲、双创环境最优越的区域。国家高新区创新创业环境评价中，体现创业孵化和活力方面的指标为当年新注册企业数占工商注册企业总数比例、科技企业孵化器及加速器内企业数量。

（一）孵化载体稳步增长，人才服务机构增速保持高位

2019年，国家高新区双创工作最显著的成绩中，排名第一的就是创业孵化[①]。截至2019年年底，国家高新区内共有科技企业孵化器2742家，其中省级及以上1356家、国家级639家，同比增长率分别达到10.7%、8.5%和12.9%；众创空间达到3295家，同比增长14.9%，其中科技部备案的众创空间为912家，同比增长0.7%；科技企业加速器775家，同比增长率为9.8%（图4-21）。

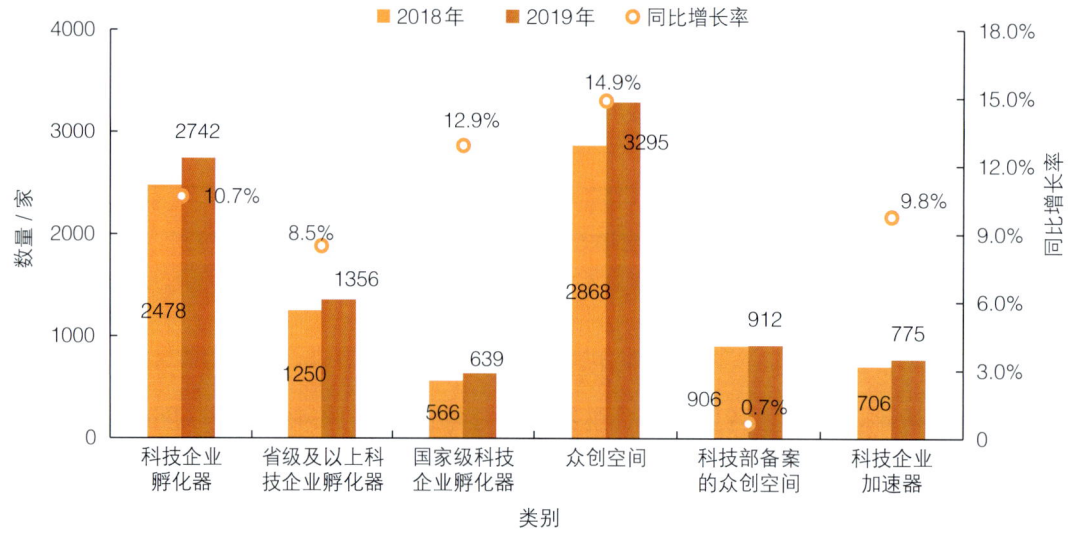

图4-21　2018年、2019年国家高新区孵化器、众创空间、加速器数量和增长情况

具体到单个园区的科技企业孵化器情况，2019年科技企业孵化器数超过40家的国家高新区共有13家，较上年增加2家，包括中关村、广州、成都、深圳、合肥、南京、青岛、上海张江、武汉、杭州、天津、佛山和东莞高新区，排名前三的中关村、

---

① 资料来源：调查问卷。

广州和成都高新区其科技企业孵化器数均在100家以上。同时，中关村拥有最多的国家级科技企业孵化器，数量达到44家，其后是武汉和上海张江高新区，数量分别为34家和30家（图4-22）。

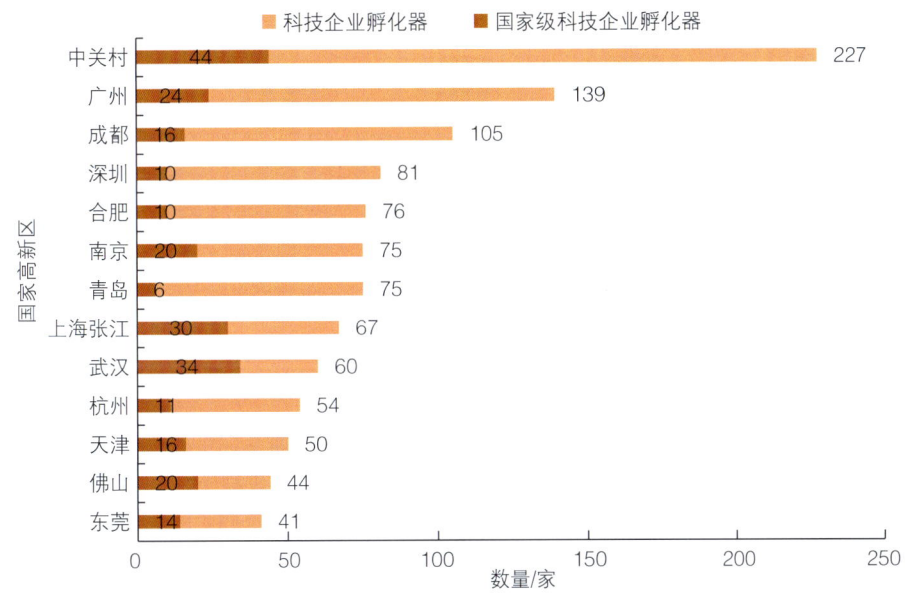

图4-22　2019年科技企业孵化器数超过40家的国家高新区

具体到单个园区的众创空间情况，2019年共有16家国家高新区的众创空间数在50家及以上，较上年增加3家，包括中关村、南京、深圳、武汉、上海张江、西安、厦门、苏州工业园、广州、济南、成都、青岛、宁波、太原、合肥和天津高新区，排名前六的高新区众创空间数均在100家及以上。其中，中关村拥有的科技部备案的众创空间数量最多，其后是武汉高新区和深圳高新区（图4-23）。

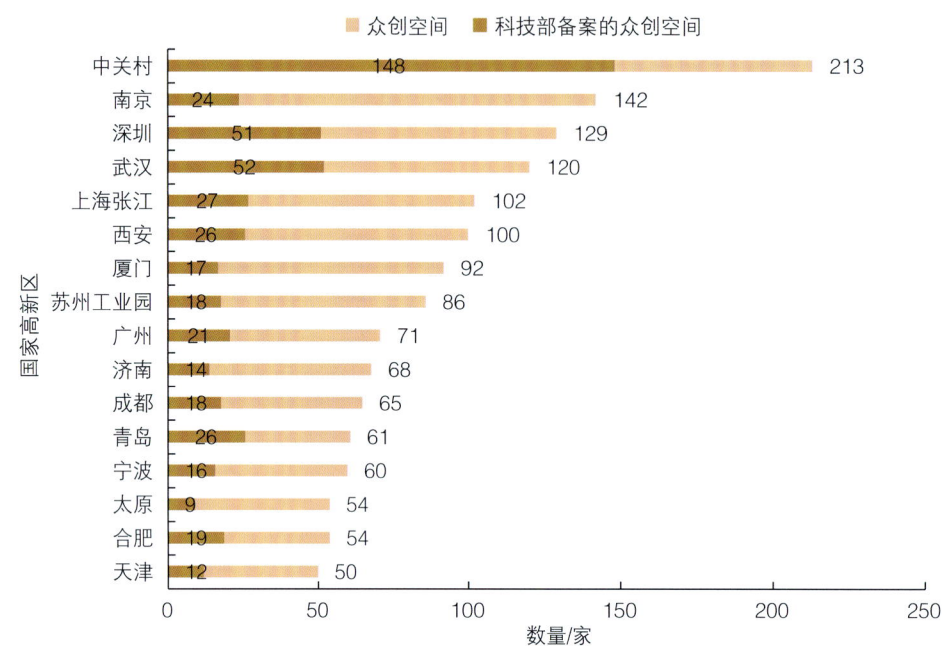

图4-23 2019年众创空间数在50家及以上的国家高新区

在创业服务方面，根据对国家高新区开展的问卷调查，2019年高新区双创工作主要成绩表现在创业孵化、促进企业创新、提供创新创业平台和便利的硬件设施环境、推进技术转移和扩大技术交易市场等几个方面。截至2019年年底，高新区基本都配套了便利创业的设施和服务，包括众创空间、孵化器等服务于创业团队和初创企业的低成本创业空间；几乎所有高新区都对众创空间等双创平台提供了政策、资金、服务等支持；超过90%的高新区建立了创业投资引导机制；超过80%的高新区出台了支持高校、科研院所专业技术人员离岗创业的专项政策。2019年，高新区创业者主要来源为科研人员、大学生、大企业高管离职创业及连续创业者、留学归国人员、返乡就业人员5类人员，同时还有公职离职创业人员、外籍创业人员、军人转业创业人员等创业者来源[①]。

同时，国家高新区进一步强化创业相关的公共服务机构建设，整合政府和社会资源，为企业提供创业指导、人力资源、法律服务、金融服务等全方位立体化服务，加强对企业成长的支撑。截至2019年年底，国家高新区内共有技工学校867家、律师事务所2714家、会计师事务所2366家、税务机构993家、审计事务所1761家、人才服务

---

① 资料来源：调查问卷。

机构6028家，且较上年度均有所增长，尤其是人才服务机构增长迅速，同比增长率达到43.5%，增速较上年提高3.9个百分点，实现了连续两年的高位增长（表4-4）。

表4-4 2018年、2019年国家高新区创业相关的公共服务机构数量

类别	技工学校	律师事务所	会计师事务所	税务机构	审计事务所	人才服务机构
2018年数量/家	802	2317	2106	880	1617	4200
2019年数量/家	867	2714	2366	993	1761	6028
同比增长率	8.1%	17.1%	12.3%	12.8%	8.9%	43.5%

（二）在孵企业破12万家，东部地区优势进一步强化

随着孵化载体建设工作的推进及创业服务体系的逐步完善，国家高新区的孵化企业持续增长。2011—2019年，国家高新区科技企业孵化器及加速器内企业数量[①]增长迅速（图4-24），2018年突破10万家，同比增长10.6%；2019年突破12万家（122 092家），同比增长14.3%，平均每家高新区拥有在孵化企业722家，较2018年增加90家。

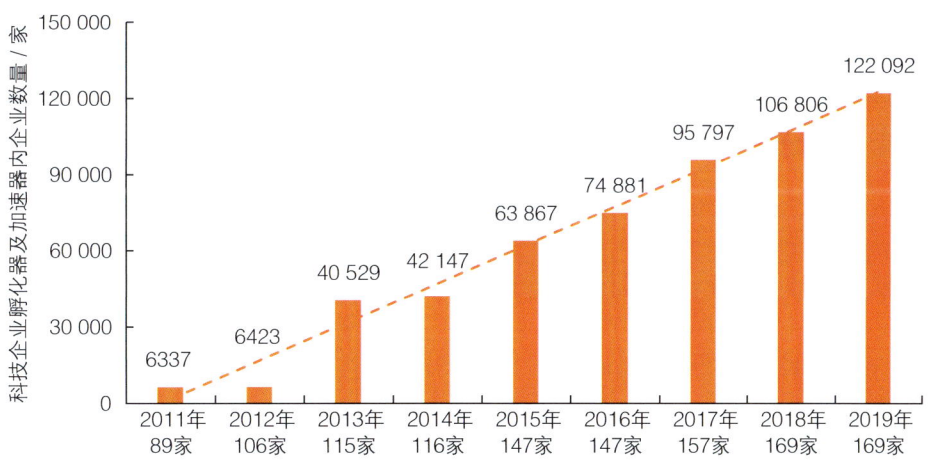

图4-24 2011—2019年国家高新区科技企业孵化器及加速器内企业数量

---

① 2011年、2012年该指标仅为"科技企业孵化器在孵企业数"，自2013年开始纳入"加速器在孵企业数"，使得该指标在2013年出现爆发式增长，同时，在2015年纳入"国家大学科技园在孵企业数"，故2011—2014年该指标数值仅作参考。

分地区来看（图4-25），2019年东部地区高新区科技企业孵化器及加速器内企业数量达到69 587家，数量最多，占国家高新区整体比重达到57.0%，较上年提高1.6个百分点；中部和西部地区高新区科技企业孵化器及加速器内企业数量分别为29 169家、15 104家，分别占23.9%、12.4%；东北地区高新区科技企业孵化器及加速器内企业数量为8232家，占比仅为6.7%，较上年下降1.0个百分点，并且该比例已经连续两年下降，表明东北地区高新区的科技孵化工作亟须强化。

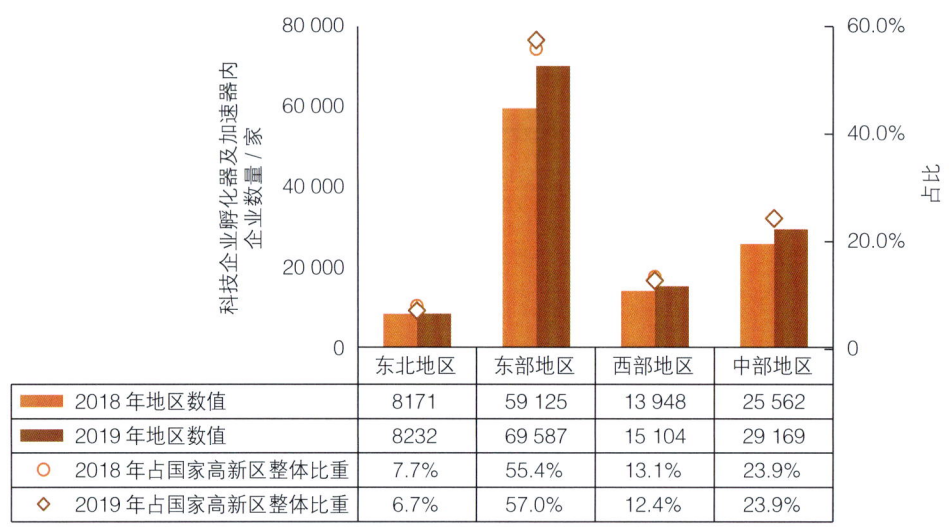

图4-25　2018年、2019年国家高新区科技企业孵化器及加速器内企业数量的地区分布

分省份来看，2019年高新区科技企业孵化器及加速器内企业数量排在前十的省份分别是江苏、广东、北京、湖北、浙江、山东、湖南、上海、河南和安徽，其中江苏15 810家、广东14 116家、北京12 313家、湖北9035家、浙江7505家，分别占国家高新区整体的12.9%、11.6%、10.1%、7.4%、6.1%，前五省份占到国家高新区整体的48.1%；另外有9个省份的占比不到1%，分别为甘肃、新疆、贵州、山西、内蒙古、云南、青海、海南和宁夏（表4-5）。

表4-5 2019年国家高新区科技企业孵化器及加速器内企业数量的省份分布

省份	国家高新区科技企业孵化器及加速器内企业数量/家	占国家高新区整体的比例	省份	国家高新区科技企业孵化器及加速器内企业数量/家	占国家高新区整体的比例
江苏	15 810	12.9%	重庆	2116	1.73%
广东	14 116	11.6%	江西	2044	1.67%
北京	12 313	10.1%	黑龙江	1978	1.62%
湖北	9035	7.4%	广西	1678	1.37%
浙江	7505	6.1%	天津	1661	1.36%
山东	7015	5.7%	福建	1622	1.33%
湖南	6667	5.5%	甘肃	943	0.77%
上海	6059	5.0%	新疆	878	0.72%
河南	5401	4.4%	贵州	790	0.65%
安徽	5265	4.3%	山西	757	0.62%
辽宁	4137	3.4%	内蒙古	666	0.55%
陕西	3514	2.9%	云南	541	0.44%
四川	3340	2.7%	青海	439	0.36%
河北	3157	2.6%	海南	329	0.27%
吉林	2117	1.7%	宁夏	199	0.16%

分不同类别高新区来看，2019年平均每家世界一流高科技园区、创新型科技园区、创新型特色园区科技企业孵化器及加速器内企业数量分别为4553家、1204家、735家，均高于高新区平均值，尤其世界一流高科技园区是高新区平均值的6.3倍；平均每家稳定期园区为1665家，远高于新升级园区，为高新区平均值的2.3倍；平均每家自创区园区为1473家，远高于非自创区园区，是高新区平均值的2.0倍（图4-26）。

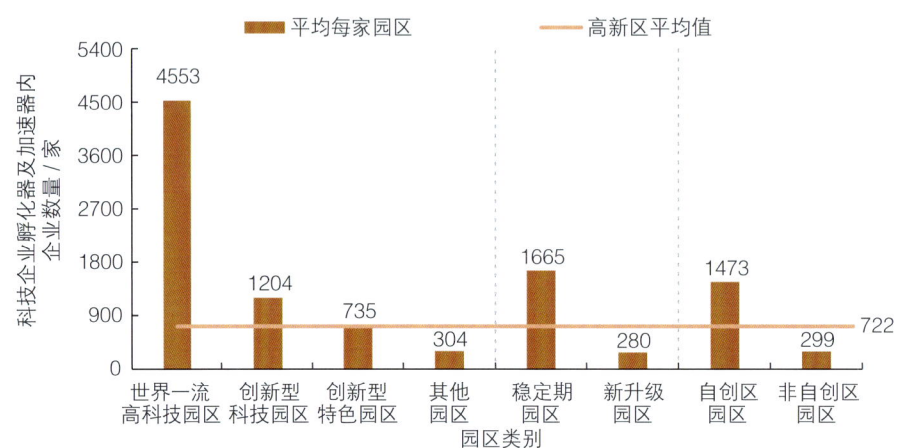

图4-26 2019年不同类别国家高新区科技企业孵化器及加速器内企业数量分布

具体到园区层面，2019年科技企业孵化器及加速器内企业数量超过1000家的有20家高新区，其总和为65 733家，占高新区整体的53.8%。其中，超过3000家的有8家高新区，分别是中关村、上海张江、武汉、广州、合肥、杭州、长沙和苏州工业园；中关村园区表现最为突出，占高新区整体的10.1%，远高于其他园区（图4-27）。

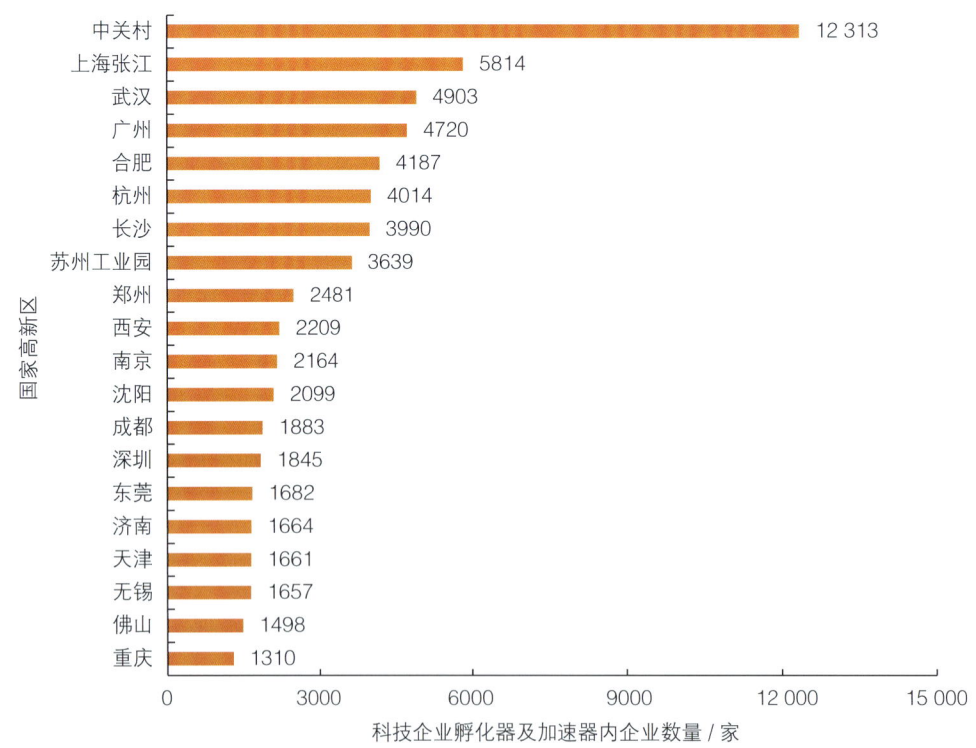

图4-27 2019年科技企业孵化器及加速器内企业数量超过1000家的国家高新区

(三)新注册企业数增长提速,日均注册企业达 1697 家

市场主体既是市场环境的晴雨表,也是经济活力的风向标。在政府和市场双重力量的推动下,国家高新区的新增企业再创新高,高新区当年新注册企业数量从2011年开始持续提升,到2019年年底达到61.9万家,同比增长32.0%,高新区平均每天新注册企业1697家,较上年每天多注册411家(图4-28)。

图4-28　2011—2019年国家高新区当年新注册企业数量

从当年新注册企业类型来看,2019年61.9万家新注册企业中有6.8万家为工业企业,占比为11.0%;而有19.2万家为技术开发和技术服务型企业,占比达到31.0%。当年新注册的技术开发和技术服务型企业数是工业企业的2.8倍,说明2019年高新区集聚了更多拥有技术创新能力的企业。

从高新区个体来看(图4-29),2019年共有15家高新区当年新注册企业数量超过1万家,较上年增加了6家,包括中关村、广州、成都、武汉、深圳、西安、南京、苏州工业园、重庆、济南、上海张江、佛山、宁波、杭州和郑州,这15家高新区当年新注册企业数占高新区整体的比例合计达到53.1%。

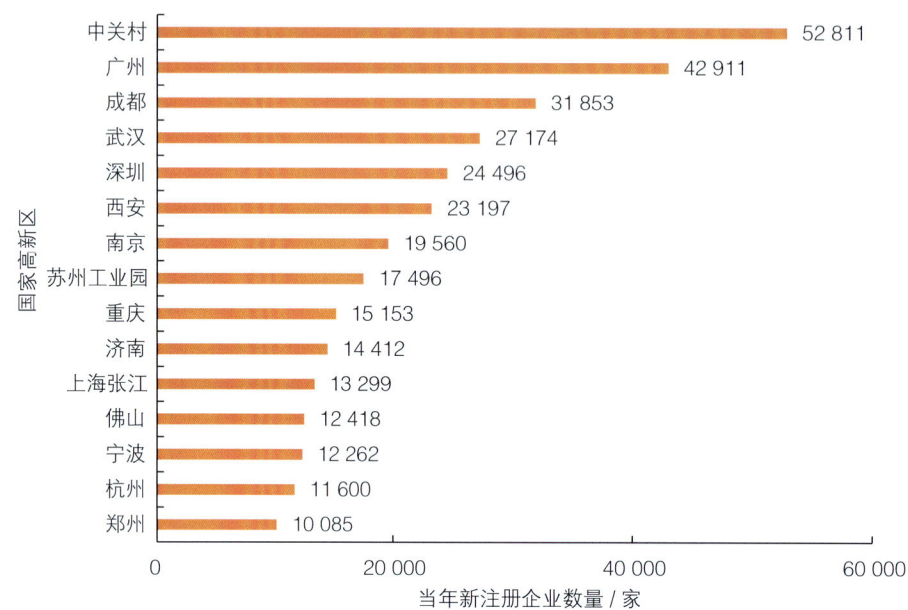

图4-29　2019年当年新注册企业数量超过1万家的国家高新区

从当年新注册企业数占比来看（图4-30），2012年以来，高新区当年新注册企业数占工商注册企业总数比例整体保持增长趋势，2019年比例为21.6%，较上年提高1.4个百分点，近5年来均保持在20%以上。

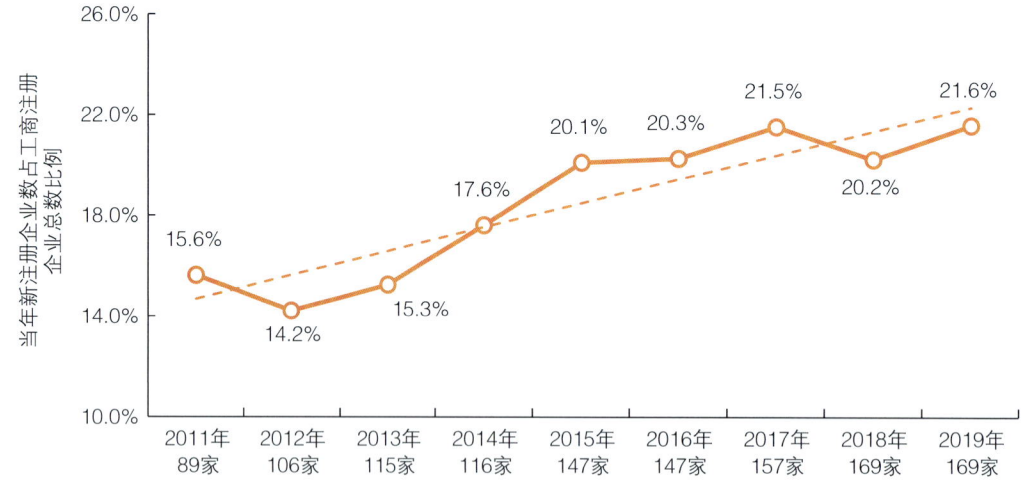

图4-30　2011—2019年国家高新区当年新注册企业数占工商注册企业总数比例

分地区来看（图4-31），2019年我国中部地区、西部地区高新区当年新注册企业数占工商注册企业总数比例分别为24.7%和21.9%，均在高新区平均值以上；而东部地区、东北地区高新区分别为21.0%、18.5%，低于高新区平均值，这跟东部地区高新区企业存量规模较大直接相关。从4个地区两年的比例变化可以发现，东部、西部和中部3个地区的比例分别较上年提升1.9个百分点、1.1个百分点和0.8个百分点，东部地区的提升最为显著，庞大的企业存量和优越的创新环境是东部地区企业稳定增长的基石和保障；而东北地区的比例较上年降低了2.4个百分点，且是连续两年下降，东北地区高新区需要全面创新发展政策、优化创新发展环境，为企业发展注入活力。

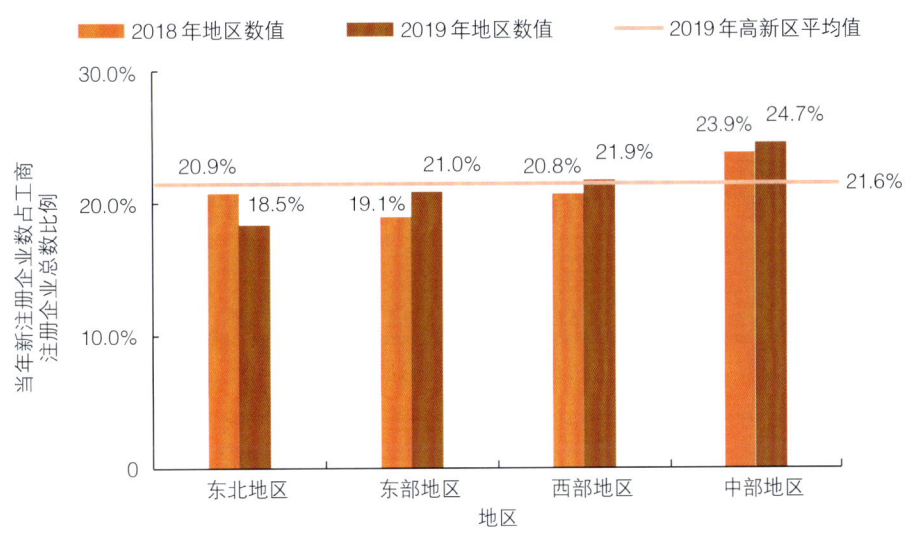

图4-31　2018年、2019年国家高新区当年新注册企业数占工商注册企业总数比例的地区分布

分省份来看（表4-6），2019年有18个省份的高新区当年新注册企业数占工商注册企业总数比例在20%以上，排名前十的省份分别为福建、广东、江西、天津、安徽、贵州、湖北、上海、陕西和山东。北京该比例仅高于海南省，排名落后，这与中关村工商注册企业的存量规模较大密切相关。2019年，中关村拥有工商注册企业48.0万家，远超其他高新区，是排名第二的成都高新区的3.5倍。

表4-6　2018年、2019年国家高新区当年新注册企业数占工商注册企业总数比例的省份分布

省份	2019年国家高新区当年新注册企业数占工商注册企业总数比例	2018年国家高新区当年新注册企业数占工商注册企业总数比例	省份	2019年国家高新区当年新注册企业数占工商注册企业总数比例	2018年国家高新区当年新注册企业数占工商注册企业总数比例
福建	32.3%	25.9%	河南	21.5%	15.9%
广东	32.3%	23.6%	江苏	21.2%	21.4%
江西	27.4%	28.7%	河北	20.8%	25.5%
天津	25.9%	15.1%	浙江	19.9%	20.7%
安徽	25.5%	29.9%	黑龙江	19.7%	22.5%
贵州	25.3%	22.5%	宁夏	19.6%	20.6%
湖北	25.3%	23.7%	内蒙古	19.4%	18.3%
上海	25.1%	29.0%	广西	18.8%	19.2%
陕西	24.9%	25.2%	吉林	18.7%	17.9%
山东	24.9%	22.9%	辽宁	18.0%	21.5%
湖南	24.3%	25.0%	云南	16.5%	16.0%
青海	23.6%	16.6%	新疆	14.3%	19.2%
山西	23.5%	27.4%	甘肃	13.4%	15.5%
四川	22.9%	20.5%	北京	11.0%	12.6%
重庆	21.9%	18.5%	海南	10.6%	26.8%

分不同类别高新区来看，2019年创新型特色园区和其他园区的当年新注册企业数占工商注册企业总数比例相对较高，分别为23.8%和22.9%，均高于高新区平均值；创新型科技园区基本与高新区平均值持平，世界一流高科技园区则低于高新区平均值；同时，新升级园区高于稳定期园区，非自创区园区高于自创区园区（图4-32）。相对而言，创新型特色园区和其他园区、新升级园区、非自创区园区由于企业基数相对较小，新注册企业数占比指标更容易出现较高的数值。

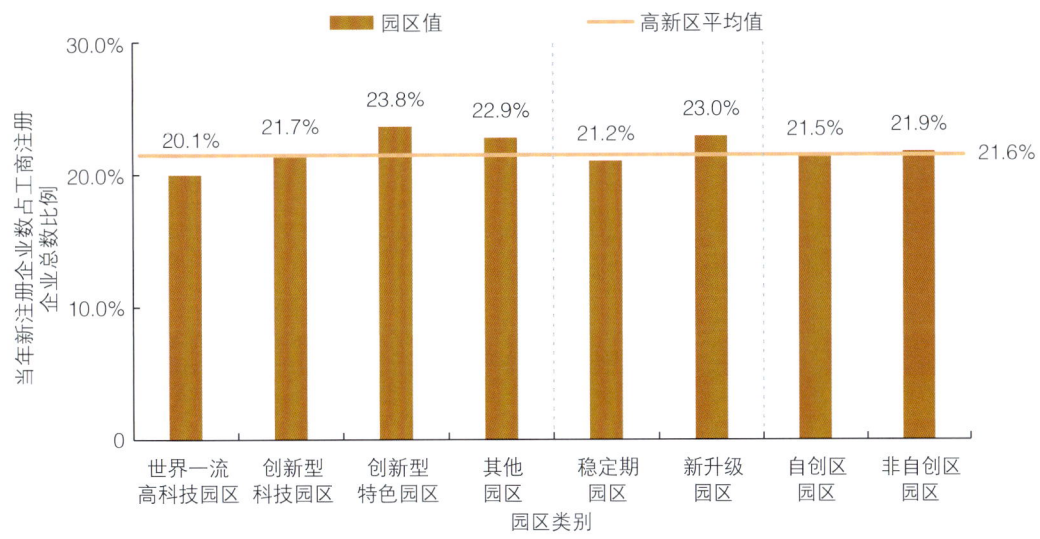

图4-32 2019年不同类别国家高新区当年新注册企业数占工商注册企业总数比例分布

具体到园区层面（图4-33），2019年高新区当年新注册企业数占工商注册企业总数比例排名前十五的园区分别为铜陵狮子山、安顺、福州、连云港、湘潭、咸阳、永川、赣州、清远、芜湖、佛山、营口、南京、珠海和广州，其中约有一半园区是新升级的国家高新区。相对而言，这些园区的企业发展活力在各自所属的稳定期和新升级园区群体中表现突出。

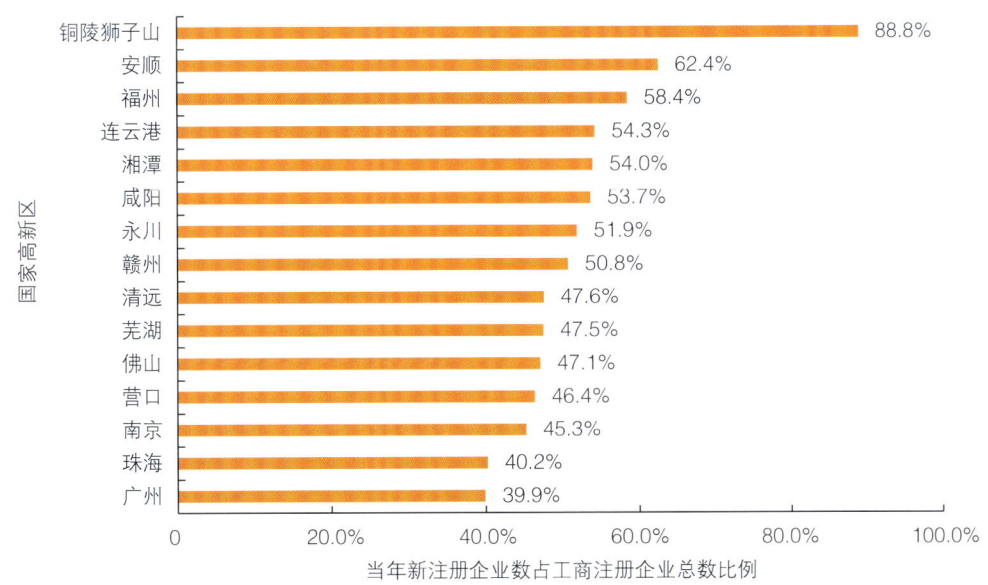

图4-33 2019年当年新注册企业数占工商注册企业总数比例前十五国家高新区情况

国家高新区创新能力评价报告2020

第五章 创新活动绩效评价

创新活动绩效反映创新的经济价值实现，重点体现国家高新区各类创新成果转化为经济价值的成果、方式及效率。从测算结果来看，2019年国家高新区创新活动绩效指数为179.0点，同比上年增长17.3点，增速为10.7%。

创新活动绩效指标下设5个二级指标，分别为高技术产业营业收入占营业收入比例、企业100亿元增加值拥有知识产权数量和各类标准数量、企业当年登记的技术合同成交额、高技术服务业从业人员占从业人员比例、企业营业收入利润率。2019年，5个二级指标数值分别为33.1%、5314件、6783.9亿元、21.0%、6.8%，其同比增长率分别为2.5%、17.2%、42.2%、5.7%、-2.0%，有4个指标较2018年有所提高，尤其是企业当年登记的技术合同成交额，指标增速较2018年提升了29.7个百分点（图5-1）。

从增速贡献来看，以企业当年登记的技术合同成交额指标对创新活动绩效指数增长的贡献最大，对创新活动绩效指标加权增长率的贡献达到42.1%；其次为企业100亿元增加值拥有知识产权数量和各类标准数量，贡献为34.0%。

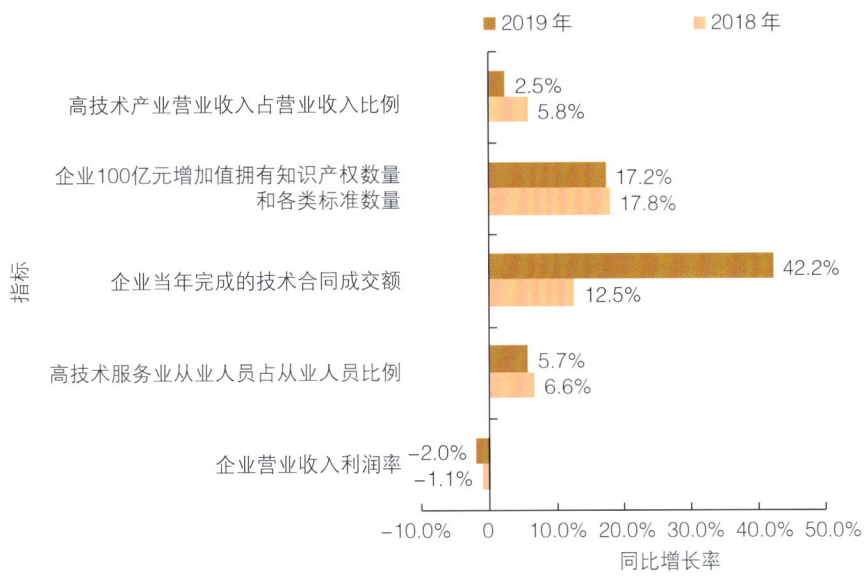

图5-1 2019年国家高新区创新活动绩效各二级指标的增长率对比

下面围绕5个二级指标,并结合相关指标和资料,分别从创新成果产出、知识经济发育、产业价值实现3个方面,对国家高新区创新活动绩效情况进行详细分析和阐述。

一、创新成果产出

保护知识产权,对鼓励自主创新、优化创新环境具有十分重要的意义,为了支持和鼓励创业企业的创新发展,国家高新区一直把知识产权服务工作放在重要位置,并持续加大工作力度。截至2019年年底,共计有115家高新区获批建设国家知识产权局认定的试点园区和示范园区,19家高新区获批建设国家知识产权服务业集聚发展实验区,17家高新区获批建设国家专利导航产业发展实验区。国家高新区创新活动绩效评价着重考虑了创新的经济价值实现程度和效率,没有设置直接反映创新成果产出的指标,这里为更直观地考察高新区创新成果产出情况,选择若干关联的直接指标来进行分析。

(一)知识产权服务机构蓬勃发展,专利产出成果丰硕

开展知识产权试点和示范园区建设,最显著的成果就是高新区内的知识产权服务机构发展迅速,2019年高新区拥有各类知识产权服务机构9696家,同比增长率达到

16.0%。其中，专利服务机构3535家，同比增长24.3%；商标事务所6025家，同比增长16.2%，越来越多的企业开始重视品牌的建设（图5-2）。

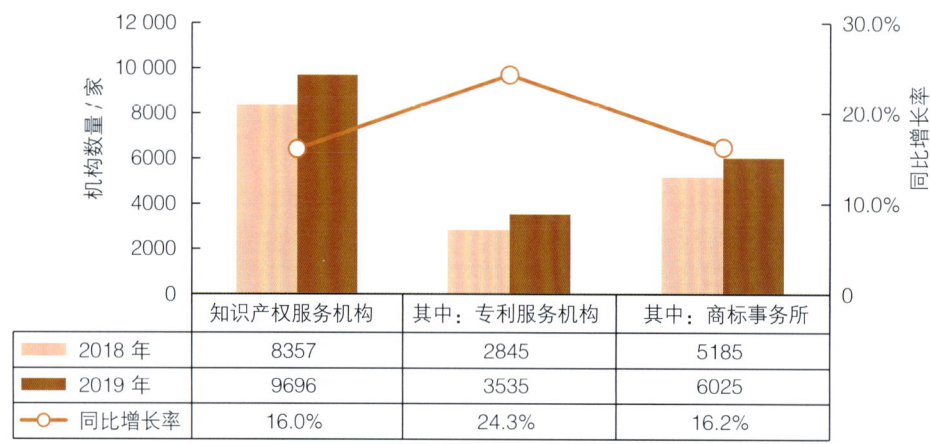

图5-2 2018年、2019年国家高新区知识产权服务机构情况

国家高新区大力推动企业自主创新，组织和引导企业积极申报专利申请，科技创新成果显著。2019年，国家高新区专利成果总量持续快速增长，企业当年申请专利数量为77.9万件，其中申请发明专利41.1万件，同比增长率分别达到15.6%、13.6%；授权专利47.6万件，其中授权发明专利16.6万件，同比增长率分别达到17.7%、15.8%；拥有专利达236.4万件，其中拥有发明专利85.8万件，同比增长率分别达到23.0%、17.4%（图5-3）。

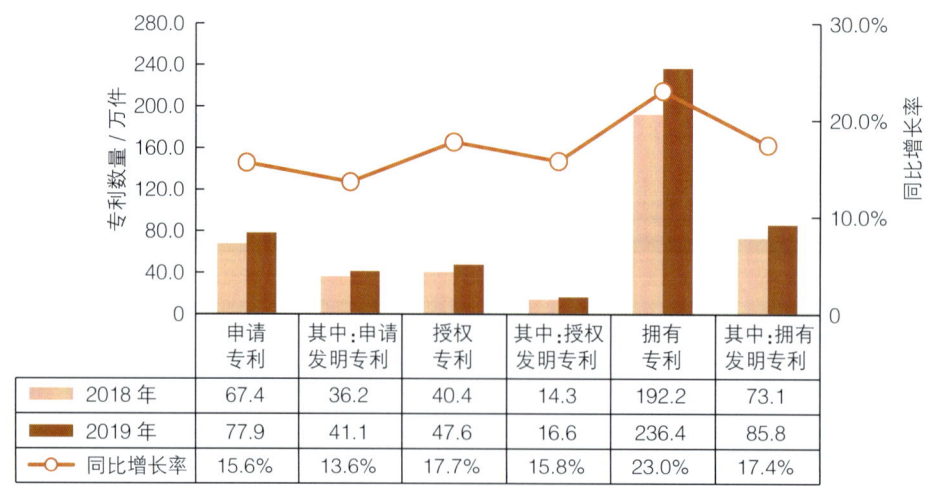

图5-3 2018年、2019年国家高新区企业专利数量情况

近年来，随着国家高新区企业专利数量持续快速增长，其占我国境内外专利的比例也有所提升，尤其是发明专利的占比提升最为明显，2019年高新区企业申请发明专利数、授权发明专利数、有效发明专利数占中国境内外发明专利的比例分别为29.4%、36.5%和32.1%，较2018年分别提升5.9个百分点、3.3个百分点和1.2个百分点（图5-4）。

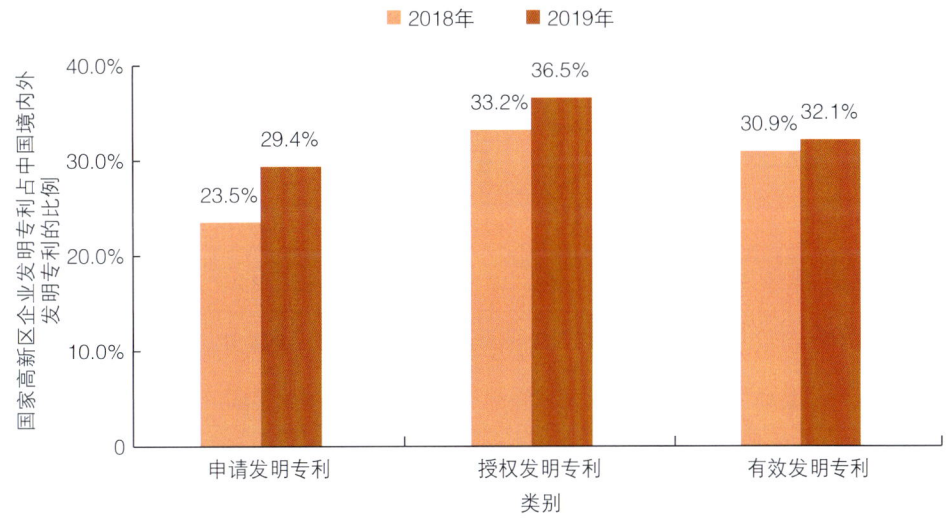

图5-4　2018年、2019年国家高新区企业发明专利占中国境内外发明专利的比例情况

除专利成果外，国家高新区其他各类型知识产权也实现了较快增长。截至2019年年底，高新区企业拥有注册商标数为840 288件，其中当年注册商标132 582件；拥有软件著作权1 040 936件，其中当年获得软件著作权235 708件；拥有集成电路布图13 901件，其中当年获得集成电路布图2939件；拥有植物新品种2597件，其中当年获得植物新品种353件；拥有国家一类新药品种426件，其中当年获得国家一类新药证书26件；拥有国家一级中药保护品种43件，其中当年获得国家一级中药保护品种证书5件（表5-1）。

从增长情况来看，拥有注册商标数和当年注册商标分别同比增长32.5%、27.9%；拥有软件著作权和当年获得软件著作权分别同比增长45.0%、35.6%；拥有集成电路布图和当年获得集成电路布图分别同比增长26.3%、38.7%；拥有植物新品种同比增长22.2%，当年获得植物新品种同比下降35.3%；拥有国家一类新药品种同比增长44.4%，当年获得国家一类新药证书同比下降25.7%；拥有国家一级中药保护品种和当年获得国家一级中药保护品种证书分别同比下降23.2%、61.5%（表5-1）。

表5-1 2018年、2019年国家高新区各类型知识产权数量及增长情况

类型	2019年数量/件	2018年数量/件	同比增长率
拥有注册商标	840 288	633 976	32.5%
当年注册商标	132 582	103 624	27.9%
拥有软件著作权	1 040 936	717 656	45.0%
当年获得软件著作权	235 708	173 888	35.6%
拥有集成电路布图	13 901	11 004	26.3%
当年获得集成电路布图	2939	2119	38.7%
拥有植物新品种	2597	2126	22.2%
当年获得植物新品种	353	546	−35.3%
拥有国家一类新药品种	426	295	44.4%
当年获得国家一类新药证书	26	35	−25.7%
拥有国家一级中药保护品种	43	56	−23.2%
当年获得国家一级中药保护品种证书	5	13	−61.5%

（二）专利产出效率持续提高，专利成果质量全国领先

国家高新区人均专利产出量持续增加。2019年，高新区每万名从业人员申请专利352.0件，其中申请发明专利185.8件；每万名从业人员授权专利214.9件，其中授权发明专利74.8件；每万名从业人员拥有有效专利1068.0件，其中拥有有效发明专利387.8件。从同比变化来看，每万名从业人员专利和发明专利的申请、授权及拥有数量，均呈现增长态势，且增长率均在7%以上，尤其是每万名从业人员拥有有效专利数增长率达到16.2%（图5-5）。

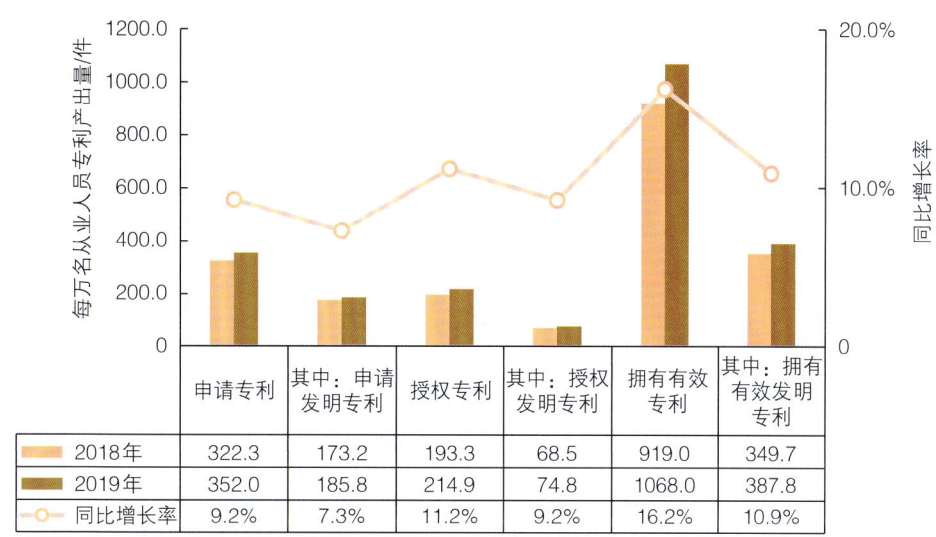

图5-5 2018年、2019年国家高新区每万名从业人员专利产出量

从投入产出角度看,国家高新区单位研发投入的专利产出量持续提升。2019年,高新区每亿元研发投入的申请专利、申请发明专利、授权专利、授权发明专利、拥有有效专利、拥有有效发明专利数量分别为94.3件、49.8件、57.6件、20.0件、286.2件、103.9件,分别同比增长4.4%、2.5%、6.2%、4.3%、11.0%、5.9%(表5-2)。

表5-2 2018年、2019年国家高新区单位研发投入的专利产出情况

每亿元研发投入专利产出量	2019年数量/件	2018年数量/件	同比增长率
申请专利	94.3	90.4	4.4%
申请发明专利	49.8	48.6	2.5%
授权专利	57.6	54.2	6.2%
授权发明专利	20.0	19.2	4.3%
拥有有效专利	286.2	257.8	11.0%
拥有有效发明专利	103.9	98.1	5.9%

2019年,高新区企业申请发明专利占申请专利的比例、授权发明专利占授权专利的比例、拥有有效发明专利占拥有有效专利的比例分别为52.8%、34.8%、36.3%,是全国相应比例的1.7倍、2.0倍和1.3倍,技术含量较高的发明专利在国家高新区专利产出中占据了相对更大的比例,说明高新区专利成果的质量要高于全国平均水平(图5-6)。

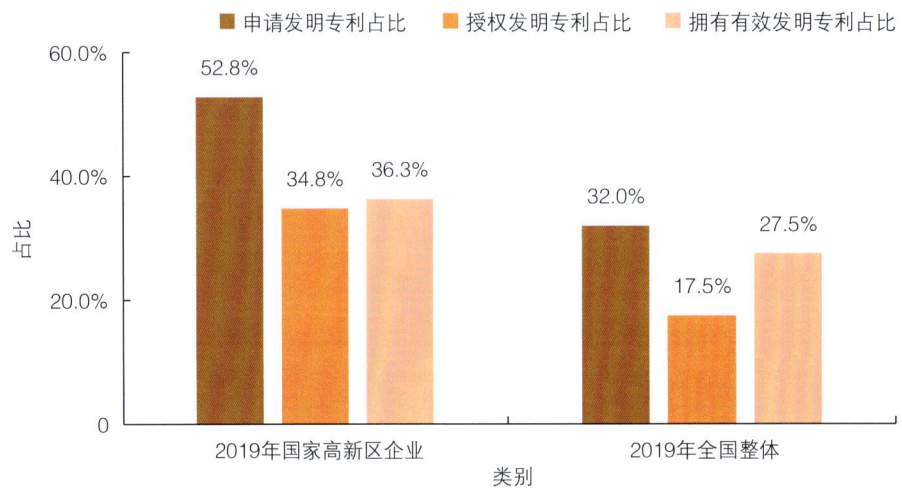

图5-6　2019年国家高新区企业发明专利占专利的比重与全国对比情况

伴随着专利数量和专利质量的"双升",高新区专利转让也更为活跃。2019年,高新区企业专利所有权转让及许可数为38 874件,同比增长102.5%;专利所有权转让及许可收入为140.0亿元,同比增长50.0%。

二、知识经济发育

国家高新区致力于培育知识产权密集型产业,打造以科技创新驱动经济社会发展的知识型园区,其显著特征是单位经济的知识含量较高、知识成果供给和转化较为高效。国家高新区创新活动绩效评价中,体现经济知识含量方面的指标为企业100亿元增加值拥有知识产权数量和各类标准数量,体现知识经济活跃度的指标为企业当年登记的技术合同成交额。

（一）科技创新提升发展"含金量",东部园区优势明显

国家高新区单位经济价值中的知识和技术含量,可以在一定程度上反映高新区知识经济的发育程度,体现经济发展的"含金量"。2011—2019年,高新区企业100亿元增加值拥有知识产权数量和各类标准数量呈现逐年增长态势,2019年达到5314件,同比增长17.2%,是2011年的2.7倍,高新区知识经济持续发育、态势良好（图5-7）。

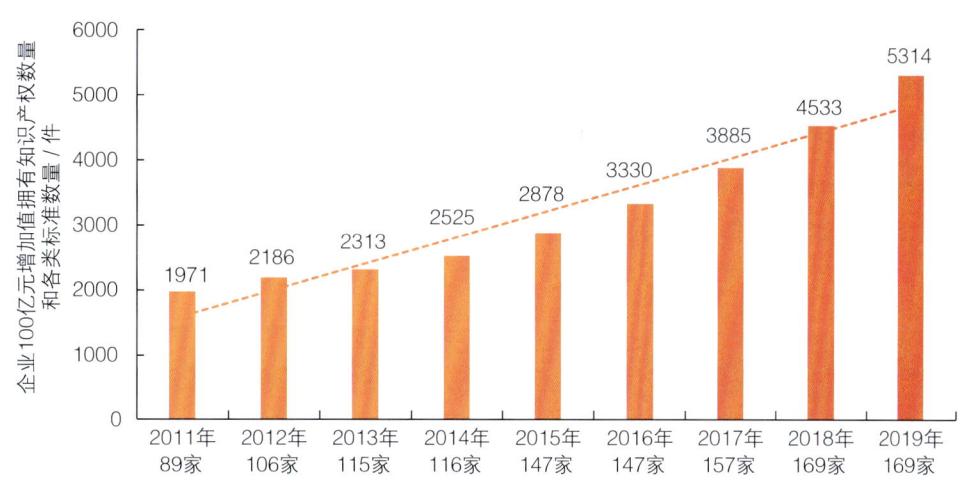

图5-7 2011—2019年国家高新区企业100亿元增加值拥有知识产权数量和各类标准数量

分地区来看，2019年高新区企业100亿元增加值拥有知识产权数量和各类标准数量由高到低分别是东部地区、中部地区、西部地区、东北地区，其中东部地区高达6351件，分别是东北地区、西部地区、中部地区的2.4倍、1.7倍和1.6倍；从指标的两年变化来看，四大地区高新区较上年均有不同幅度的提升，其中东部地区较上年增长了902件，位居四大地区之首（图5-8）。可见，东部地区高新区不仅单位经济价值中的科技含量绝对值最高，而且增长量也最大，已成为区域经济高质量发展的"领头羊"。

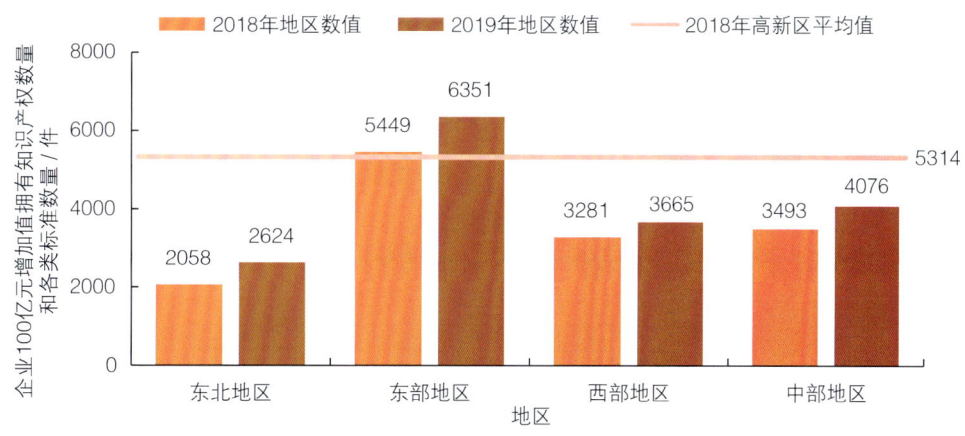

图5-8 2018年、2019年国家高新区企业100亿元增加值拥有知识产权数量和各类标准数量的地区分布情况

从不同类别国家高新区情况看，2019年世界一流高科技园区企业100亿元增加值拥有知识产权数量和各类标准数量达到6466件，分别是创新型科技园区、创新型特色园区和其他园区的1.4倍、1.4倍和1.7倍；稳定期园区为5869件，是新升级园区的1.7倍；自创区园区为6053件，是非自创区园区的2.0倍（图5-9）。发展较为成熟的世界一流高科技园区、稳定期园区和自创区园区群体，其知识经济发育程度明显更高。

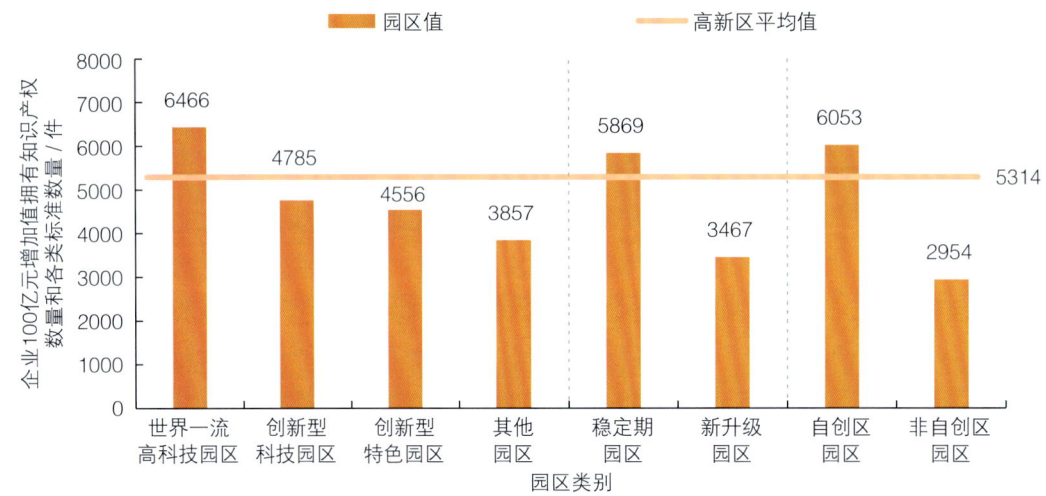

图5-9 2019年不同类别国家高新区企业100亿元增加值拥有知识产权数量和各类标准数量

具体看10家世界一流高科技园区的情况，2019年深圳高新区以9401件位居第一，其次是广州高新区达到8700件，体现了近年来深圳和广州高新区牢固树立以知识产权强国建设高地为目标，不断探索推动知识产权创造、保护、运用、管理和服务等各项工作的全国领先优势。同时，上海张江、中关村、杭州、成都和苏州工业园5家高新区均在5000件以上；而西安、合肥和武汉高新区则相对较少，均不到5000件（图5-10）。

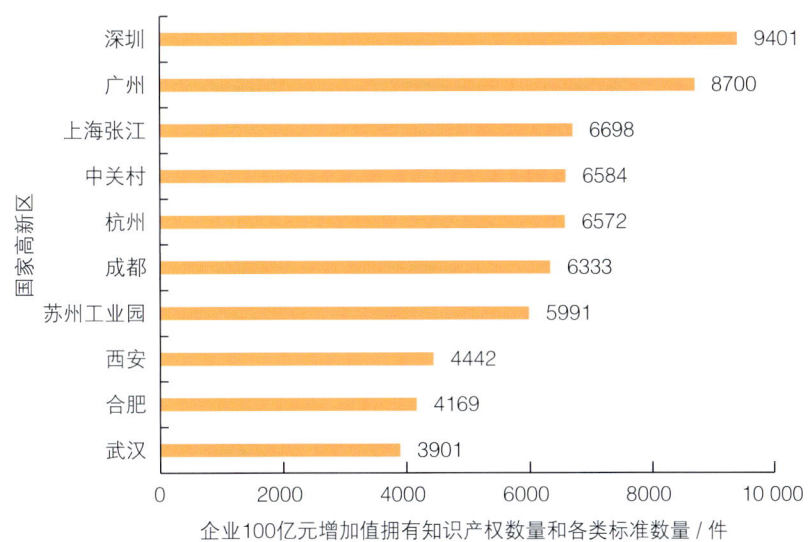

图5-10 2019年10家世界一流高科技园区企业100亿元增加值拥有知识产权数量和各类标准数量情况

（二）技术交易规模占全国三成，人均成交额是全国的10倍

国家高新区高度重视科技成果和先进技术的转移转化，多措并举推进技术交易，提高技术市场活跃度。一方面加强技术合同登记工作的组织投入，设立技术交易合同登记站点，加强技术合同登记政策的宣传和相关培训；另一方面加强供需对接，积极组织科技成果交流大会，引导园区企业与高校院所、技术型龙头企业加强技术合作。此外，国家高新区创新技术交易模式，以线上与线下融合、资本与技术融合的方式，促进技术交易规模与质量同步提升。

国家高新区企业技术交易非常活跃，2011—2019年高新区企业当年完成技术合同成交额整体呈增长态势，2019年达到6783.9亿元，同比增长42.2%，是2011年的近4倍（图5-11）。高新区企业2019年完成的技术合同成交额占全国技术合同成交额（22 398亿元）的比重为30.3%；企业从业人员人均技术合同成交金额为30 648元，是全国就业人员人均技术合同成交额（2891元）的10.6倍。

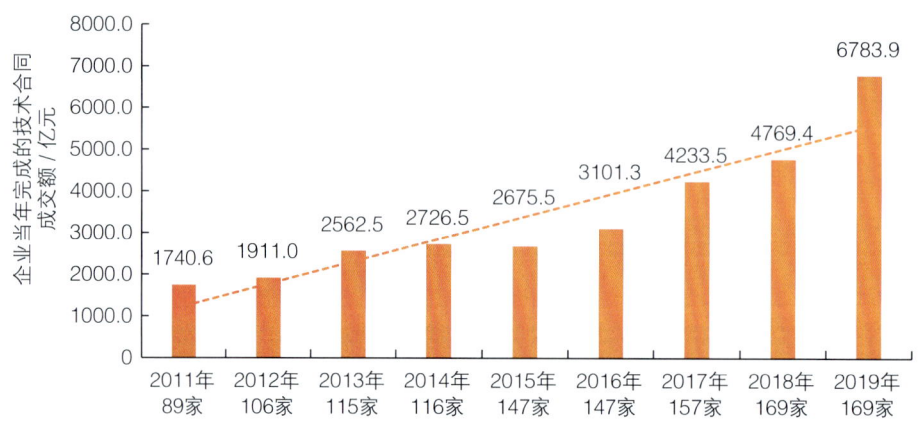

图5-11 2011—2019年国家高新区企业当年登记的技术合同成交额情况

分地区来看，2019年高新区企业当年登记的技术合同成交额最高的是东部地区，达到5157.7亿元，占高新区整体的比重为76.0%，比重较上年提高12.6个百分点；其次为西部地区，达到875.8亿元，占高新区整体的比重为12.9%，比重较上年下降3.9个百分点；中部地区为655.3亿元，占高新区整体的比重为9.7%，比重较上年下降5.0个百分点；东北地区最低，为95.1亿元，占高新区整体的比重仅为1.4%，较上年降低3.7个百分点（图5-12）。可见，东部地区高新区是技术交易的绝对高地，并且这种优势在2019年进一步强化。

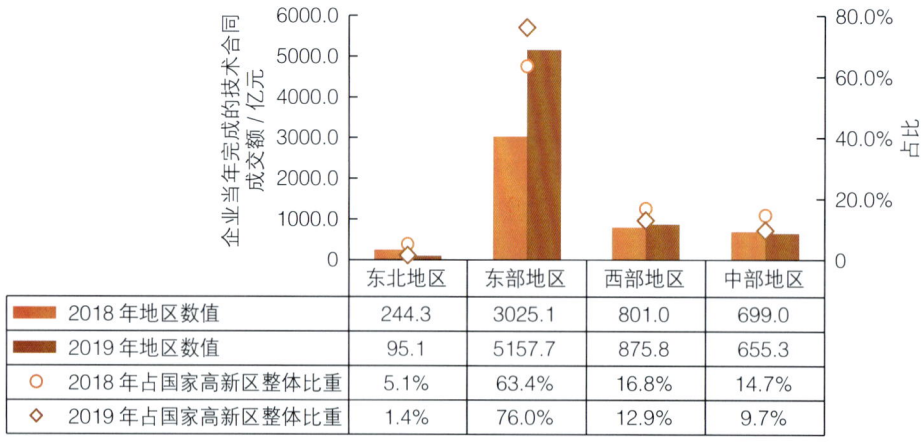

图5-12 2018年、2019年国家高新区企业当年登记的技术合同成交额的地区分布

分省份来看，2019年高新区企业当年登记的技术合同成交额在100亿元以上的有北京、广东、陕西、上海、江苏、湖北、四川、浙江、山东和安徽等10个省份，其中北京高达2649.3亿元，占国家高新区整体的39.1%；吉林、云南、内蒙古、山西、海南、新疆、宁夏和青海等9个省份技术交易规模较低，均在10亿元以下，尤其宁夏和青海2个省份均不足1亿元（表5-3）。

表5-3　2019年不同省份国家高新区企业当年登记的技术合同成交额

省份	国家高新区企业当年登记的技术合同成交额/亿元	占国家高新区整体比例	省份	国家高新区企业当年登记的技术合同成交额/亿元	占国家高新区整体比例
北京	2649.3	39.1%	江西	48.1	0.71%
广东	1050.6	15.5%	重庆	29.4	0.43%
陕西	549.8	8.1%	河北	26.1	0.39%
上海	514.6	7.6%	贵州	19.7	0.29%
江苏	433.9	6.4%	广西	13.5	0.20%
湖北	333.3	4.9%	黑龙江	11.7	0.17%
四川	246.2	3.6%	甘肃	10.0	0.15%
浙江	196.3	2.9%	吉林	8.9	0.13%
山东	150.2	2.2%	云南	3.3	0.05%
安徽	110.3	1.6%	内蒙古	2.3	0.03%
河南	92.9	1.4%	山西	2.0	0.03%
辽宁	74.5	1.1%	海南	1.70	0.03%
天津	72.8	1.1%	新疆	1.00	0.01%
湖南	68.9	1.0%	宁夏	0.30	0.00%
福建	62.2	0.92%	青海	0.17	0.00%

从不同类别高新区来看，2019年平均每家世界一流高科技园区的企业技术合同成交额达到528.3亿元，是国家高新区技术交易最为活跃的园区群体，创新型科技园区、创新型特色园区和其他园区平均每家园区的企业技术合同成交额仅为30.6亿元、15.2亿元、4.7亿元，均低于高新区平均值；此外，稳定期园区、自创区园区平均每家企业技术合同成交额达到115.9亿元和106.3亿元，分别为国家高新区平均值的2.9倍和2.6倍，而新升级园区、非自创区园区仅为4.6亿元、2.8亿元（图5-13）。可见，不同园区的技术市场发育程度和技术交易规模存在较大差距。

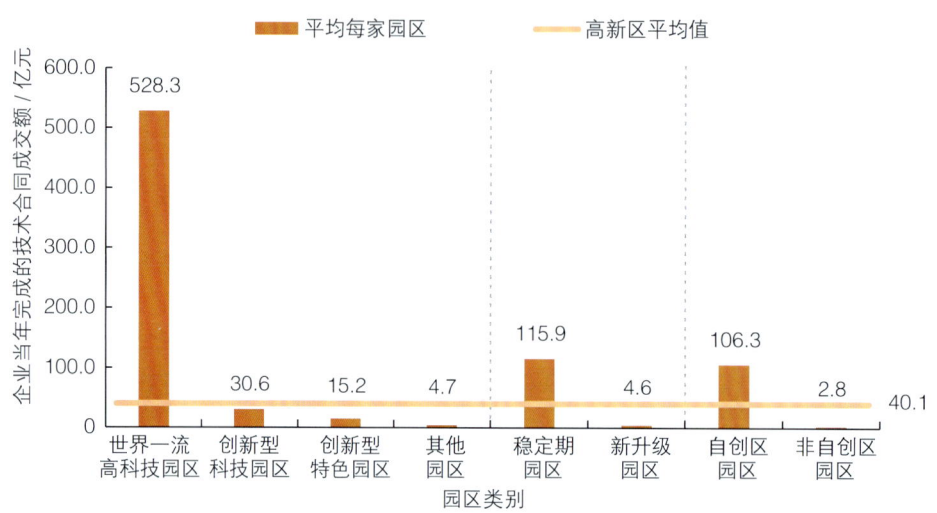

图5-13 2019年不同类别国家高新区平均每家园区企业当年登记的技术合同成交额

具体到园区层面，2019年企业当年登记的技术合同成交额超过50亿元的国家高新区有16家，分别为中关村、西安、上海张江、深圳、广州、武汉、成都、东莞、苏州工业园、南京、杭州、合肥、天津、郑州、济南和无锡，共计5808.8亿元，占国家高新区整体的85.6%；其中，中关村的企业技术合同成交额高达2649.3亿元，稳居全国首位，占国家高新区整体的39.1%（图5-14）。

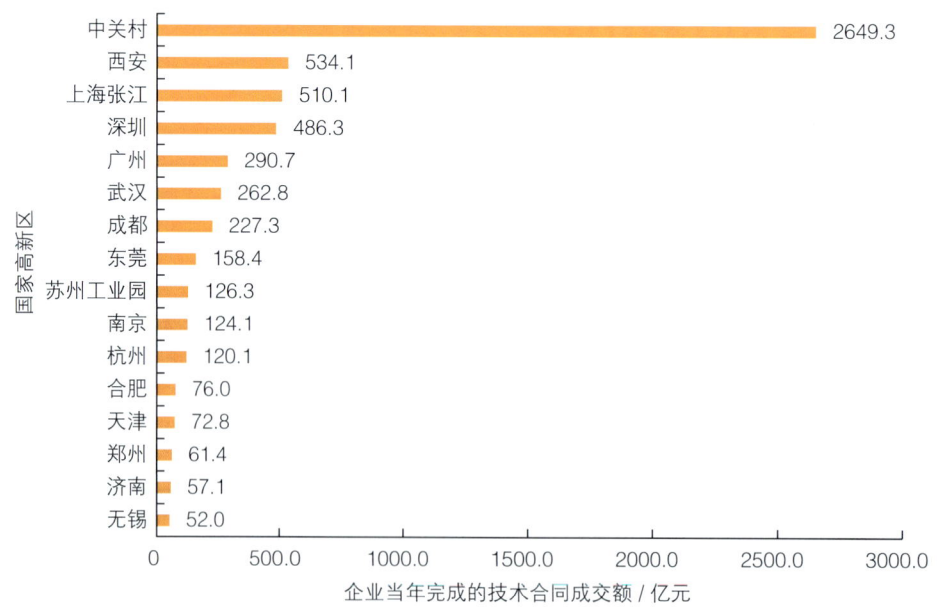

图5-14 2019年企业当年登记的技术合同成交额超过50亿元的国家高新区

(三)技术性收入占比持续增长,企业收入结构进一步优化

国家高新区的价值创造越来越依靠科技创新,这突出体现在高新区企业的收入结构方面。2019年,高新区企业技术收入为47 343.9亿元,同比增长20.5%,该增速高出营业收入增速9.1个百分点,高出产品销售收入10.2个百分点,高出商品销售收入15.3个百分点(图5-15),高新区企业收入结构进一步向通过技术咨询服务、委托研发活动、技术转让交易、提供产品试验等技术性收入倾斜。

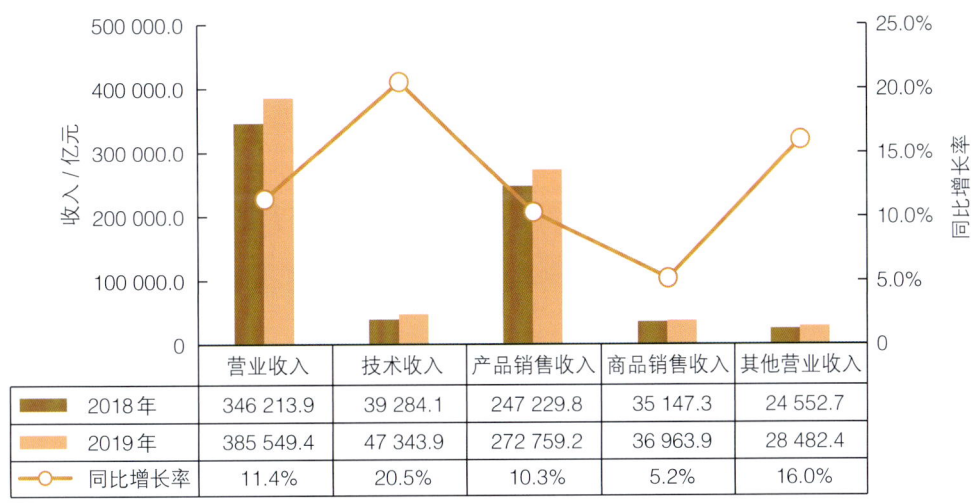

图5-15 2018年、2019年国家高新区营业收入及细分指标增长情况

具体来看,2019年高新区企业技术收入占营业收入的比重为12.3%,较2018年提高1.0个百分点;产品销售收入占营业收入的比例为70.7%,占比最高,但该比例较2018年下降0.7个百分点;商品销售收入占营业收入的比例为9.6%,较2018年下降0.6个百分点(图5-16)。

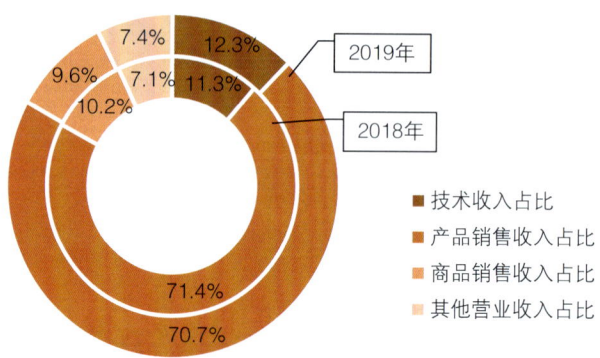

图5-16 2018年、2019年国家高新区营业收入构成情况

从高新区企业技术收入内部结构上看，2019年技术转让收入为1706.2亿元，占技术收入的比重为3.6%；技术承包收入为7774.5亿元，占技术收入的比重为16.4%；技术咨询与服务收入为28 037.1亿元，占技术收入的比重为59.2%；接受委托研究开发收入为2987.5亿元，占技术收入的比重为6.3%；服务性技术收入占到技术收入的一半以上（图5-17）。

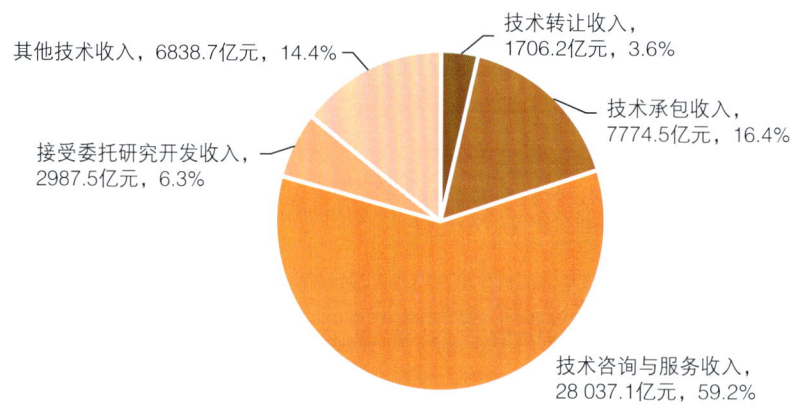

图5-17 2019年国家高新区企业技术收入构成情况

高新区新产品和高新技术产品规模持续扩大，2019年高新区企业新产品产值达到82 281.9亿元，新产品销售收入86 612.0亿元，新产品出口额为14 620.0亿元，同比增长率分别为1.9%、7.1%和10.2%；高新技术产品销售收入144 907.1亿元，高新技术产品出口额为23 514.4亿元，同比增长率分别为11.8%和7.4%（图5-18）。2019年，高新区高新技术产品销售收入占产品销售收入的53.1%，占比超过了一半。

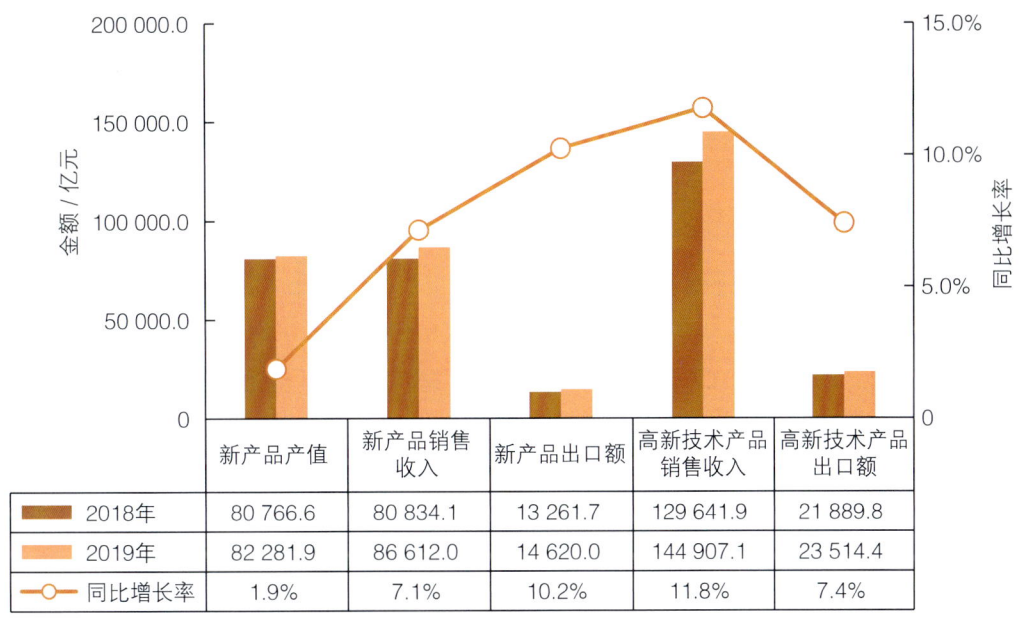

图5-18 2018年、2019年国家高新区企业新产品、高新技术产品的规模情况

三、产业价值实现

科技创新的目的在于服务发展，国家高新区不忘"发展高科技，实现产业化"的初心，坚持不懈地培育壮大高技术产业，不断推动经济结构优化和产业价值链提升。国家高新区创新活动绩效评价中，体现高技术产业发展方面的指标为高技术产业营业收入占营业收入比例、高技术服务业从业人员占从业人员比例。

（一）高技术产业表现突出，成为推动开放创新的主力军

由高技术制造业和高技术服务业共同构成的高技术产业成为国家高新区产业的关键组成部分。2019年，国家高新区中属于高技术产业（高技术制造业[①]、高技术服务

---

① 高技术制造业的划分以《国民经济行业分类》（GB/T 4754—2017）为基础，指国民经济行业中R&D投入强度（即R&D经费支出占主营业务收入的比重）相对较高的制造业行业，包括医药制造，航空、航天器及设备制造，电子及通信设备制造，计算机及办公设备制造，医疗仪器设备及仪器仪表制造，信息化学品制造等六大类。

业[①]）的企业达73 679家，同比增长22.9%，占高新区入统企业总数的52.2%；从业人员达931.6万人，同比增长8.5%，占高新区从业人员总数的42.1%，较上年提高1.0个百分点。

2019年除了上缴税额外，高新区高技术产业主要经济指标均有不同幅度的增长，其创造的营业收入、工业总产值、产业增加值、净利润、上缴税额分别为127 604.0亿元、74 745.7亿元、33 260.1亿元、9861.8亿元和5422.6亿元，同比增长率分别为14.1%、12.8%、15.1%、12.6%和-1.1%。从对国家高新区整体经济的贡献来看，高技术产业主要经济指标占高新区整体的比例均在30%左右，尤其产业增加值占比高达41.4%、净利润占比达37.8%，除上缴税额以外，占高新区整体的比例较2018年均实现了提升（图5-19）。

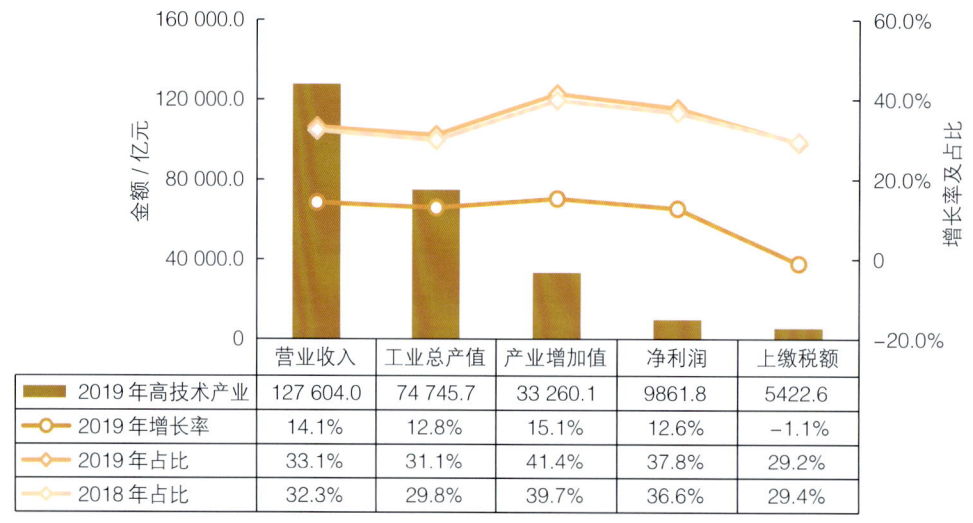

图5-19　2019年国家高新区高技术产业主要经济指标情况

高新区高技术产业在国际市场的表现更为突出，2019年高技术产业实现进出口总额45 380.9亿元，同比增长17.1%，占高新区整体的比例为63.5%，该比例较2018年提高1.1个百分点。对外出口总额为25 300.4亿元，同比增长11.5%，占高新区整体

---

① 高技术服务业的划分以《国民经济行业分类》（GB/T 4754—2017）为基础，指采用高技术手段为社会提供服务活动的集合，包括信息服务、电子商务服务、检验检测服务、专业技术服务业的高技术服务、研发与设计服务、科技成果转化服务、知识产权及相关法律服务、环境监测及治理服务和其他高技术服务等九大类（实际统计中没有第9类）。

的比例为61.2%，该比例较2018年提高0.3个百分点。其中，实现高新技术产品出口15 282.1亿元，同比增长6.1%，占高新区整体的比例为65.0%，该比例较2018年降低0.8个百分点；实现技术服务出口1987.9亿元，同比增长达18.7%，占高新区整体的比例达77.9%，该比例较2018年提高2.1个百分点（图5-20）。国家高新区高技术产业的主要进出口指标均实现了增长，占高新区整体的比例均在60%以上，是高新区开拓国际市场的主力军和先锋队。

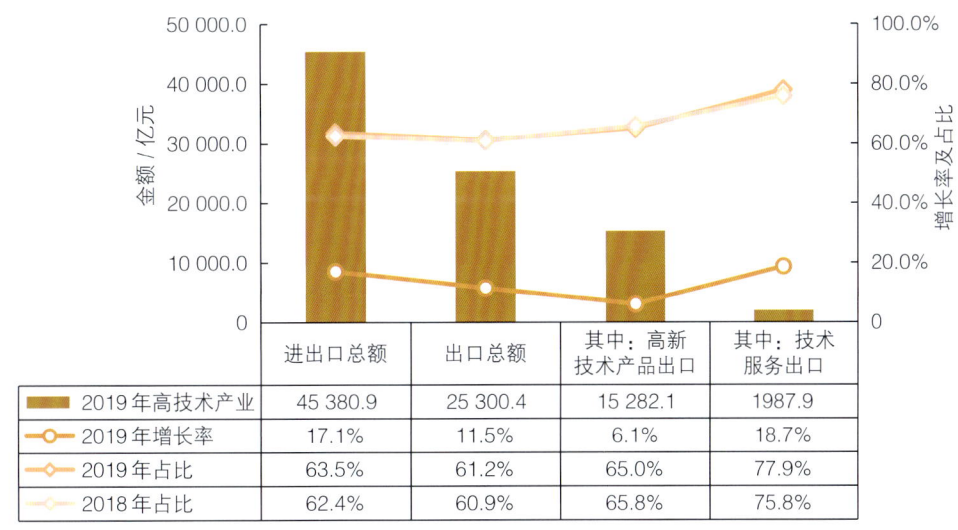

	进出口总额	出口总额	其中：高新技术产品出口	其中：技术服务出口
2019年高技术产业	45 380.9	25 300.4	15 282.1	1987.9
2019年增长率	17.1%	11.5%	6.1%	18.7%
2019年占比	63.5%	61.2%	65.0%	77.9%
2018年占比	62.4%	60.9%	65.8%	75.8%

图5-20　2019年国家高新区高技术产业主要进出口指标情况

从主要创新投入指标来看，2019年高新区中属于高技术产业的企业R&D经费内部支出额为4784.0亿元，同比增长12.0%，占高新区整体的比例为57.9%，较上年提高0.6个百分点；企业R&D人员折合全时当量为104.9万人年，同比增长3.7%，占高新区整体的比例为57.6%，较上年提高0.5个百分点。

从创新成果产出情况来看，2019年高新区中属于高技术产业领域的企业共申请专利43.3万件，其中发明专利27.1万件，同比增长率分别为18.0%、17.2%，占高新区整体的比例分别为55.6%、65.9%，该比例较上年分别提升1.1个百分点、2.0个百分点；授权专利25.0万件，其中发明专利11.5万件，同比增长率分别为22.1%、23.8%，占高新区整体的比例分别为52.6%、69.4%，该比例较上年分别提升1.9个百分点、4.6个百分点；拥有有效专利120.0万件，其中发明专利57.2万件，同比增长率分别为23.2%、

18.2%，占高新区整体的比例分别为50.8%、66.6%，该比例较上年分别提升0.1个百分点、0.4个百分点（图5-21）。此外，2019年高技术产业领域授权欧美日专利、拥有欧美日专利分别为1.96万件和8.79万件，占高新区整体的比例分别高达90.1%和88.9%。国家高新区高技术产业领域的各类专利成果均实现了快速增长，增长率均在20%左右，且占高新区整体的比例均在50%以上，是高新区创新活动的主体。

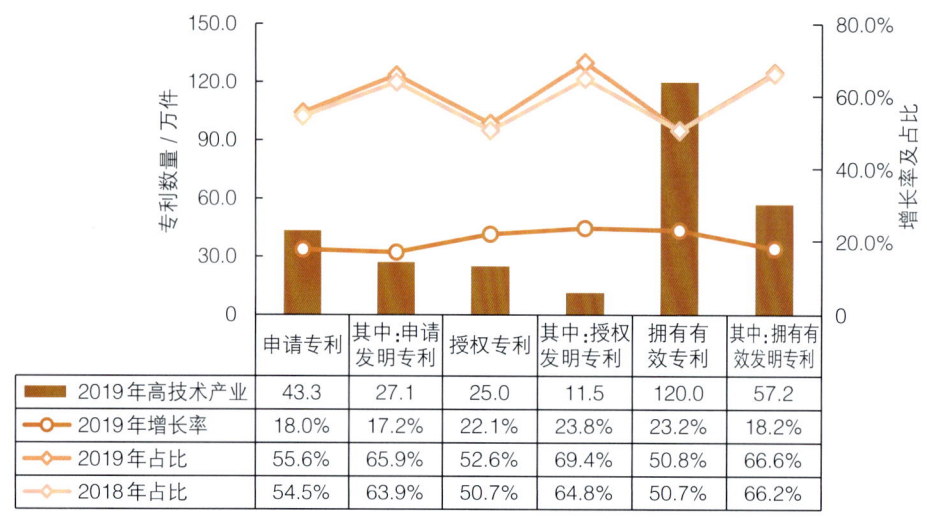

图5-21 2018年、2019年国家高新区高技术产业主要专利成果指标情况

（二）东部园区高技术产业优势明显，广东省全国领先

2019年，国家高新区高技术产业营业收入占营业收入比例为33.1%，下面将评价指标高技术产业营业收入占营业收入比例按不同地区高新区、不同省份高新区、不同类别高新区进行分析，以观察不同高新区群体的产业结构情况。

分地区来看，2019年东部地区高新区的高技术产业营业收入占营业收入比例最高，达到38.9%，且直接推高了国家高新区该指标的均值，而其他3个地区均低于高新区平均值。其他3个地区中，西部地区高新区表现优于中部地区，东北地区高新区该指标最低，为15.8%。从指标的两年变化来看，除东北地区之外，其他地区较上年均有所提升（图5-22）。

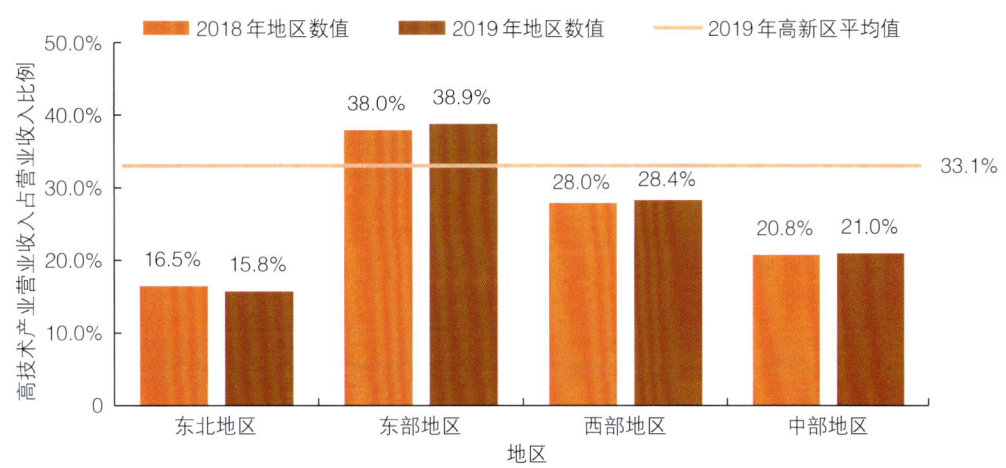

图5-22 2019年国家高新区高技术产业营业收入占营业收入比例的地区分布情况

分省份来看，高新区高技术产业营业收入占营业收入比例最高的为广东省，达到56.5%；其后是海南、福建、四川、上海、江苏、北京、青海等省份，均在30%以上且高于国家高新区均值（33.1%）；甘肃、宁夏、吉林、内蒙古和新疆均低于10%。从指标的两年变化来看，30个省份中有17个省份的高新区该比例较上年有所提升（表5-4）。

表5-4 2018年、2019年国家高新区高技术产业营业收入占营业收入比例的省份分布情况

省份	2019年国家高新区高技术产业营业收入占营业收入比例	2018年国家高新区高技术产业营业收入占营业收入比例	省份	2019年国家高新区高技术产业营业收入占营业收入比例	2018年国家高新区高技术产业营业收入占营业收入比例
广东	56.5%	55.8%	陕西	31.4%	33.3%
海南	51.5%	47.4%	安徽	30.9%	32.2%
福建	49.7%	48.2%	河北	30.2%	27.9%
四川	48.9%	49.9%	天津	26.9%	30.5%
上海	38.9%	36.3%	辽宁	26.7%	29.2%
江苏	36.0%	34.9%	江西	25.3%	22.0%
北京	35.1%	35.3%	广西	24.6%	26.6%
青海	33.9%	29.1%	山东	22.0%	21.1%
重庆	32.8%	17.8%	湖北	20.4%	21.0%
贵州	32.3%	31.1%	河南	17.2%	16.5%
浙江	32.0%	30.4%	湖南	15.5%	15.2%

续表

省份	2019年国家高新区高技术产业营业收入占营业收入比例	2018年国家高新区高技术产业营业收入占营业收入比例	省份	2019年国家高新区高技术产业营业收入占营业收入比例	2018年国家高新区高技术产业营业收入占营业收入比例
云南	13.5%	10.5%	宁夏	8.6%	4.3%
黑龙江	12.5%	12.8%	吉林	6.7%	7.1%
山西	10.0%	10.4%	内蒙古	5.4%	5.4%
甘肃	9.5%	9.7%	新疆	3.4%	3.1%

从不同类别国家高新区来看，2019年世界一流高科技园区的高技术产业营业收入占营业收入比例为43.3%，分别高出创新型科技园区、创新型特色园区、其他园区15.1个百分点、20.1个百分点和19.4个百分点；稳定期园区为37.1%，是新升级园区的1.8倍；自创区园区为38.6%，是非自创区园区的2.5倍（图5-23）。发展较为成熟的世界一流高科技园区、稳定期园区和自创区园区群体的高技术产业营业收入占营业收入比例均高于高新区平均值，且远高于其他类别园区，是高新区产业转型升级和结构优化的先行军。

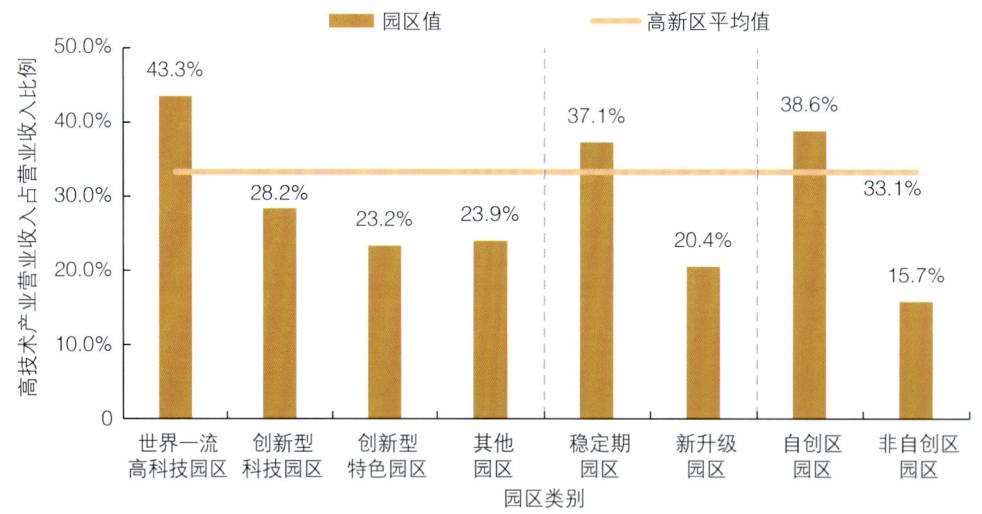

图5-23 2019年不同类别国家高新区的高技术产业营业收入占营业收入比例情况

具体到10家世界一流高科技园区的情况，2019年高技术产业营业收入占营业收入比例最高的是深圳高新区，高达80.9%；其次是成都高新区，数值为61.8%；第三是杭州高新区，数值为57.5%；苏州工业园和合肥高新区也在40%以上；西安、广州、上海张江、中关村和武汉高新区则相对较低,数值在30%~40%(图5-24)。

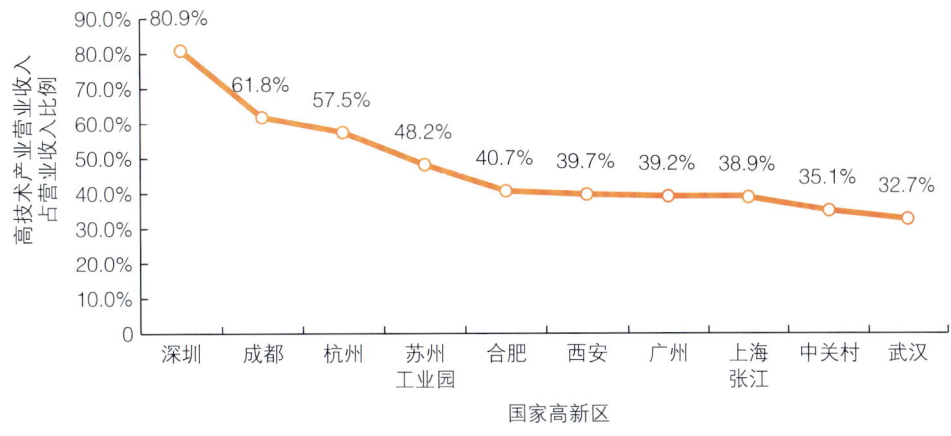

图5-24　2019年10家世界一流高科技园区的高技术产业营业收入占营业收入比例情况

(三)高技术服务业发展迅速,但规模尚需进一步提升

高技术服务业是现代服务业的重要内容和高端环节,技术含量和附加值高,创新性强,发展潜力大,辐射带动作用突出;加快发展高技术服务业对于扩大内需、吸纳就业、培育壮大战略性新兴产业、促进产业结构优化升级具有重要意义。高技术服务业通过对经济结构和动力因素的影响必将成为未来经济发展的强劲动力,国家高新区高技术服务业正在快速发展。

2019年国家高新区高技术产业中属于高技术制造业的企业为18 166家,同比增长17.2%,占高新区统计企业的12.9%;属于高技术服务业的企业共计55 513家,同比增长24.9%,占高新区统计企业的39.3%。高技术服务业企业数量是高技术制造业的3.1倍,增速是高技术制造业的1.4倍;同时,高技术服务业从业人员数为465.2万人,同比增长11.9%,是高技术制造业从业人员数增速的2.3倍(图5-25)。

从主要经济指标看,2019年高新区高技术服务业营业收入、产业增加值、净利润、上缴税额和出口总额分别为53 662.6亿元、17 267.6亿元、4593.7亿元、2430.7亿元和2149.4亿元,其增长率分别高达18.6%、17.4%、8.6%、0.4%和9.5%,除净利润和出口总额之外,其余3个指标的增长率均高于高技术制造业(图5-25)。

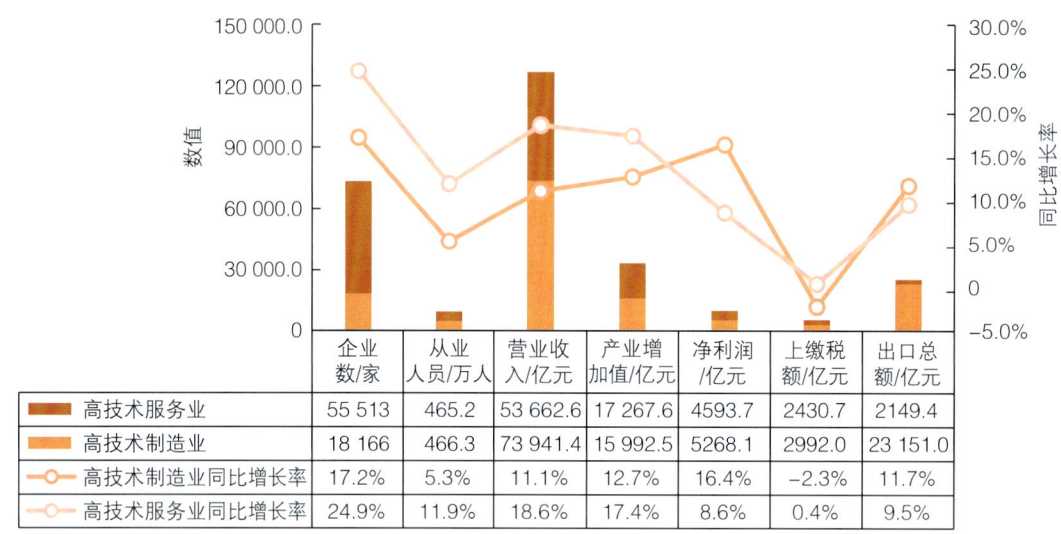

图5-25　2019年国家高新区高技术制造业、高技术服务业主要经济指标情况

从国家高新区高技术产业增长贡献度情况可以看出，2019年高技术服务业对高技术产业增长的贡献主要体现在促进企业增长、吸纳就业人员、提高企业营业收入和提升产业增加值方面，相应的贡献度分别达到81%、68%、53%和59%；而高技术制造业的贡献主要表现在增加出口、增加税收和提升企业净利润方面（图5-26）。

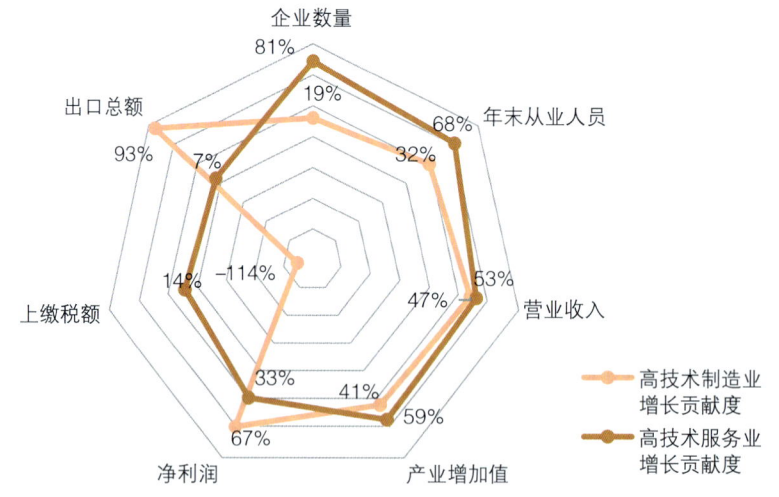

图5-26　2019年国家高新区高技术制造业和服务业对高技术产业增长贡献度情况

尽管近年来国家高新区的高技术服务业在快速发展，但规模还有待提升。2019年，国家高新区高技术服务业营业收入占企业营业收入的比例仅为13.9%，比高技术

制造业的占比低了5.3个百分点；高新区高技术服务业增加值占高新区的GDP比例仅为14.2%。而在美国等发达国家，与高技术服务业相对应的知识密集型服务业增加值已经占GDP的50%以上。知识密集型服务业的差距也部分反映了当前我国国家高新区与发达国家在创新能力方面的差距，持续培育和壮大知识密集型的高技术服务业是国家高新区下一步需要努力的方向。

（四）高技术服务业人员占比持续攀升，上海紫竹表现最优

高技术服务业从业人员占从业人员比例可以在一定程度上反映国家高新区高技术服务业的现状和发展高端产业的配套环境，映射出国家高新区转方式、调结构及产业优化升级的成效，2011—2019年高技术服务业从业人员占从业人员比例呈现持续增长态势，2019年达到21.0%，较上年提高1.1个百分点，与2011年相比累计提高5.5个百分点（图5-27）。

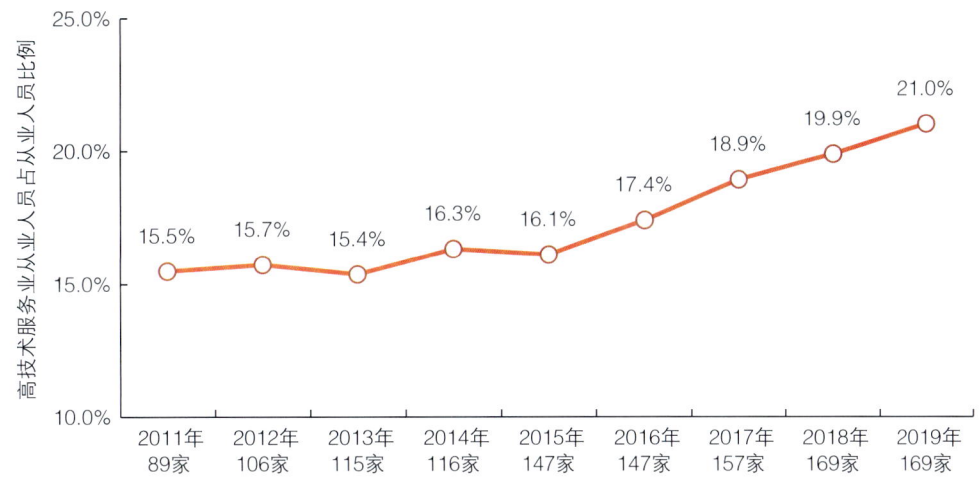

图5-27　2011—2019年国家高新区高技术服务业从业人员占从业人员比例情况

分地区来看，2019年四大地区国家高新区的高技术服务业从业人员占从业人员比例较2018年均有所提升。其中，东部地区高新区的高技术服务业从业人员占从业人员比例最高，达到25.2%，高出高新区平均水平4.2个百分点；东北地区高新区的高技术服务业从业人员占比达到21.8%，高出高新区平均水平0.8个百分点；中部地区和西部地区高新区则低于高新区平均水平，中部地区高新区最低，仅为12.4%（图5-28）。

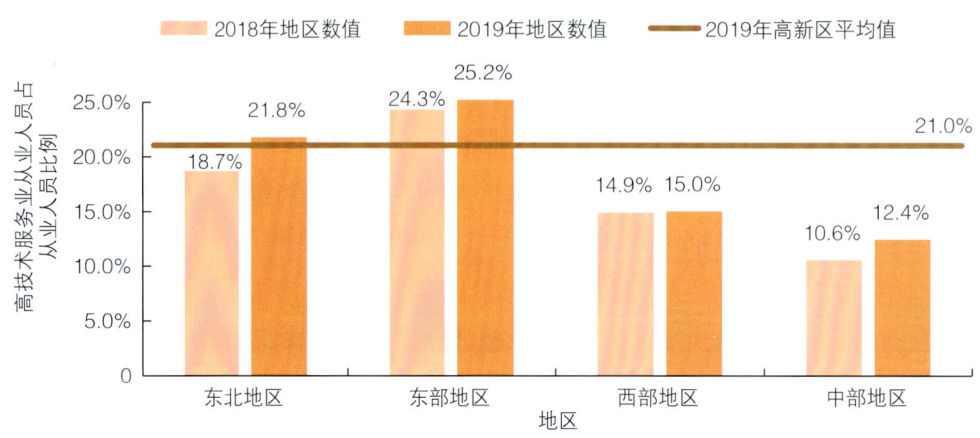

图5-28　2018年、2019年国家高新区高技术服务业从业人员占从业人员比例的地区分布情况

分省份来看，高新区高技术服务业从业人员占从业人员比例最高的为北京和上海，分别高达49.5%和40.5%，北京和上海两个直辖市的高新区高技术服务业最为发达；同时，辽宁、陕西、天津、安徽、山西和河北的高新区均在20%以上，表现相对较好；而海南省高新区指标仅为2.4%，与其他省份的差距较大（表5-5）。

表5-5　2019年国家高新区高技术服务业从业人员占从业人员比例的省份分布

省份	高技术服务业从业人员占从业人员比例	省份	高技术服务业从业人员占从业人员比例
北京	49.5%	贵州	17.4%
上海	40.5%	福建	17.0%
辽宁	32.3%	黑龙江	15.5%
陕西	23.8%	河南	13.6%
天津	23.6%	广西	12.2%
安徽	22.1%	湖北	11.5%
山西	21.8%	山东	11.4%
河北	21.6%	江苏	10.8%
四川	20.0%	甘肃	10.8%
广东	18.9%	吉林	10.1%
浙江	17.5%	云南	9.0%

续表

省份	高技术服务业从业人员占从业人员比例	省份	高技术服务业从业人员占从业人员比例
湖南	8.3%	青海	5.4%
宁夏	6.6%	内蒙古	5.3%
重庆	5.8%	新疆	5.2%
江西	5.6%	海南	2.4%

分不同类别高新区来看，2019年世界一流高科技园区高技术服务业从业人员占从业人员比例高达38.9%，是创新型科技园区的2.8倍，是创新型特色园区的3.5倍，是其他园区的5.4倍，说明世界一流高科技园区的产业结构状态较好，相比创新型科技园区、创新型特色园区和其他园区具有绝对优势。同时，稳定期园区高技术服务业从业人员占从业人员比例为27.2%，是新升级园区的6.3倍；自创区园区高技术服务业从业人员占从业人员比例是26.3%，是非自创区园区的3.8倍。而其他园区、新升级园区、非自创区园区的高技术服务业从业人员占从业人员比例均不到10%，说明这3类国家高新区群体需要加快培育高技术服务业，吸引高端就业人才，促进产业结构和就业结构不断优化（图5-29）。

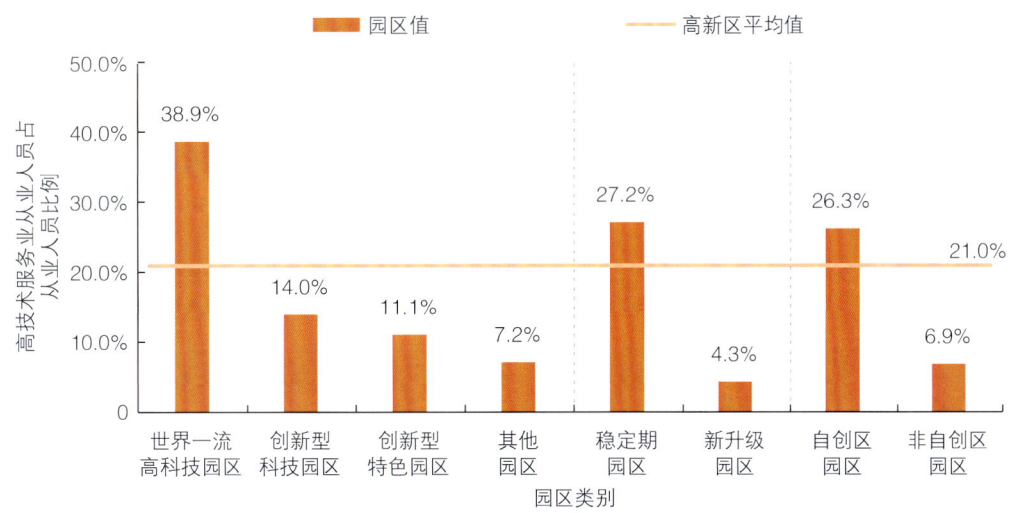

图5-29 2019年不同类别国家高新区高技术服务业从业人员占从业人员比例情况

具体到高新区个体，2019年高技术服务业从业人员占从业人员比例最高的10个国家高新区分别为上海紫竹、大连、中关村、杭州、上海张江、长春净月、沈阳、西安、成都和广州高新区，均在30%以上。其中，上海紫竹表现最好，达到58.5%；大连、中关村、杭州和上海张江高新区均在40%以上（图5-30）。

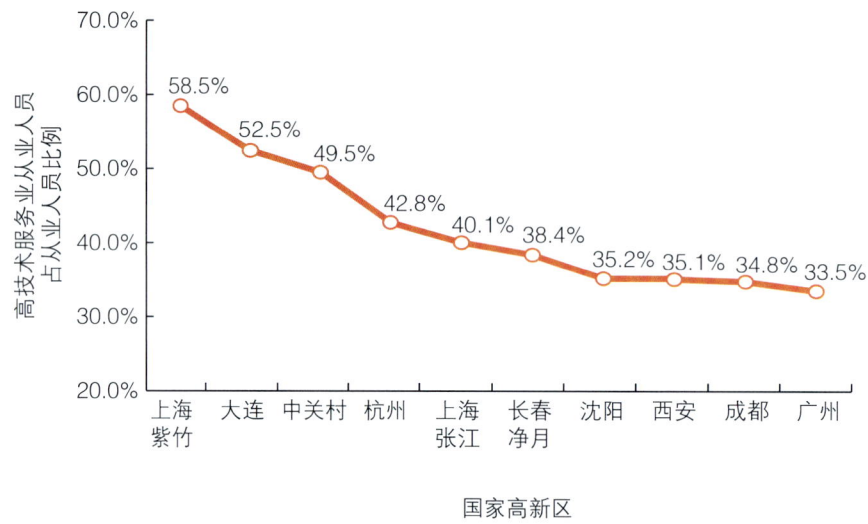

图5-30　2019年高技术服务业从业人员占从业人员比例位居前十的国家高新区

（五）企业利润总额持续增长，利润率出现小幅下滑

国家高新区形成了大中小微型企业比例相对适宜的企业规模布局。2019年，高新区有大型企业4764家，较2018年同比下降1.1%；有中型企业18 263家、小型企业80 667家、微型企业37 453家，分别同比增长3.4%、15.8%、34.2%。2019年高新区大中小微企业占比分别为3.4%、12.9%、57.2%、26.5%，小型企业占据了半壁江山（图5-31），规模庞大的小微企业是高新区企业群体不断成长壮大的不竭源泉。

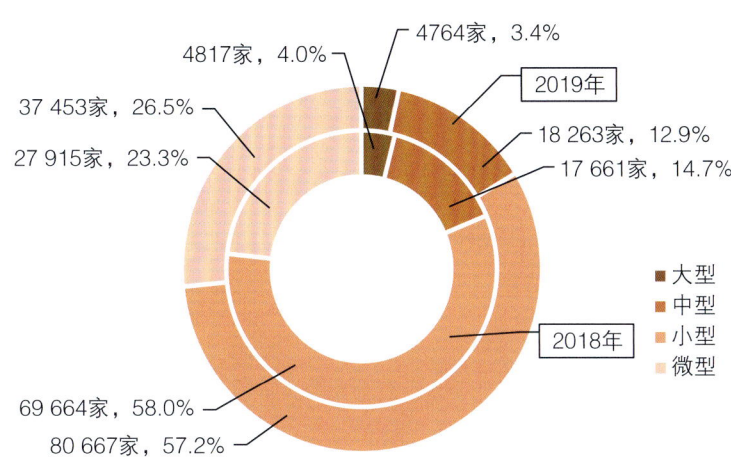

图5-31　2018年、2019年国家高新区大中小微企业数量和占比分布情况

企业效益的不断提升，是园区经济健康持续发展的根本。国家高新区通过多种措施，促进企业的竞争力和效益提升，企业净利润总额不断增长。2019年，高新区企业实现净利润26 097.4亿元（图5-32），同比增长9.1%，占我国全年规模以上工业企业利润总额（61 996亿元）的42.1%。

图5-32　2011—2019年国家高新区企业净利润情况

具体到园区层面，2019年企业净利润排名前十的国家高新区分别为中关村、上海张江、深圳、武汉、西安、广州、天津、成都、杭州和合肥高新区，共计13 291.8亿元，占高新区企业净利润总额的50.9%；其中，中关村、上海张江、深圳、武汉和西安的企业净利润均在千亿元以上（图5-33）。

第五章　创新活动绩效评价　133

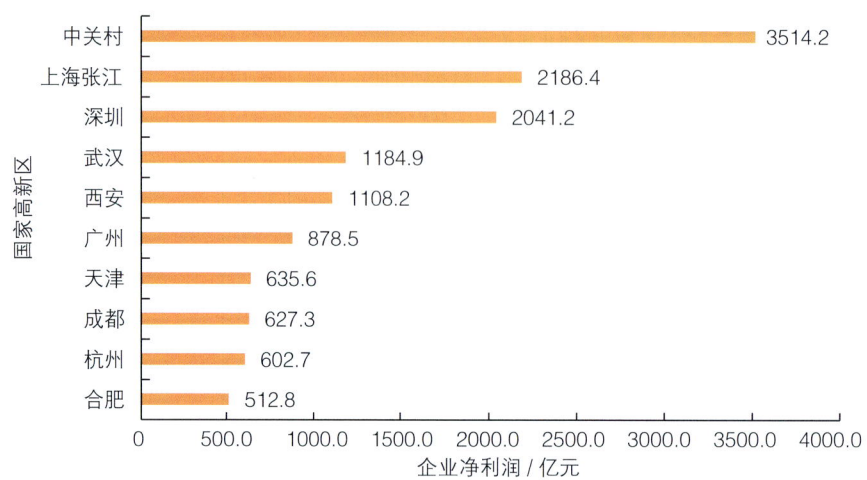

图5-33　2019年企业净利润排名前十的国家高新区

从高新区企业利润率的情况来看，2011—2019年国家高新区企业营业收入利润率整体在6%～7%浮动，2019年为6.8%，较2018年略有下降（图5-34）。

图5-34　2011—2019年国家高新区企业营业收入利润率情况

观察不同类别的国家高新区，2019年世界一流高科技园区的企业营业收入利润率为7.7%，高于高新区平均值；创新型科技园区、创新型特色园区和其他园区分别为6.6%、5.8%和5.8%，均低于高新区平均值。稳定期园区的企业利润率为6.9%，高于高新区平均值，比新升级园区高出0.6个百分点；自创区园区的企业利润率为7.0%，高于高新区平均值，比非自创区园区高出0.9个百分点（图5-35）。

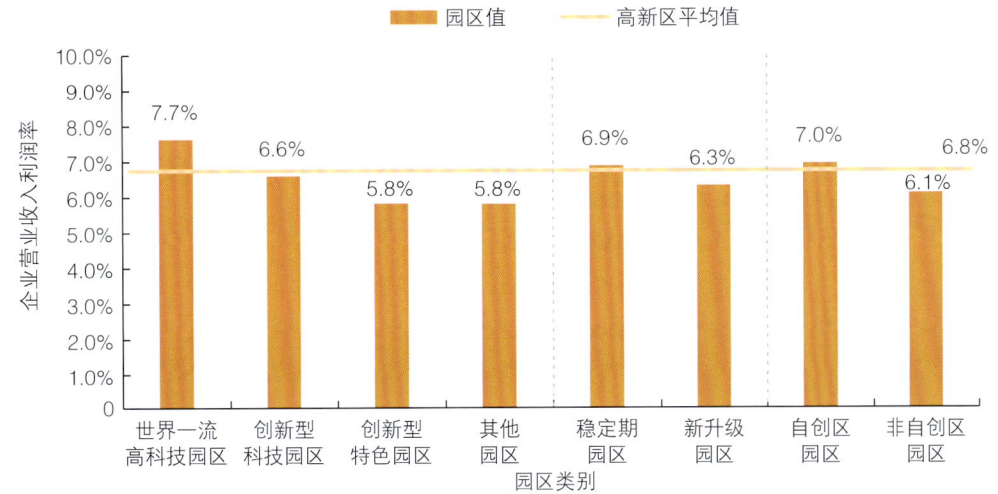

图5-35　2019年不同类别国家高新区企业营业收入利润率

观察高技术产业及其细分领域企业的营业收入利润率情况，2019年国家高新区高技术产业的营业收入利润率为7.7%，高出国家高新区整体水平1.0个百分点。其中，属于高技术制造业的企业平均营业收入利润率为7.1%，高出国家高新区整体水平0.4个百分点；属于高技术服务业的企业平均营业收入利润率为8.6%，高出国家高新区平均水平1.8个百分点。

具体来看，6类高技术制造业中，医药制造业、医疗仪器设备及仪器仪表制造业企业的营业收入利润率较高，分别达到13.7%、11.5%，高出国家高新区平均水平7.0个百分点和4.8个百分点；8类高技术服务业中，营业收入利润率高于国家高新区平均水平的有5个类别，分别为信息服务（9.8%）、检验检测服务（16.3%）、专业技术服务业的高技术服务（7.1%）、知识产权及相关法律服务（7.3%）、环境监测及治理服务（8.0%），其中，检验检测服务领域企业的营业收入利润率最高（图5-36）。

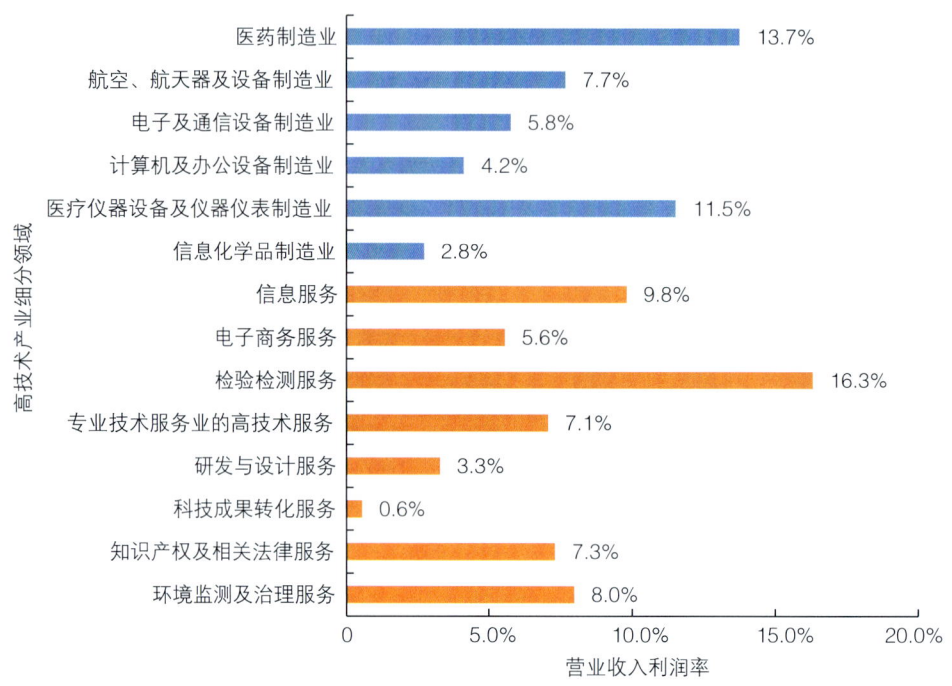

图5-36 2019年国家高新区高技术制造业、服务业细分领域的利润率

(六)电子及通信设备制造业、信息服务的营收规模最大

观察高技术产业细分领域的营业收入规模和结构。2019年属于高技术制造业的企业共实现营业收入73 941.4亿元,其中医药制造业10 051.1亿元,航空、航天器及设备制造业2070.9亿元,电子及通信设备制造业45 260.1亿元,计算机及办公设备制造业10 583.7亿元,医疗仪器设备及仪器仪表制造业5842.8亿元,信息化学品制造业132.7亿元。电子及通信设备制造业营业收入规模最大,占高技术制造业的比重达到61.2%;其次为计算机及办公设备制造业,占比为14.3%;医药制造业紧随其后,占比达到13.6%;其余细分领域占比均不到8%(图5-37)。

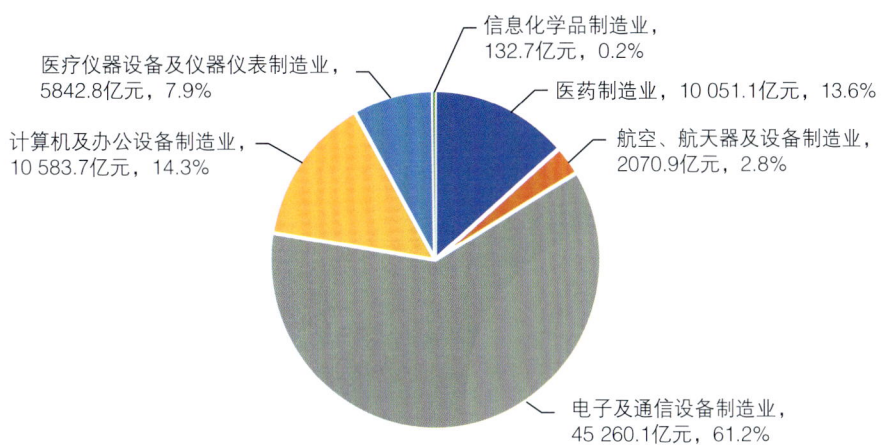

图5-37 2019年国家高新区高技术制造业细分领域企业的营业收入分布情况

2019年属于高技术服务业的企业共实现营业收入53 662.6亿元，其中信息服务37 964.7亿元、电子商务服务555.5亿元、检验检测服务613.4亿元、专业技术服务业的高技术服务7523.5亿元、研发与设计服务3592.9亿元、科技成果转化服务2537.6亿元、知识产权及相关法律服务83.0亿元、环境监测及治理服务792.0亿元。信息服务的营业收入规模最大，占高技术服务业的比重高达70.7%；其次为专业技术服务业的高技术服务，占比为14.0%；其余细分领域的占比均在7%以下（图5-38）。

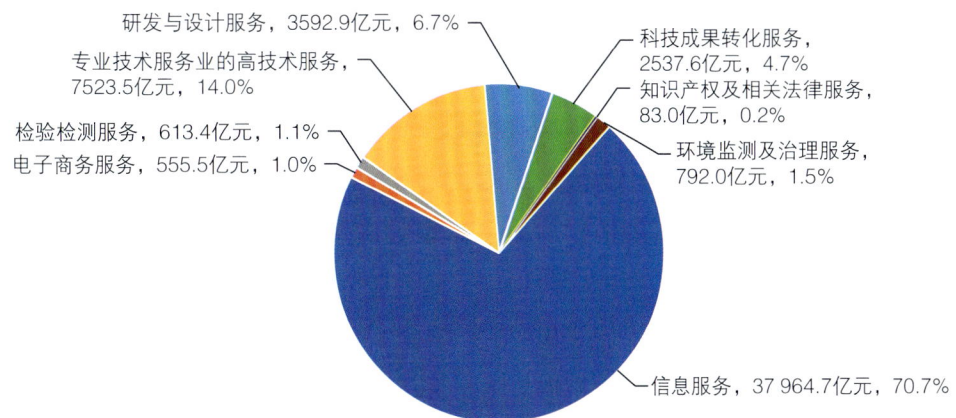

图5-38 2019年国家高新区高技术服务业细分领域企业的营业收入分布情况

国家高新区创新能力评价报告2020

第六章

创新的国际化评价

创新的国际化主要考察国家高新区在全球范围内开展创新合作和进行创新资源整合的水平。党的十九大报告提出，推动形成全面开放新格局。随着"一带一路"倡议的持续推进，国家高新区必然将进一步扩大开放，在参与全球创新竞争方面扮演更重要的角色。从测算结果来看，2019年国家高新区创新的国际化指数为530.7点，同比上年增长106.7点，增速为25.2%。

创新的国际化指标下设5个二级指标，分别为内资控股企业设立的境外研发机构数量、内资控股企业万人拥有欧美日专利授权数量及境外注册商标数量、技术服务出口占出口总额比例、企业委托境外开展研发活动费用支出、企业从业人员中海外留学归国人员和外籍常驻员工所占比重。2019年，5个二级指标数值分别为1238家、98.4件、6.2%、229.0亿元、1.12%，同比增长率分别为30.7%、15.6%、4.0%、118.9%、−0.3%，除企业从业人员中海外留学归国人员和外籍常驻员工所占比重指标之外，其他指标较2018年均有所提高，其中企业委托境外开展研发活动费用支出指标增长最快（图6-1）。

从增速贡献来看，以企业委托境外开展研发活动费用支出指标对创新的国际化指数增长的贡献最大，对创新的国际化指标加权增长率的贡献达到60.0%；其次为内资控股企业设立的境外研发机构数量，贡献为23.8%。

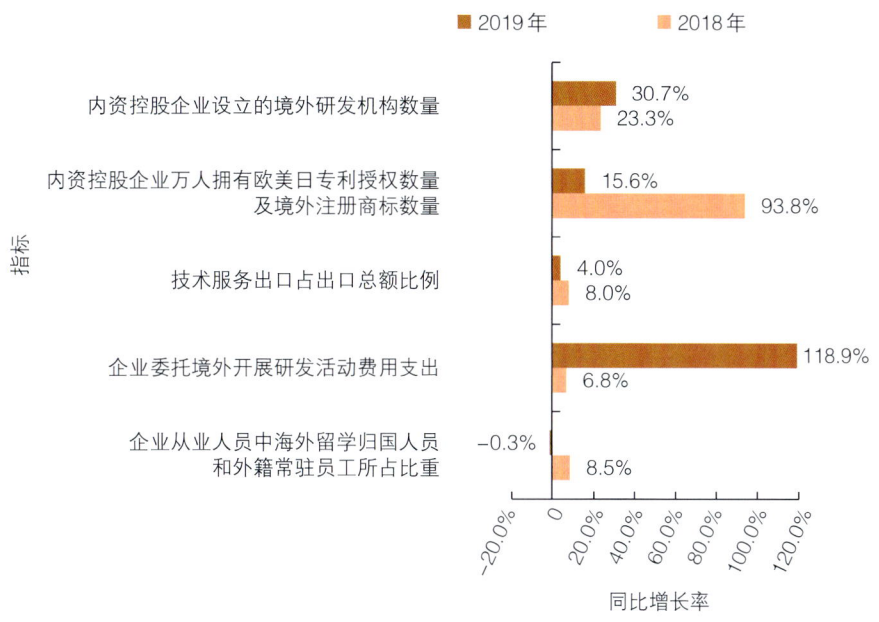

图6-1　2018年、2019年国家高新区创新的国际化各二级指标的增长率对比

下面围绕5个二级指标,并结合相关指标和资料,分别从国际创新合作、国际人才集聚、国际创新成果、国际贸易交流等4个方面,对国家高新区创新的国际化情况进行详细分析和阐述。

一、国际创新合作

国家高新区一直以来都鼓励园区企业、机构开展多种形式的国际创新合作,通过开放创新来提升园区的国际竞争力。为了更好地推动园区创新的国际化,截至2019年,有74%的国家高新区出台了相关的国际化发展政策,如武汉东湖高新区的《武汉东湖新技术开发区管理委员会、中国(湖北)自由贸易试验区武汉片区管理委员会关于印发东湖高新区促进外资企业投资发展管理办法及实施细则的通知》、苏州工业园区的《支持苏州工业园区开展开放创新综合试验的若干意见》、厦门火炬高新区的《厦门火炬高新区管委会关于进一步加大高层次创业人才引进培育力度的意见》、长沙高新区的《长沙高新区促进服务外包、电子商务、动漫游戏产业发展暂行办法》等[①]。

---

① 资料来源:调查问卷。

在国家高新区创新的国际化评价中,以内资控股企业设立的境外研发机构数量、企业委托境外开展研发活动费用支出两个指标来表征国际创新合作方面的情况。

(一)国际平台建设加速推进,五省境外研发机构超百家

国家高新区积极主动地连接、集聚和整合全球创新资源,通过鼓励跨国公司设立研发机构来加强外资研发机构的技术溢出,推动科技开放合作。截至2019年年底,国家高新区内共有外资研发机构4242家,较2018年增加596家,同比增长16.3%,成为国家高新区连接国际创新资源的重要平台(图6-2)。

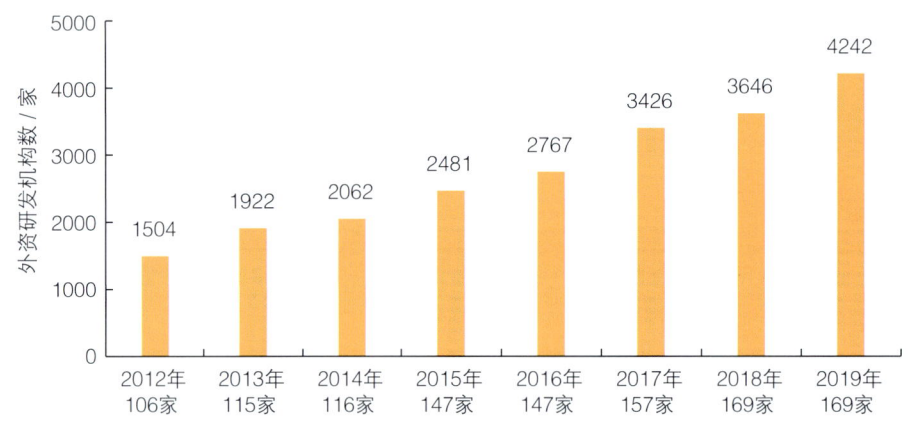

图6-2 2012—2019年国家高新区拥有的外资研发机构数量情况

国家高新区以高水平开放推动高质量发展,不断鼓励企业通过建立海外分支机构等方式主动"走出去",加强对国际资源的整合。2019年,国家高新区企业共设立境外营销服务机构6324家、境外技术研发机构1842家、境外生产制造基地860家,同比分别增长24.2%、34.1%、18.9%(图6-3)。

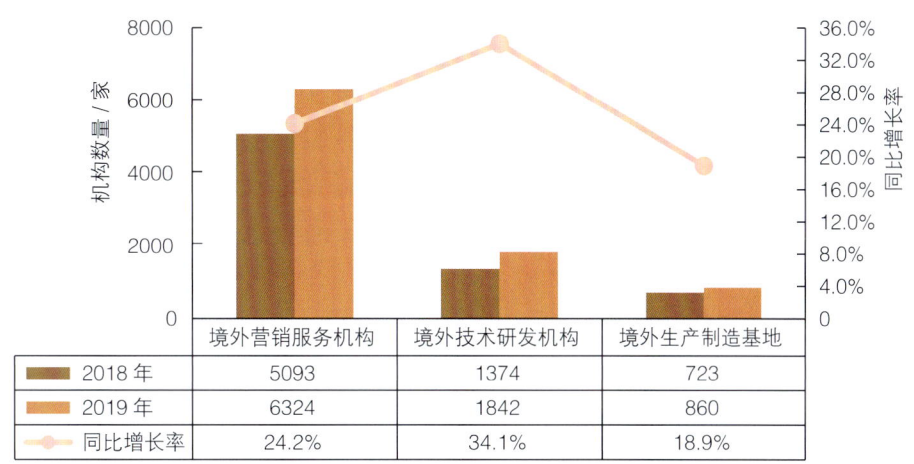

图6-3 2018年、2019年国家高新区企业设立的境外分支机构数量情况

国家高新区内的本土企业积极在境外设立研发机构，将价值链中的研发环节延伸到境外，整合全球创新资源。2011—2019年国家高新区内资控股企业设立的境外研发机构数量整体增长迅速，2019年达到1238家，同比增长30.7%，是2011年的9.0倍（图6-4）。中关村在硅谷、以色列，上海张江在波士顿等地均建立了创新中心，深圳高新区也在积极规划建设海外科技创新中心。

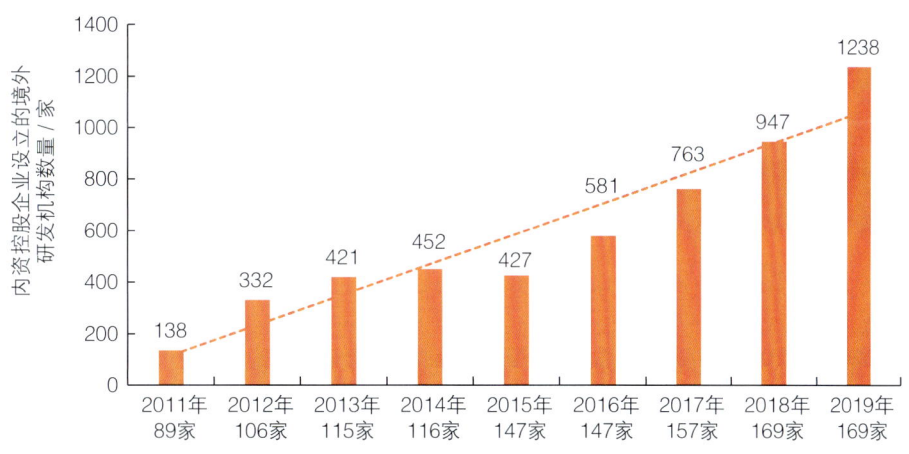

图6-4 2011—2019年国家高新区内资控股企业设立的境外研发机构数量情况

下面将评价指标内资控股企业设立的境外研发机构数量按不同地区高新区、不同省份高新区、不同类别高新区进行分析。

从不同地区来看（图6-5），2019年东部地区国家高新区内资控股企业设立的境外研发机构数量保持领先，达到766家，其后为中部和西部地区国家高新区；从指标的两年变化来看，西部和中部地区国家高新区内资控股企业设立的境外研发机构数量占国家高新区整体比重较2018年略有下降，而东北和东部地区均有不同程度的上升，分别上升0.4个百分点和6.0个百分点。

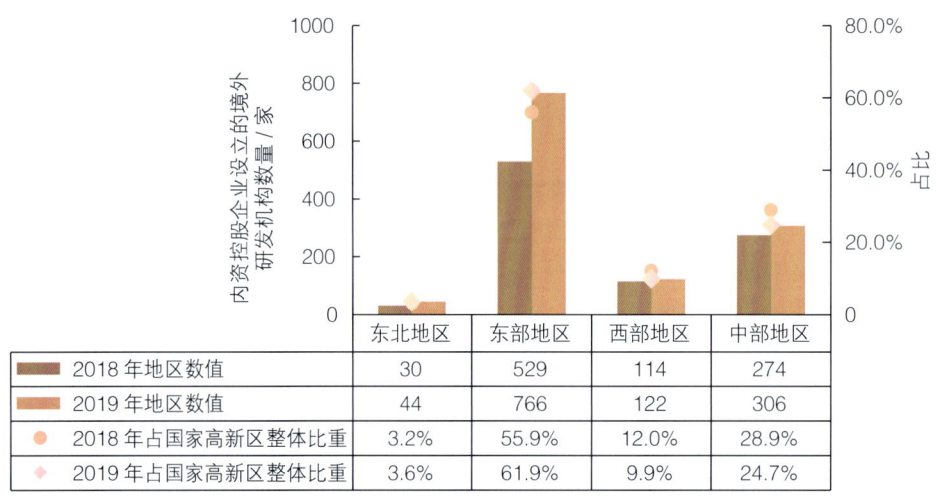

图6-5　2018年、2019年国家高新区内资控股企业设立的境外研发机构数量的地区分布情况

从不同省份来看（表6-1），2019年国家高新区内资控股企业设立的境外研发机构数量超过100家的省份共有5个，分别为广东、江苏、湖北、上海和山东，占国家高新区整体的比例均在8%以上，这5个省份占比之和超过60%；而贵州、内蒙古、山西、海南、青海、云南、黑龙江、甘肃和宁夏等省份则相对较低，最高仅为3家，其中黑龙江、甘肃和宁夏为0家。

表6-1　2019年国家高新区内资控股企业设立的境外研发机构数量的省份分布情况

省份	内资控股企业设立的境外研发机构数量/家	占国家高新区整体的比例	省份	内资控股企业设立的境外研发机构数量/家	占国家高新区整体的比例
广东	231	18.66%	山东	101	8.16%
江苏	206	16.64%	安徽	63	5.09%
湖北	108	8.72%	陕西	59	4.77%
上海	106	8.56%	湖南	49	3.96%

续表

省份	内资控股企业设立的境外研发机构数量/家	占国家高新区整体的比例	省份	内资控股企业设立的境外研发机构数量/家	占国家高新区整体的比例
河南	42	3.39%	天津	8	0.65%
江西	42	3.39%	新疆	6	0.48%
浙江	40	3.23%	贵州	3	0.24%
福建	27	2.18%	内蒙古	2	0.16%
北京	25	2.02%	山西	2	0.16%
辽宁	24	1.94%	海南	1	0.08%
河北	21	1.70%	青海	1	0.08%
吉林	20	1.62%	云南	1	0.08%
广西	20	1.62%	黑龙江	0	0
四川	18	1.45%	甘肃	0	0
重庆	12	0.97%	宁夏	0	0

从不同类别高新区来看（图6-6），2019年平均每家世界一流高科技园区和创新型科技园区中的内资控股企业设立的境外研发机构数量均高于国家高新区平均值，尤其世界一流高科技园区是高新区平均值的7.8倍；同时，稳定期园区明显高于新升级园区，自创区园区明显高于非自创区园区。这说明发展较为成熟的园区在整合海外研发资源方面更有经验和优势。

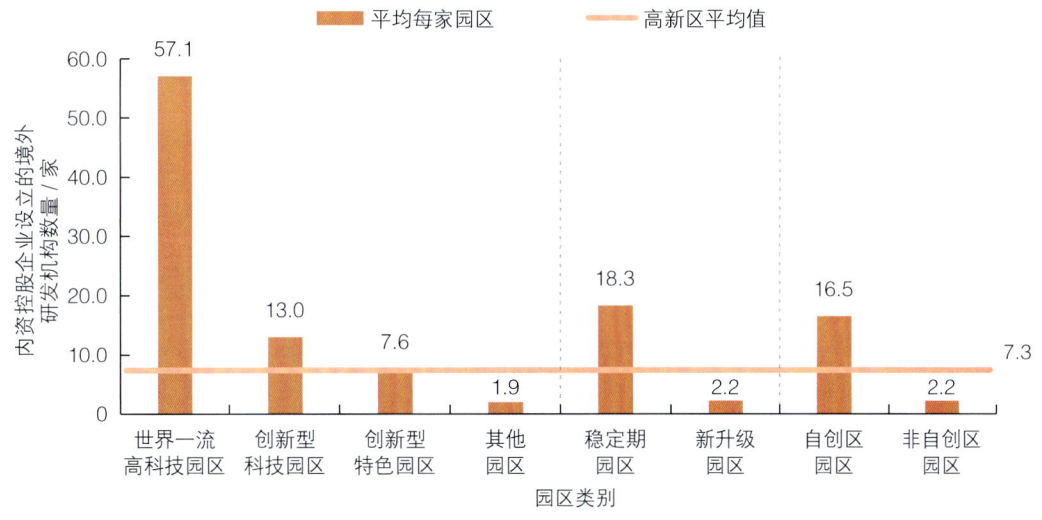

图6-6　2019年不同类别国家高新区内资控股企业设立的境外研发机构数量情况

具体到单个园区，2019年内资控股企业设立的境外研发机构数量超过40家的高新区共有7家，分别为深圳、上海张江、苏州工业园、合肥、武汉、西安和广州，占高新区整体的42.1%。其中，深圳高新区最多，达到114家，占高新区整体的9.2%（图6-7）。

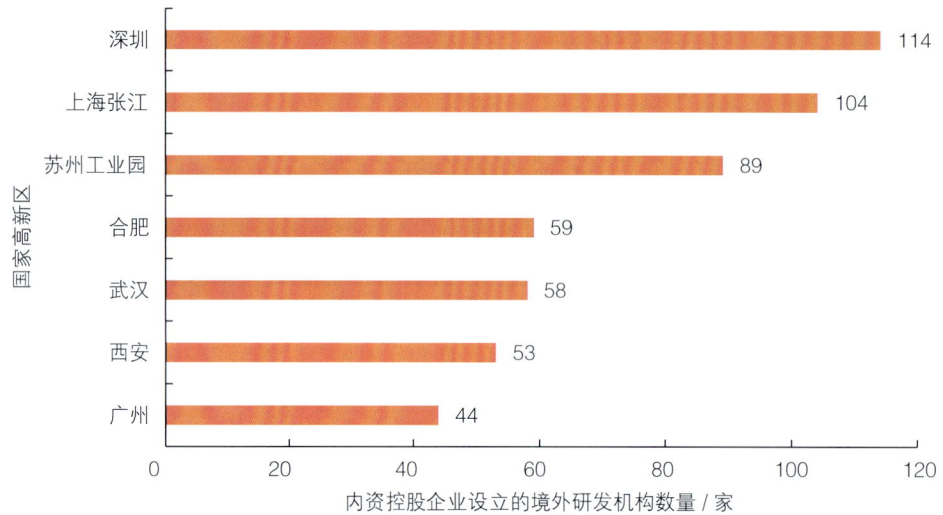

图6-7　2019年内资控股企业设立的境外研发机构数量超40家的国家高新区

（二）委托境外研发费用翻倍增长，东部园区占八成以上

国家高新区鼓励企业在全球范围内开展创新交流与合作。2011年以来，高新区企业委托境外开展研发活动费用支出整体保持上升趋势，2019年为229.0亿元，同比增长118.9%（图6-8）。

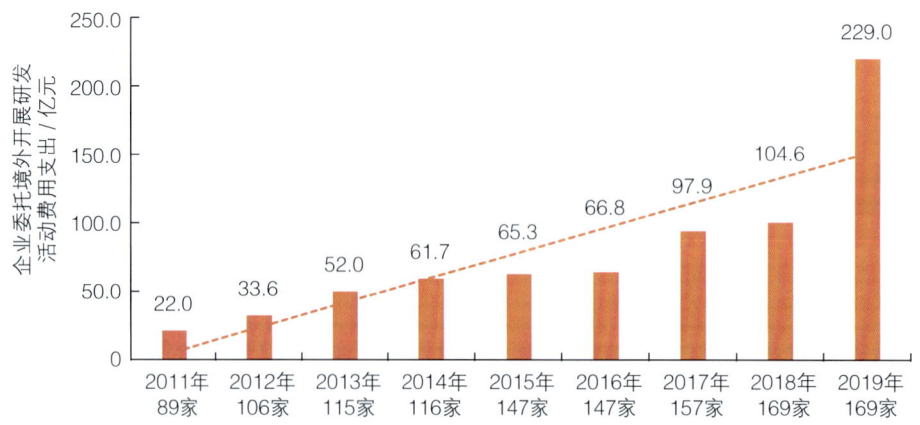

图6-8　2011—2019年国家高新区企业委托境外开展研发活动费用支出情况

分地区来看，东部地区国家高新区企业委托境外开展研发活动费用支出最高，为193.0亿元，占到国家高新区整体的84.3%，分别是东北地区、西部地区、中部地区的10.7倍、66.6倍、12.7倍（图6-9）。从近两年指标的对比来看，东部和东北地区高新区企业委托境外开展研发活动费用支出占国家高新区整体比重均有所提高，中部和西部地区则有所下降。

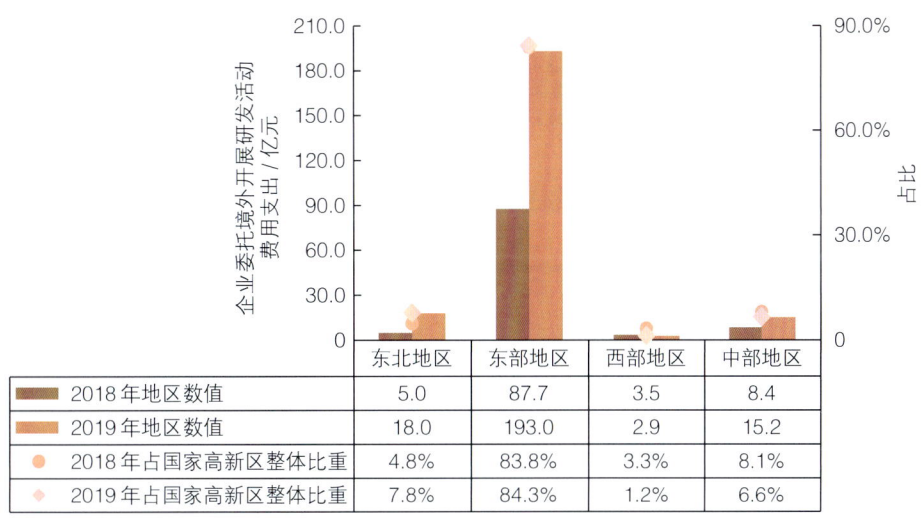

	东北地区	东部地区	西部地区	中部地区
2018年地区数值	5.0	87.7	3.5	8.4
2019年地区数值	18.0	193.0	2.9	15.2
2018年占国家高新区整体比重	4.8%	83.8%	3.3%	8.1%
2019年占国家高新区整体比重	7.8%	84.3%	1.2%	6.6%

图6-9　2018年、2019年各地区国家高新区企业委托境外开展研发活动费用支出情况

分省份来看，2019年企业委托境外开展研发活动费用支出前三分别为广东、上海、江苏，金额均在17亿元以上，这3个省份高新区占高新区整体的比例达到67.5%；而辽宁、重庆、天津、陕西等16个省份均不足1亿元，尤其青海和新疆均未突破零（表6-2）。

表6-2　2019年国家高新区企业委托境外开展研发活动费用支出的省份分布情况

省份	企业委托境外开展研发活动费用支出/亿元	占国家高新区整体的比例	省份	企业委托境外开展研发活动费用支出/亿元	占国家高新区整体的比例
广东	114.8	50.1%	北京	12.4	5.4%
上海	22.1	9.7%	湖北	5.2	2.3%
江苏	17.7	7.7%	浙江	5.1	2.2%
吉林	17.2	7.5%	湖南	4.9	2.2%
山东	13.5	5.9%	河北	3.8	1.6%

续表

省份	企业委托境外开展研发活动费用支出/亿元	占国家高新区整体的比例	省份	企业委托境外开展研发活动费用支出/亿元	占国家高新区整体的比例
福建	3.1	1.4%	广西	0.18	0.08%
河南	2.8	1.2%	云南	0.06	0.03%
安徽	1.9	0.8%	黑龙江	0.03	0.01%
四川	1.2	0.5%	贵州	0.02	0.01%
辽宁	0.8	0.3%	山西	0.02	0.01%
重庆	0.56	0.25%	海南	0.01	0.01%
天津	0.53	0.23%	甘肃	0.01	0.01%
陕西	0.44	0.19%	宁夏	0.01	0.00%
江西	0.40	0.18%	青海	0	0
内蒙古	0.40	0.17%	新疆	0	0

从园区类别来看，2019年平均每家世界一流高科技园区、创新型科技园区的企业委托境外开展研发活动费用支出均高于高新区平均值，尤其世界一流高科技园区分别是创新型特色园区、其他园区的20.6倍和40.9倍；同时，稳定期园区是新升级园区的9.1倍，自创区园区是非自创区园区的11.9倍（图6-10）。

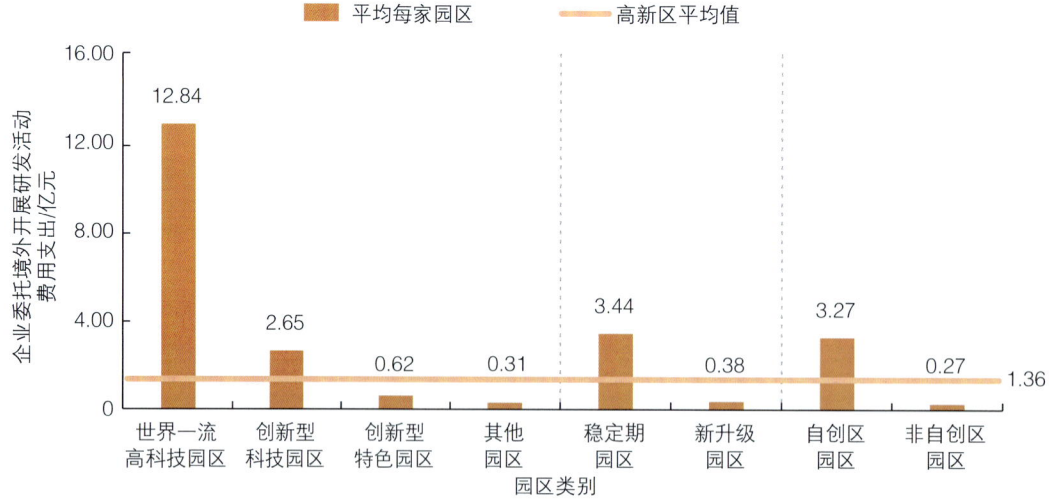

图6-10　2019年不同类别国家高新区企业委托境外开展研发活动费用支出情况

具体到单个园区，2019年企业委托境外开展研发活动费用支出过亿元的高新区有23家，分别为深圳、东莞、上海张江、长春、中关村、潍坊、青岛、苏州工业园、武汉、常熟、长沙、常州、南京、厦门、宁波、保定、郑州、广州、杭州、无锡、威海、株洲和惠州高新区，共计213.75亿元，占国家高新区整体的93.3%。其中，深圳高新区企业委托境外开展研发活动费用支出79.95亿元，占国家高新区整体的34.9%（图6-11）。

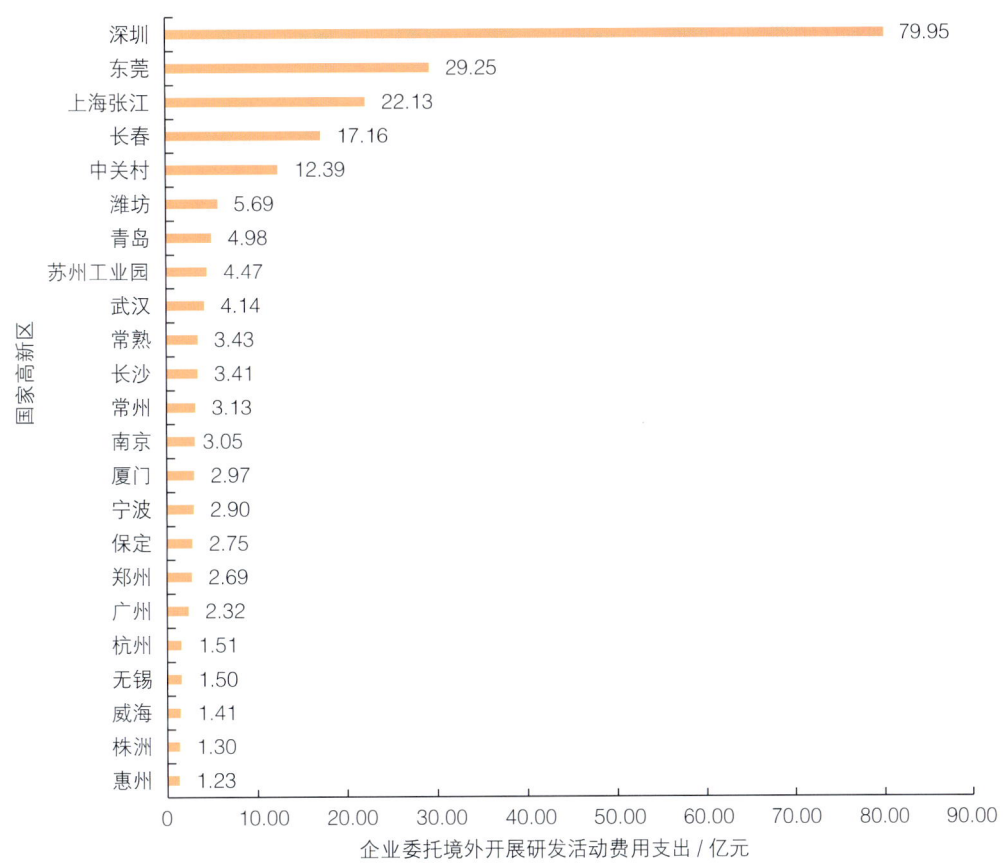

图6-11　2019年企业委托境外开展研发活动费用支出过亿元的国家高新区

二、国际人才集聚

国际化的核心是人员的国际化，国际化人才是新竹、班加罗尔、以色列等后发区域形成国际竞争力的重要支撑，以硅谷为代表的发达国家区域十分关注吸引全球人才迁徙落户的情况。国家高新区一直以人才发展作为园区发展的第一动力，广聚天下英才，高新区创新的国际化评价中，体现国际人才集聚方面的指标为企业从业人员中海外留学归国人员和外籍常驻员工所占比重。

（一）国际人才不断汇聚，4家园区留学归国人员超万人

国家高新区通过加大政策支持力度、创新支持方式、优化人才发展环境等多种方式，吸引了大量国际高端人才来高新区就业和创业。截至2019年年底，高新区企业从业人员中有外籍常驻人员7.8万人，引进外籍专家1.6万人，有留学归国人员17.1万人，同比增长4.7%。高新区广阔的职业发展空间及管委会大刀阔斧招才引智的举措，对海外人才形成了巨大的吸引力。

从地区分布来看，2019年东部地区高新区企业中留学归国人员和外籍常驻人员数分别为12.5万人、5.2万人，占高新区整体的比例分别为73.0%、66.7%；中部地区分别为2.6万人、1.4万人，占高新区整体的比例分别为15.1%、17.9%；西部地区分别为1.3万人、1.0万人，占高新区整体的比例分别为7.9%、12.8%；东北地区分别为0.7万人、0.2万人，占高新区整体的比例分别为4.1%、2.6%（图6-12）。可以看到，东部地区高新区拥有国家高新区七成以上的留学归国人员、六成以上的外籍常驻人员，对海外人才具有绝对的吸引力。

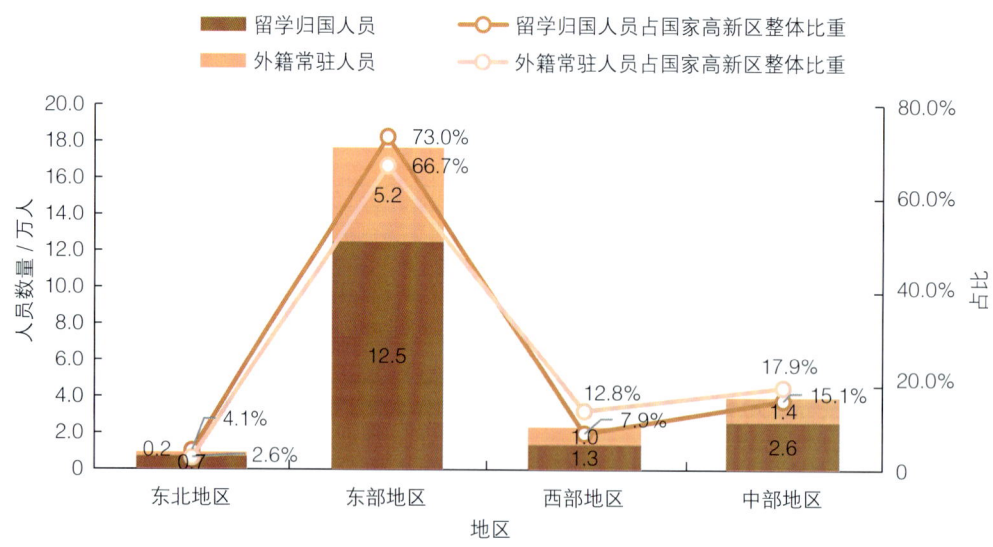

图6-12 2019年国家高新区企业留学归国人员和外籍常驻人员的地区分布情况

具体到单个园区，2019年企业留学归国人员超过1000人的高新区共有21家，这21家高新区拥有国家高新区85.0%的留学归国人员。其中，中关村拥有47 452人，位居第一，占高新区整体的比例为27.8%；上海张江、深圳和苏州工业园企业留学归国人员在10 000人以上；合肥、武汉、西安高新区企业留学归国人员也都在5000人以上（图6-13）。

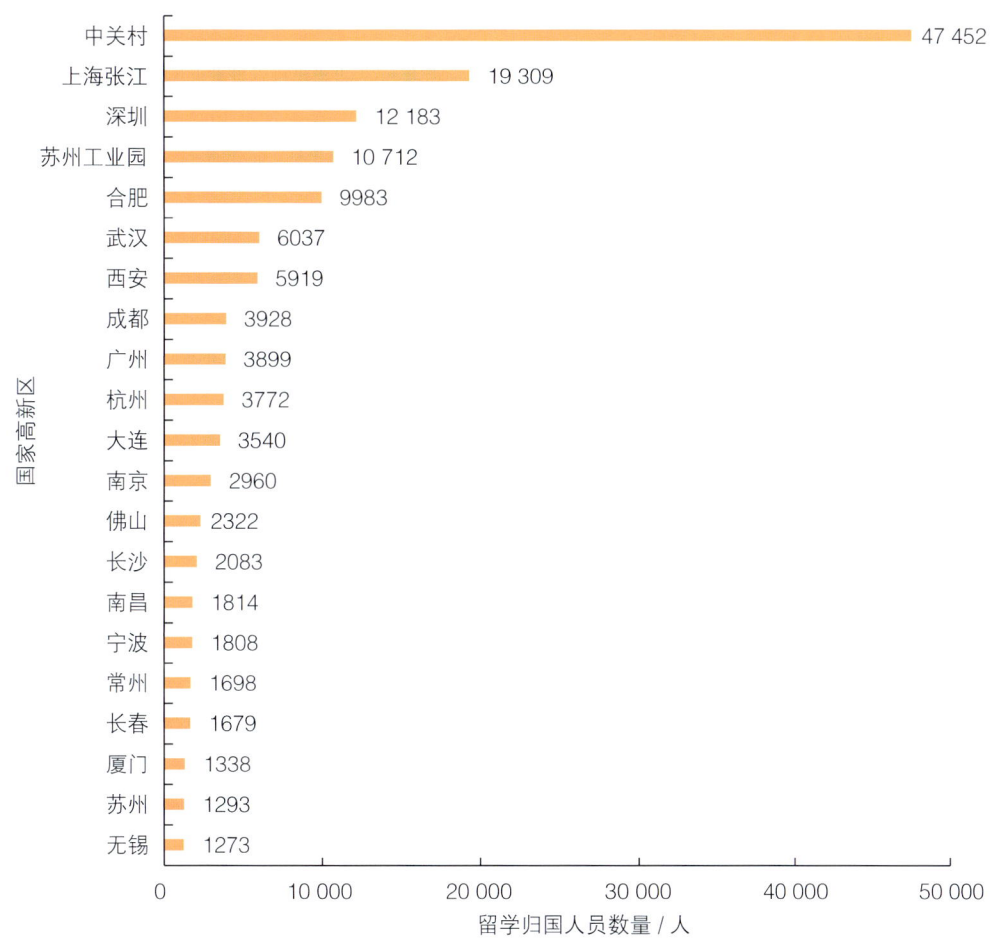

图6-13　2019年企业留学归国人员数量超过1000人的国家高新区

2019年，企业外籍常驻人员超过1000人的有18家高新区，这18家高新区拥有国家高新区75.4%的外籍常驻人员。其中，拥有外籍常驻人员最多的园区是苏州工业园，将近1万人，占高新区整体的比例为12.8%；其次为上海张江，拥有8824人，占高新区整体的比例为11.3%；此外，西安、中关村、武汉3个园区也在4000人以上，占高新区

第六章　创新的国际化评价　151

整体的比例均超过了6%（图6-14）。

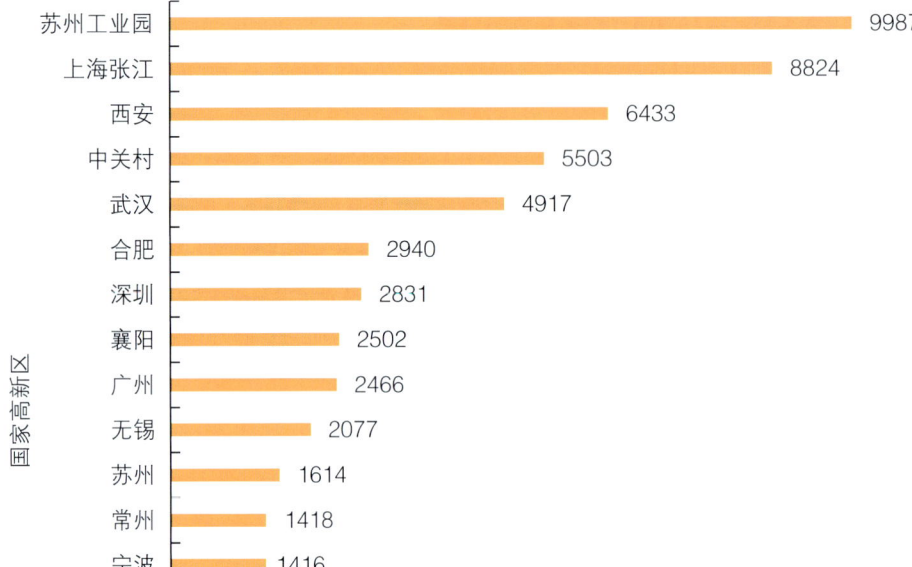

图6-14　2019年企业外籍常驻人员数量超过1000人的国家高新区

（二）人才国际化水平有待提升，明显落后于硅谷地区

国际人才的所占比例一定程度上反映了一个区域人才国际化的水平。2012—2019年国家高新区企业从业人员中海外留学归国人员和外籍常驻员工所占比重一直在1.0%~1.2%浮动，2019年为1.12%（图6-15），比2018年稍有降低。

图6-15　2011—2019年国家高新区企业从业人员中海外留学归国人员和外籍常驻员工所占比重情况

分地区来看，2019年东北、东部地区高新区企业从业人员中海外留学归国人员和外籍常驻员工所占比重较上年略有下降，西部、中部地区高新区比重略有上升，整体波动不大（图6-16）。

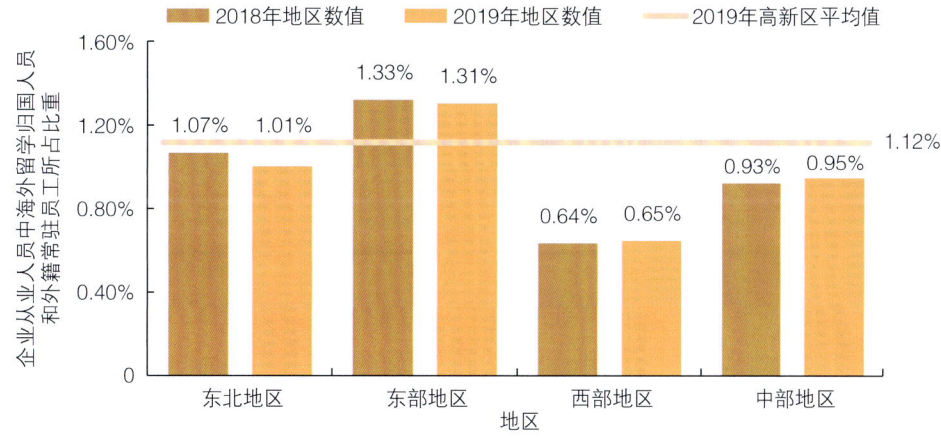

图6-16　2019年国家高新区企业从业人员中海外留学归国人员和外籍常驻员工所占比重的地区分布

分省份来看，2019年企业从业人员中海外留学归国人员和外籍常驻员工所占比重在1%以上的省份共有8家，分别为安徽、上海、北京、江苏、陕西、辽宁、吉林和湖北，其中安徽最高，为2.40%；两年对比来看，30个省份中，有19个省份的该比重较上年有所增长，说明大部分省份的人才国际化水平有所提高（表6-3）。

表6-3　2018年、2019年国家高新区企业从业人员中海外留学归国人员和外籍常驻员工所占比重的省份分布

省份	2019年国家高新区企业从业人员中海外留学归国人员和外籍常驻员工所占比重	2018年国家高新区企业从业人员中海外留学归国人员和外籍常驻员工所占比重	省份	2019年国家高新区企业从业人员中海外留学归国人员和外籍常驻员工所占比重	2018年国家高新区企业从业人员中海外留学归国人员和外籍常驻员工所占比重
安徽	2.40%	2.57%	天津	0.56%	0.56%
上海	2.21%	3.22%	青海	0.52%	0.15%
北京	1.88%	1.66%	山东	0.41%	0.44%
江苏	1.70%	1.68%	重庆	0.33%	0.40%
陕西	1.50%	1.48%	河南	0.30%	0.29%
辽宁	1.26%	1.48%	宁夏	0.28%	0.11%
吉林	1.10%	1.04%	黑龙江	0.27%	0.20%
湖北	1.02%	1.01%	内蒙古	0.24%	0.26%
广东	0.96%	0.85%	广西	0.23%	0.20%
江西	0.87%	0.79%	甘肃	0.21%	0.29%
浙江	0.86%	0.82%	海南	0.21%	0.22%
四川	0.77%	0.65%	山西	0.20%	0.15%
河北	0.67%	0.49%	新疆	0.20%	0.28%
福建	0.63%	0.59%	贵州	0.16%	0.12%
湖南	0.58%	0.55%	云南	0.15%	0.17%

分园区类型来看，世界一流高科技园区企业从业人员中海外留学归国人员和外籍常驻员工所占比重平均为2.0%，明显高于创新型科技园区、创新型特色园区和其他园区；稳定期园区比新升级园区高出1.0个百分点；自创区园区也比非自创区园区高出1.0个百分点；世界一流高科技园区、稳定期园区、自创区园区的比重高于均值（图6-17）。

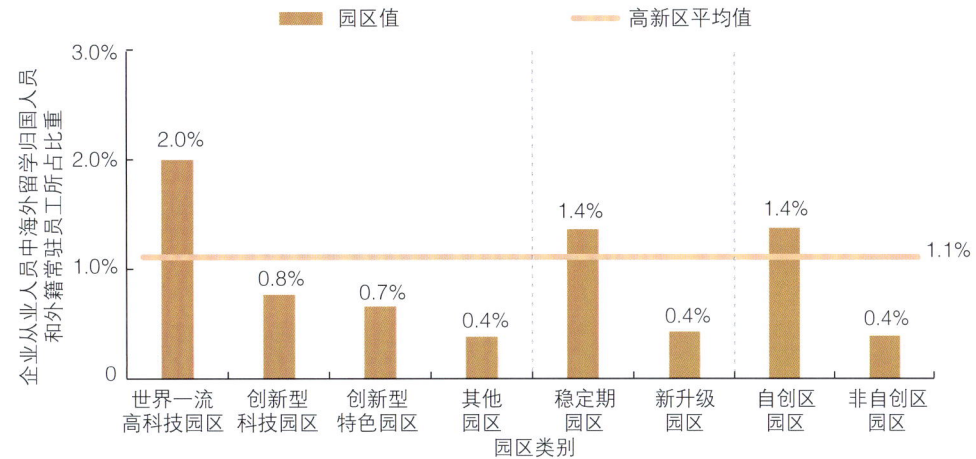

图6-17 2019年不同类别国家高新区的企业从业人员中海外留学归国人员和外籍常驻员工所占比重情况

具体到单个园区，2019年我国代表性的国家高新区中，企业从业人员中海外留学归国人员和外籍常驻员工所占比重最高的为苏州工业园，达到6.88%；其后为上海紫竹、合肥高新区分别达到4.68%和3.97%；西安高新区为2.25%、上海张江高新区为2.14%，其余园区均在2%以下（图6-18）。2019年，美国硅谷的国外出生人口占比为38%[1]，国家高新区在国际人才集聚上与发达国家地区相比还有不小差距。

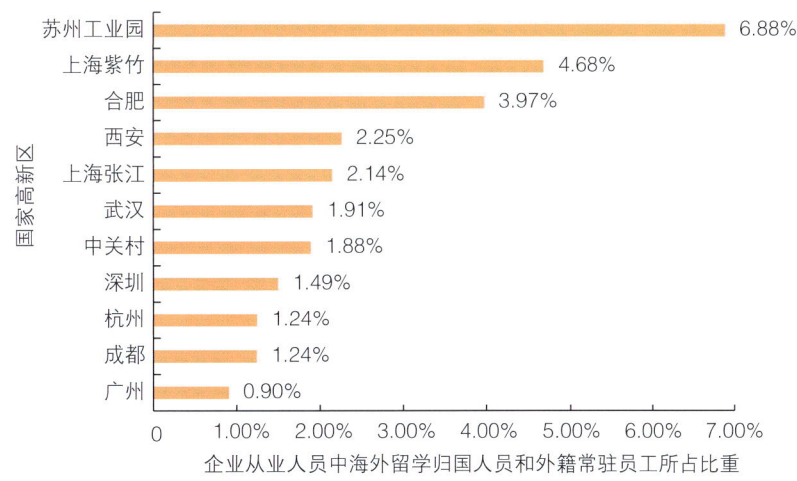

图6-18 2019年我国代表性国家高新区企业从业人员中海外留学归国人员和外籍常驻员工所占比重

---

[1] 数据来源：《2020硅谷指数》。

第六章　创新的国际化评价　155

三、国际创新成果

国家高新区支持企业通过申报境外知识产权、参与国际标准制定、进行境外收购等方式，取得具有国际影响力的创新成果，提升企业国际影响力和国际化水平。在国家高新区创新的国际化评价中，体现国际创新成果方面的指标为内资控股企业万人拥有欧美日专利授权数量及境外注册商标数量。

（一）国际创新成果丰硕，PCT专利申请占全国四成以上

国家高新区支持企业开展国际知识产权创造、运用、保护和管理，并不断树立国际品牌。2019年，高新区企业申请欧美日专利、授权欧美日专利和拥有欧美日专利数分别为26 386件、21 710件、98 802件，同比增长分别高达15.6%、28.0%、38.0%；申请PCT国际专利27 207件，同比增长16.7%，占我国PCT专利申请受理量（6.1万件）的44.6%；境外授权发明专利118 190件、拥有境外授权专利152 827件，同比增长分别为39.9%、50.6%（图6-19）；同时，高新区拥有境外注册商标107 653项，同比增长21.2%。这说明国家高新区企业参与国际知识产权竞争的成效显著。

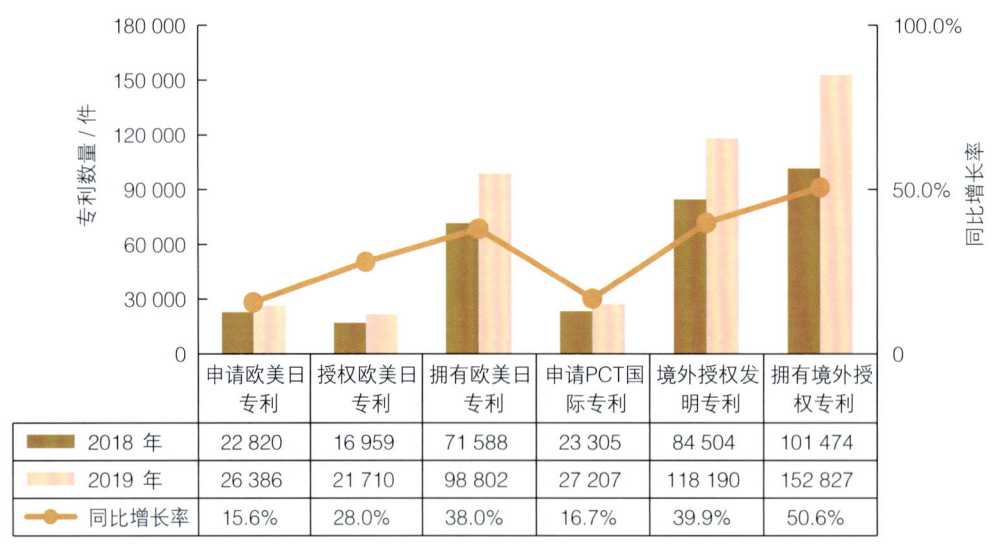

图6-19　2018年、2019年国家高新区企业境外知识产权数量情况

具体到单个园区，以具有代表性的PCT国际专利为例，2019年企业当年申请PCT国际专利超过100件的园区有25家，其中数量最多的是深圳高新区，达到10 617件，将

近是国家高新区整体的四成（39.0%），其次为中关村，申请数为4963件，占高新区整体的18.2%；深圳和中关村两家高新区企业当年申请PCT国际专利占高新区整体的近六成；武汉、上海张江和苏州工业园，申请数分别为1830件、1165件和1059件，占高新区整体的比例均超过3%；其余20家高新区均在1000件以下（图6-20）。

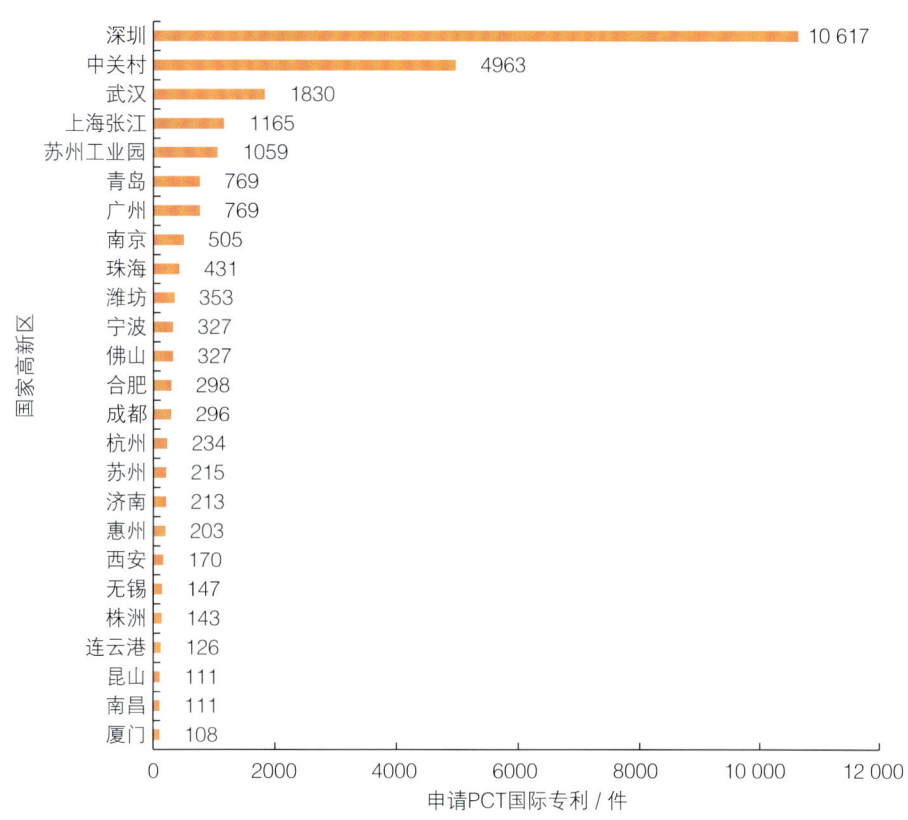

图6-20　2019年企业当年申请PCT国际专利超100件的国家高新区

（二）本土企业是国际创新主力，成果产出效率迅速攀升

观察国家高新区本土企业国际创新成果的产出情况。从总量来看，2019年高新区内资控股企业申请欧美日专利、授权欧美日专利、拥有欧美日专利、申请PCT国际专利、境外授权发明专利、拥有境外授权专利分别为20 922件、19 268件、82 476件、21 008件、98 776件、125 481件，占高新区全部企业的比例分别达到79.3%、88.8%、83.5%、77.2%、83.6%、82.1%，占比均超过77%（图6-21），国家高新区本土企业是参与国际创新竞争的主力军。

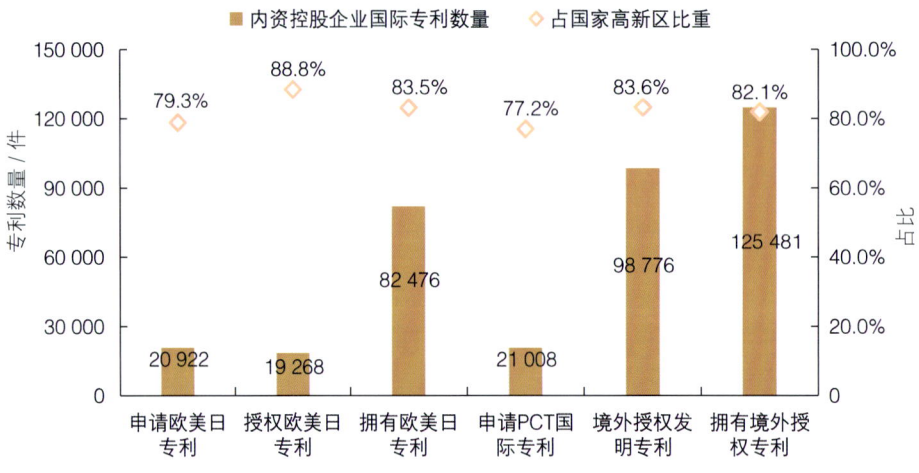

图6-21 2019年国家高新区内资控股企业国际专利数量及占比情况

从产出效率来看，2011—2019年国家高新区内资控股企业万人拥有欧美日专利授权数量及境外注册商标数量呈阶梯式上升趋势，2019年达到98.4件，达到9年来最高水平（图6-22）。

图6-22 2011—2019年国家高新区内资控股企业万人拥有欧美日专利授权数量及境外注册商标数量情况

从地区分布来看，2019年东部地区高新区内资控股企业万人拥有欧美日专利授权数量及境外注册商标数量为154件，比国家高新区平均水平高出56件，优势十分突出；而其余3个地区高新区均低于国家高新区平均水平，中部地区国家高新区仅相当于国家高新区平均水平的26.5%。从两年对比来看，东北和东部地区高新区较2018年均有所提升，西部和中部地区高新区略有降低;东北由于基数最小,其提升幅度最大(图6-23)。

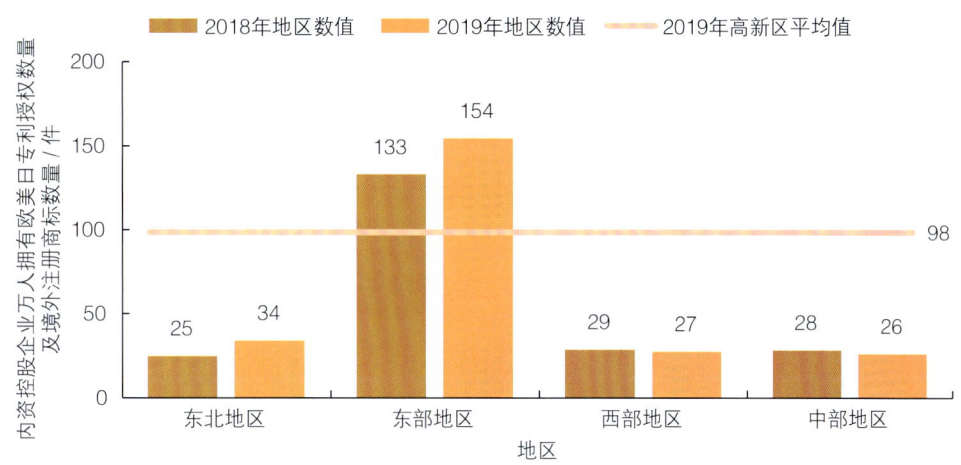

图6-23 2018年、2019年国家高新区内资控股企业万人拥有欧美日专利授权数量及境外注册商标数量的地区分布

从不同类别高新区的对比来看,世界一流高科技园区内资控股企业万人拥有欧美日专利授权数量及境外注册商标数量为181件,明显高于创新型科技园区、创新型特色园区和其他园区;稳定期园区为122件,是新升级园区的3.6倍;自创区园区为129件,是非自创区园区的5.0倍;非自创区园区不到国家高新区平均值的1/3,仍有较大的提升空间(图6-24)。

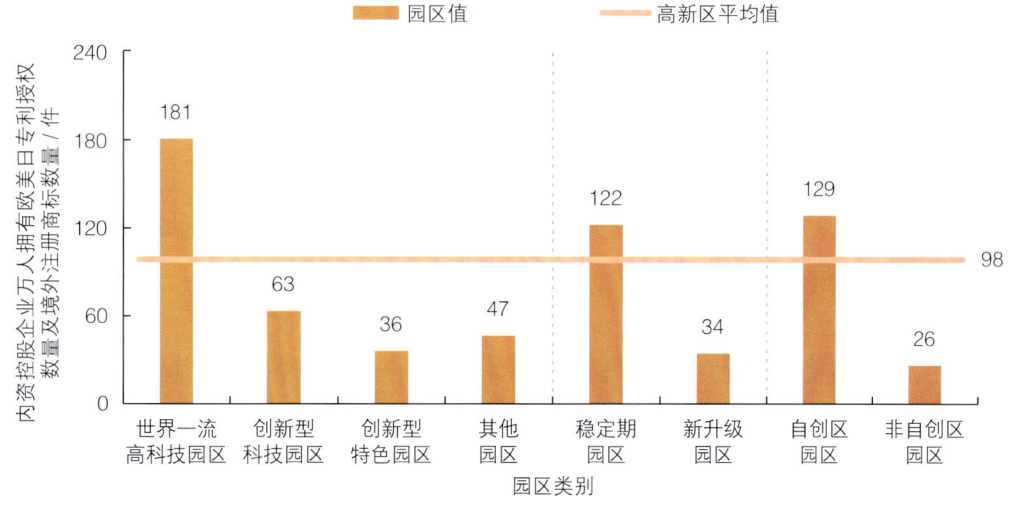

图6-24 2019年不同类别国家高新区内资控股企业万人拥有欧美日专利授权数量及境外注册商标数量对比

具体到单个园区，2019年10家世界一流高科技园区的内资控股企业万人拥有欧美日专利授权数量及境外注册商标数量差距显著，深圳高新区最高达到896.5件，远高于其余9家园区；苏州工业园、杭州和中关村超过了100件，而成都和西安则不足50件（图6-25）。

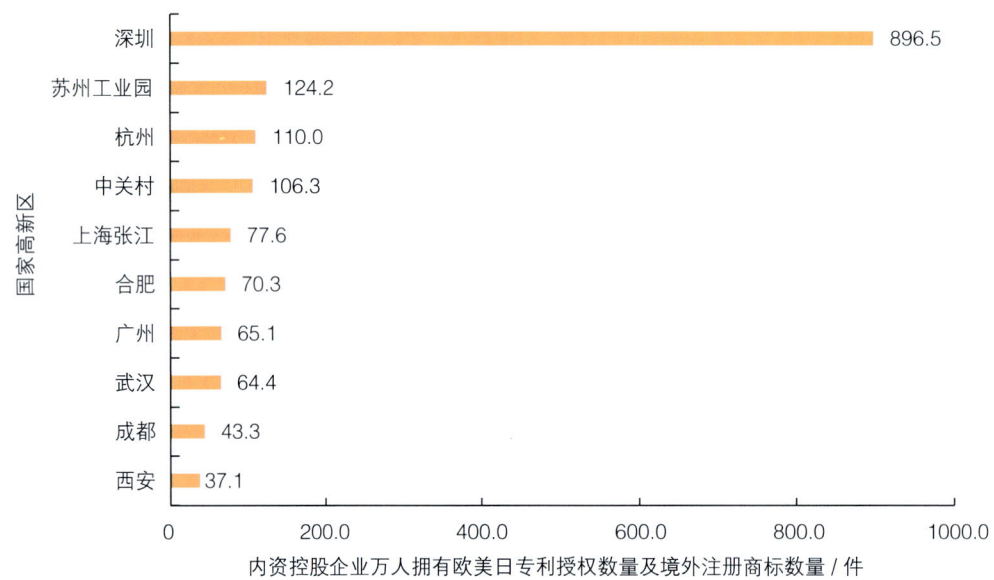

图6-25　2019年10家世界一流高科技园区内资控股企业万人拥有欧美日专利授权数量及境外注册商标数量情况

四、国际贸易交流

融入国际经济体系是国家高新区提升自身产业实力和经济发展水平的重要方式。近几年，在"一带一路"倡议的指引下，国家高新区鼓励和引导企业积极开拓国际市场，国际贸易取得新的进展。在国家高新区创新的国际化评价中，使用技术服务出口占出口总额比例来体现国际贸易交流的情况。

（一）国际贸易规模稳健增长，利用外资金额占全国四成

国家高新区企业拓展国际贸易市场的步伐不断加快。2019年，国家高新区出口总额为41 371.5亿元，同比增长11.0%，占到我国出口总额（191 906亿元）的21.6%，较上年提高1.1个百分点；高新区企业共实现对境外直接投资额1549.0亿元，同比增

长19.4%，占全国对外非金融类直接投资额（7630亿元）比重为20.3%，较2018年提升了5.8个百分点。

此外，高新区企业通过在境外资本市场上市、融资等方式吸引了大量国际资本。2014—2019年高新区当年实际利用外资金额占全国实际使用外商直接投资额的比重整体呈上升趋势（图6-26），2019年实际利用外资金额达到3827.6亿元，同比增长13.8%，占全国实际使用外商直接投资额（9415亿元）的40.7%，其中，企业海外上市融资股本达到1820.9亿元，同比增长102.6%。

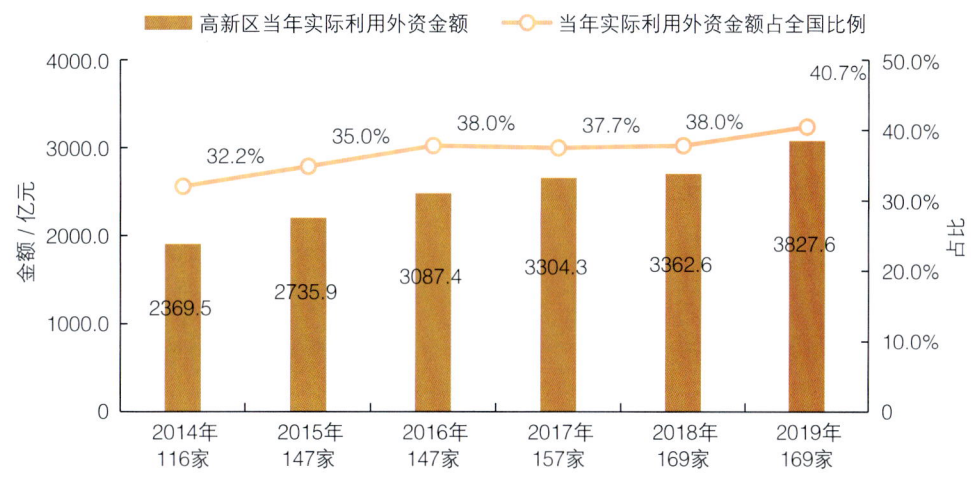

图6-26　2014—2019年国家高新区当年实际利用外资金额及占全国比例

（二）高附加值贸易持续扩大，企业出口结构更加优化

国家高新区鼓励企业开展高附加值的国际技术和服务贸易，提升企业参与国际贸易的水平和层级，增强出口竞争力。2019年，高新区企业高新技术产品出口总额为23 514.4亿元，同比增长7.4%，占全国高新技术产品出口（50 427亿元）比重达46.6%；实现技术服务出口总额2550.7亿元，同比增长15.4%，占全国服务出口（19 564亿元）比重为13.0%，较2018年提升了0.5个百分点（图6-27）。

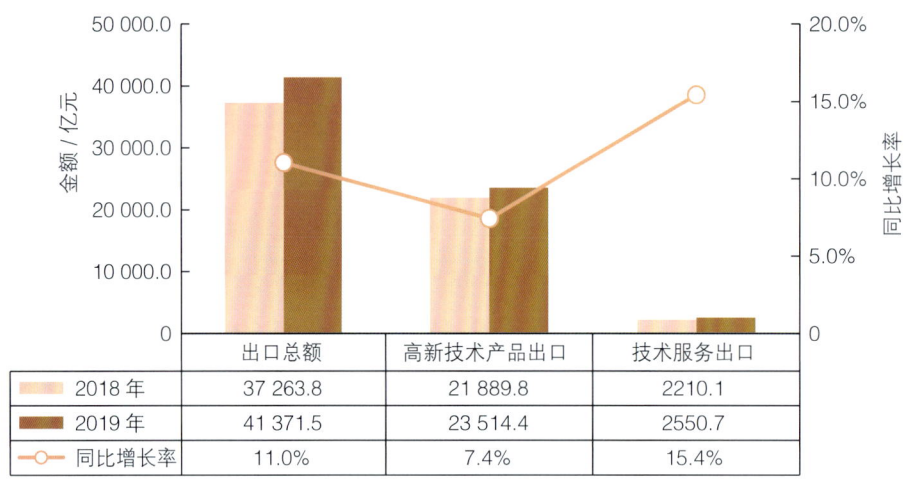

图6-27 2018年、2019年国家高新区高新技术产品出口和技术服务出口情况

从出口结构来看，2019年高新区企业技术服务出口占出口总额比例从2015年开始持续上升，2019年达到6.2%，较2018年提升了0.3个百分点（图6-28）；高新技术产品出口占出口总额比重达56.8%，该占比是全国（26.3%）的两倍多，高新区出口结构不断优化。

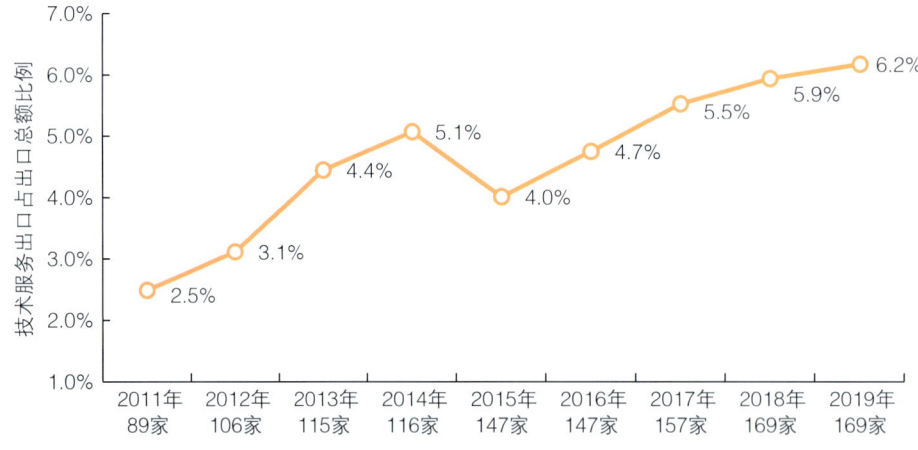

图6-28 2011—2019年国家高新区企业技术服务出口占出口总额比例情况

按照省份分析（表6-4），2019年技术服务出口占出口总额比例在10%以上的省份共有6个，分别为安徽、陕西、四川、北京、辽宁和湖北；有10个省份该比例在1%以下，其中甘肃、宁夏和青海3个省份均未突破零。从指标的两年对比来看，有8个省份该指标出现下降，2个省份维持不变，20个省份有所增长。

表6-4　2019年国家高新区企业技术服务出口占出口总额比例的省份分布

省份	2019年技术服务出口占出口总额比例	2018年技术服务出口占出口总额比例	省份	2019年技术服务出口占出口总额比例	2018年技术服务出口占出口总额比例
安徽	17.6%	21.8%	河南	2.4%	1.3%
陕西	16.7%	12.7%	广西	1.7%	0.8%
四川	16.1%	14.5%	江西	1.7%	2.4%
北京	15.2%	14.9%	河北	1.4%	1.9%
辽宁	13.9%	13.1%	福建	0.8%	0.8%
湖北	13.1%	11.0%	重庆	0.5%	0.5%
上海	9.2%	8.7%	云南	0.5%	0.0%
吉林	8.6%	9.0%	新疆	0.3%	0.1%
湖南	8.3%	4.2%	海南	0.15%	0.01%
山东	4.2%	6.7%	山西	0.10%	0.22%
浙江	4.2%	3.7%	贵州	0.04%	0.98%
天津	4.1%	2.9%	内蒙古	0.01%	0.00%
黑龙江	2.6%	2.4%	甘肃	0	0
广东	2.6%	2.3%	宁夏	0	0
江苏	2.5%	2.2%	青海	0	0

从各类别国家高新区来看，企业技术服务出口占出口总额比例最高的是世界一流高科技园区群体，达到11.1%，接近高新区平均值的两倍，远高于创新型科技园区、创新型特色园区和其他园区；稳定期园区为7.4%，是新升级园区的3.9倍；自创区园区为6.8%，是非自创区园区的3.1倍（图6-29）。

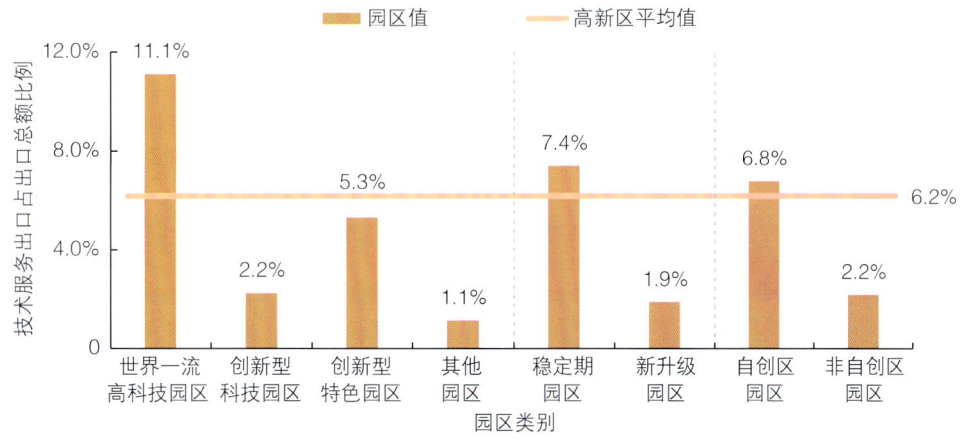

图6-29　2019年不同类别国家高新区企业技术服务出口占出口总额比例情况

具体到单个园区，2019年企业技术服务出口占出口总额比例超过10%的高新区有12家，分别为上海紫竹、湘潭、合肥、大连、武汉、成都、西安、焦作、中关村、青岛、杭州、安康高新区。其中，上海紫竹高新区在推动对外经贸合作、促进技术服务出口方面成效显著，技术服务出口占出口总额比例达到38.6%，湘潭高新区紧随其后，达到33.8%（图6-30）。

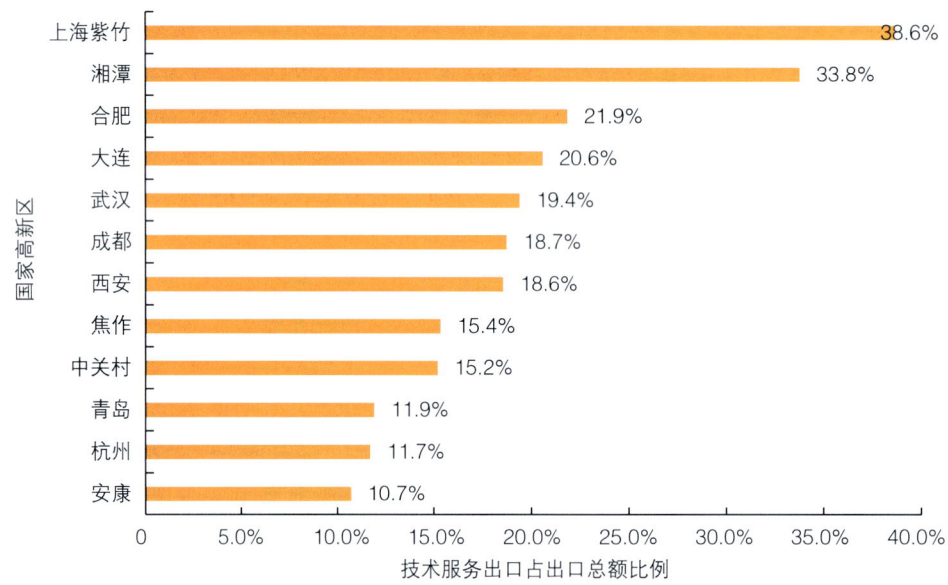

图6-30　2019年企业技术服务出口占出口总额比例大于10%的国家高新区

国家高新区创新能力评价报告2020

第七章 创新驱动发展评价

党的十八大提出实施创新驱动发展战略，党的十九大进一步强调"要坚定实施创新驱动发展战略，加快建设创新型国家"。国家高新区是落实创新驱动发展战略的重要载体，高新区创新能力评价指标体系中设置创新驱动发展指标板块，主要考察高新区在支撑带动区域经济发展、提升劳动生产率、增强企业竞争力和绿色可持续发展等方面的绩效。从测算结果来看，2019年国家高新区创新驱动发展指数为142.9点，较上年增长4.5点，增速为3.2%。

创新驱动发展指标下设5个二级指标，分别为园区生产总值占其所在城市GDP比例[①]、企业单位增加值中劳动者报酬所占比重、工业企业万元增加值综合能耗、企业人均营业收入、企业净资产利润率。2019年，5个二级指标分别为14.7%、41.5%、0.464吨标准煤/万元、174.2万元和10.3%，除企业净资产利润率同比出现下滑之外，其他4个指标数值均较2018年有所改善[②]（图7-1）。

从增速贡献来看，以企业人均营业收入指标对创新驱动发展指数增长的贡献最大，对创新驱动发展指标加权增长率的贡献达到38%；其次为企业单位增加值中劳动者报酬所占比重，贡献为34%。

---

① 算法有所改变。2016年开始由园区直接填报所在城市GDP，因此从2017年开始，园区生产总值占其所在城市GDP比例，在计算时采用了加权平均值方法（将全部高新区看成一个整体，全部高新区GDP之和/全部高新区所在城市GDP之和）。
② 单位增加值综合能耗为负向指标，即数值越低越好，因此这里是有4个指标数据较2018年有所改善。

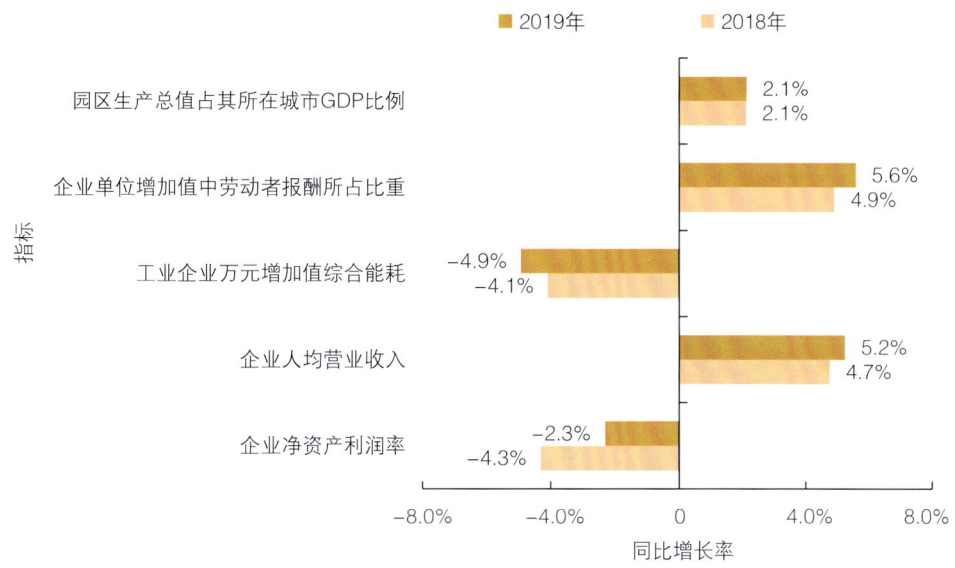

图7-1 2018年、2019年国家高新区创新驱动发展各二级指标的增长率对比

下面围绕5个二级指标，并结合相关指标和资料，分别从辐射带动作用、经济效率提升、共享发展、绿色发展4个方面，对国家高新区创新驱动发展的情况进行分析和阐述。

一、辐射带动作用

国家高新区是所在城市和区域的重要发展板块，国家高新区设立之初就肩负着辐射带动所在区域经济发展的使命。经过30多年的建设发展，绝大多数国家高新区已经成为所在区域的经济增长极，有力地支撑和带动了地方经济的发展。在国家高新区创新驱动发展指标板块中，体现辐射带动地方经济增长的指标为园区生产总值占其所在城市GDP比例。

（一）经济体量持续扩大，对全国和区域经济贡献突出

国家高新区的经济体量不断扩大，主要经济指标持续增长。2019年，国家高新区内纳入火炬统计的企业共计14.1万家，同比2018年增长17.6%。入统企业共实现营业收入385 549.4亿元、工业总产值240 262.0亿元、净利润26 097.4亿元、上缴税额18 594.3亿元、出口总额41 371.5亿元，同比增速分别为11.4%、8.0%、9.1%、-0.3%、

11.0%，除了上缴税额略有下降之外，其余4个指标增速均较为可观（图7-2）。

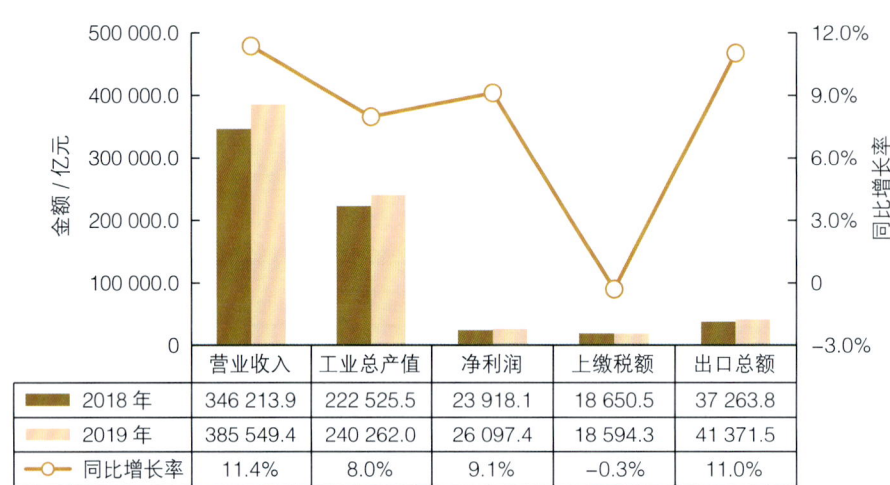

图7-2　2018年、2019年国家高新区主要经济指标表现情况

高新区强力支撑我国国民经济的增长。2019年，国家高新区园区生产总值（GDP）加总达到12.14万亿元，同比增长12.3%，相当于全国GDP（99.08万亿元）总量的12.3%，同2018年占比基本持平（图7-3）。高新区内入统企业工业增加值为52 706.1亿元，占全国全部工业增加值（317 109亿元）比重为16.6%，较上年提高0.6个百分点。

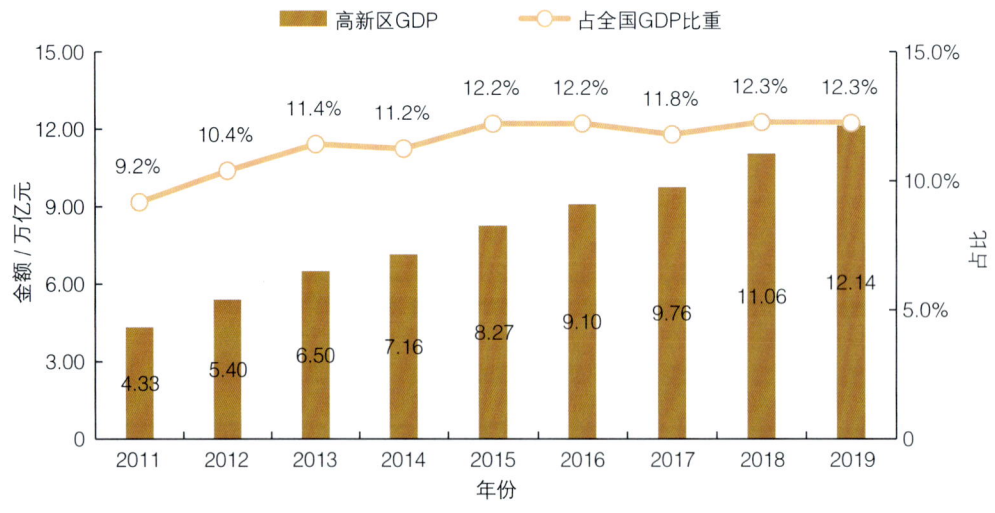

图7-3　2011—2019年国家高新区GDP加总值及占全国比重

高新区经济占所在城市经济的比重不断增加，成为区域经济增长重要引擎。2019年，169家高新区园区生产总值占其所在城市GDP比例为14.7%，较2018年提高0.4个百分点，其中，园区生产总值占其所在城市GDP比例在20%以上的有52家，较2018年增加6家；30%以上的有27家，较2018年增加4家（图7-4）。

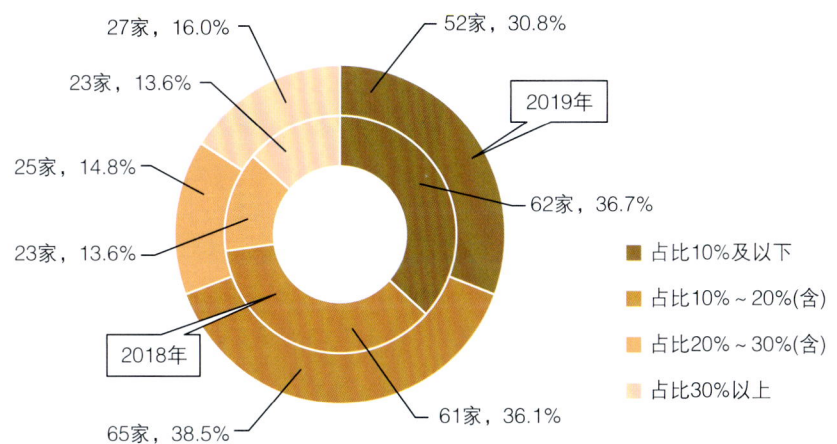

图7-4　2018年、2019年国家高新区园区生产总值占其所在城市GDP比例的园区数量分布

（二）经济规模头部效应显著，一流园区贡献三成以上

从不同地区国家高新区经济规模的分布来看，2019年东北地区高新区生产总值合计为5703.2亿元，东部地区为73 043.7亿元，西部地区为20 534.1亿元，中部地区为22 119.1亿元，占高新区整体生产总值的比重分别为4.7%、60.2%、16.9%和18.2%（图7-5）。东部地区以占全国四成的高新区数量贡献了六成的高新区经济规模。

从三类园区和其他园区经济规模的分布来看，2019年10家世界一流高科技园区生产总值合计为44 347.8亿元，占高新区整体的比例为36.5%；18家创新型科技园区生产总值合计为19 822.9亿元，占高新区整体的比例为16.3%；28家创新型特色园区[①]生产总值合计20 679.6亿元，占高新区整体的比例为17.0%；113家其他园区生产总值

---

① 报告中涉及创新型特色园区（本为29家园区）总量型指标，均使用了28家创新型特色园区的数据进行估算，不包括无锡宜兴环保园，但南京江宁开发区使用南京高新区数据代替；因为有两家创新型特色园区（南京江宁开发区、无锡宜兴环保园）分别为南京高新区、无锡高新区中的小园区，而无锡高新区本身又是创新型科技园区，如果单独考虑小园区会导致数据重复计算，故此处南京江宁开发区使用其所在南京高新区的数据，而无锡宜兴环保园的数据则不再单独考虑。

合计为36 549.7亿元，占高新区整体的比例为30.1%（图7-6）。可见，10家世界一流高科技园区对高新区整体经济的贡献，超出了113家其他园区对高新区整体经济的贡献，也超出了创新型科技园区和创新型特色园区这两类园区对高新区整体经济的贡献，具有显著的头部效应。

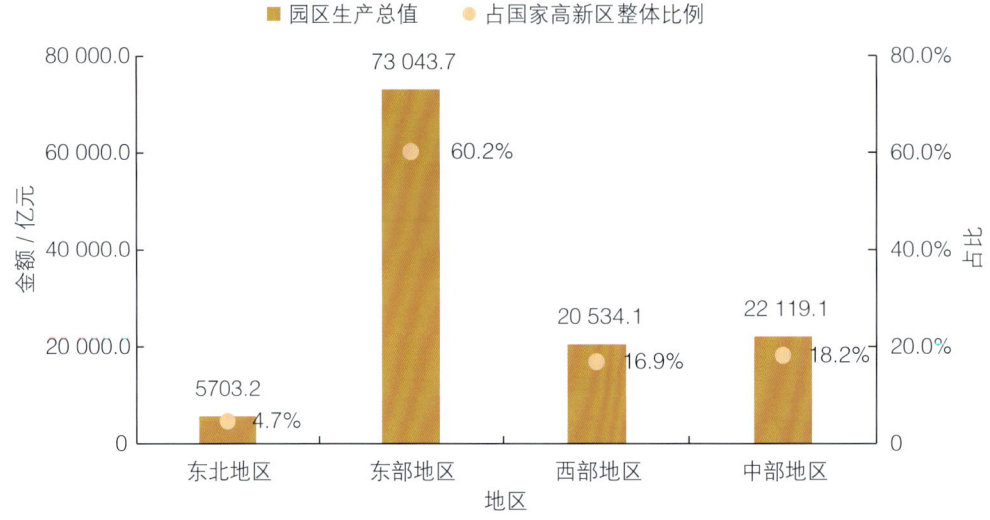

图7-5　2019年国家高新区园区生产总值及占国家高新区整体比例的地区分布情况

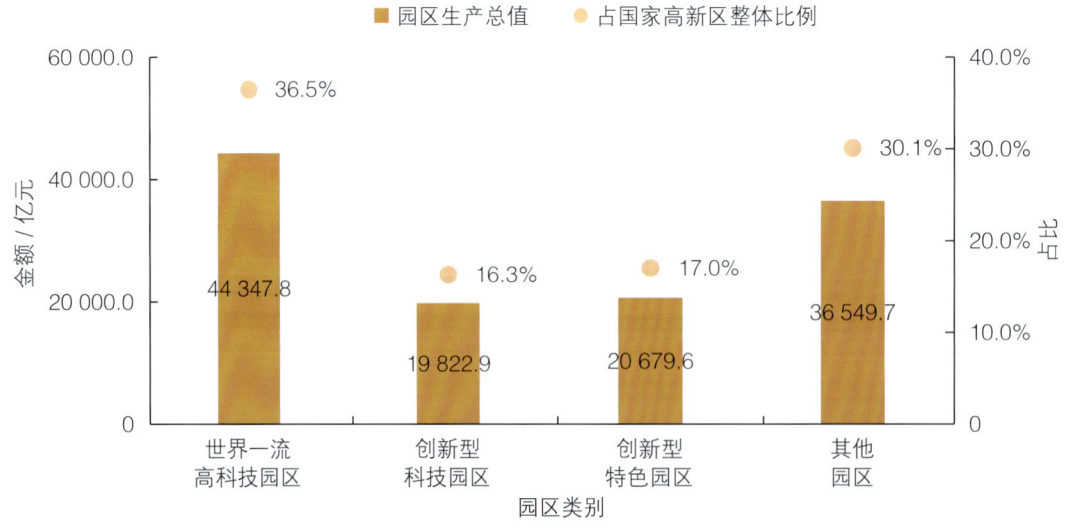

图7-6　2019年不同类别国家高新区园区生产总值及占国家高新区整体比例分布情况

具体到单个园区，2019年169家高新区中园区营业收入超5000亿元的高新区共有15家，较2018年增加2家。其中，营业收入超万亿元的高新区有6家，分别为中关村、上海张江、深圳、武汉、广州和西安高新区，全部为世界一流高科技园区，尤其是中关村营业收入高达66 422.2亿元，是第2名上海张江的2.6倍（图7-7）。

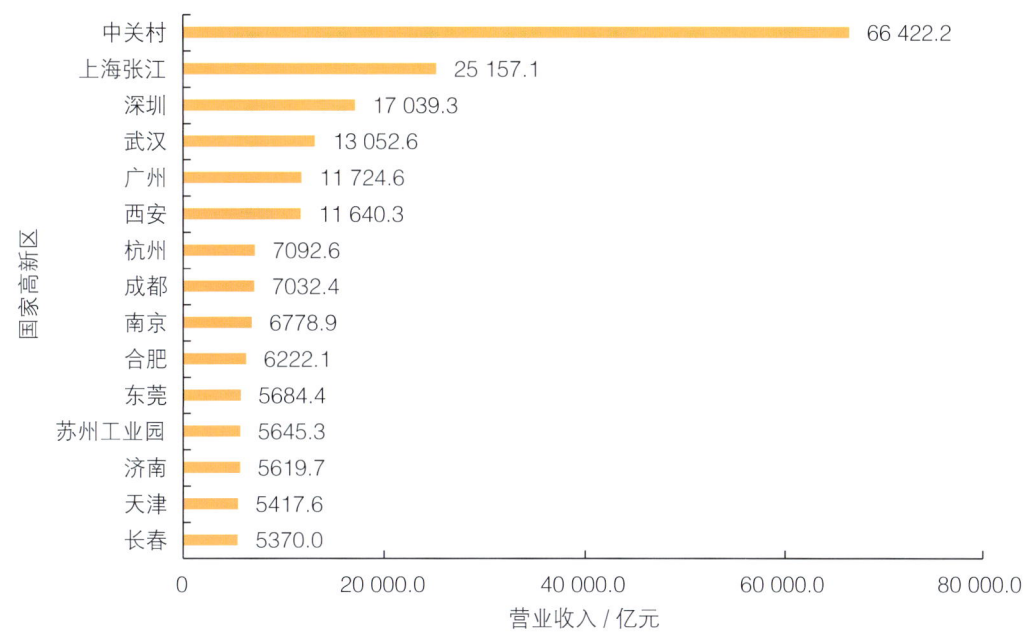

图7-7　2019年营业收入超5000亿元的国家高新区

就生产总值来看，2019年中关村园区生产总值达到12 666.4亿元，远超其他国家高新区；园区生产总值超过千亿元的26家国家高新区中，包括了全部的10家世界一流高科技园区、7家创新型科技园区、6家创新型特色园区和3家其他园区（图7-8）。

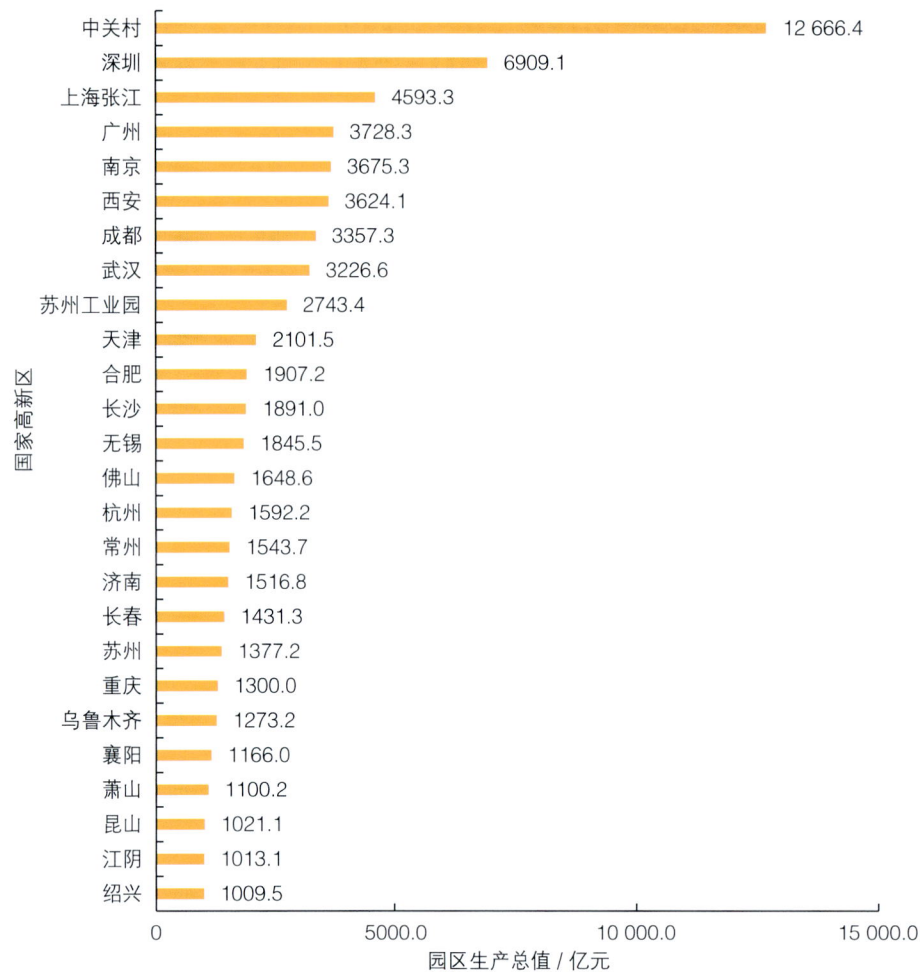

图7-8　2019年园区生产总值总量超过1000亿元的国家高新区

从不同类别高新区对所在城市的经济贡献来看，世界一流高科技园区生产总值占其所在城市GDP比例最高，达21.1%，远高于创新型科技园区、创新型特色园区和其他园区；同时，稳定期园区高于新升级园区，自创区园区也高于非自创区园区（图7-9）。这反映出世界一流高科技园区在所在城市经济发展中引领辐射作用更为明显，发展相对较好的稳定期园区和自创区园区对所在城市经济的发展也起着更为重要的带动作用。

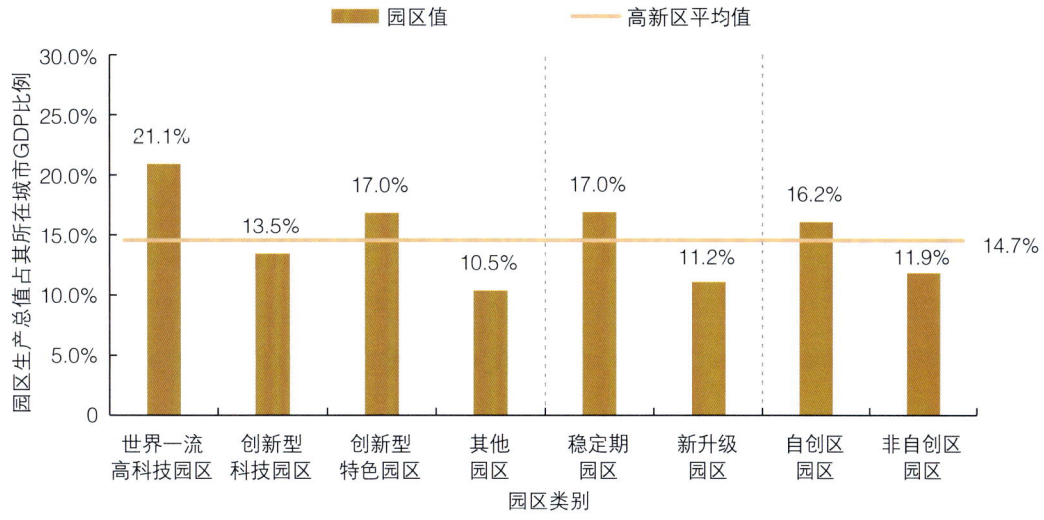

图7-9 2019年不同类别国家高新区的园区生产总值占其所在城市GDP比例情况

二、经济效率提升

我国经济已转向高质量发展阶段,只有通过企业创新不断提升生产效率,才能推动经济的可持续发展和高质量发展。在国家高新区创新驱动发展评价中,体现经济效率情况的指标为企业人均营业收入、企业净资产利润率。

(一)企业生产效率连年增长,人均上缴税额出现下降

国家高新区企业生产效率持续提升。2011—2019年国家高新区企业人均营业收入整体呈现增长趋势,9年来累计提高49.9万元,2019年达到174.2万元,同比增长5.2%(图7-10)。

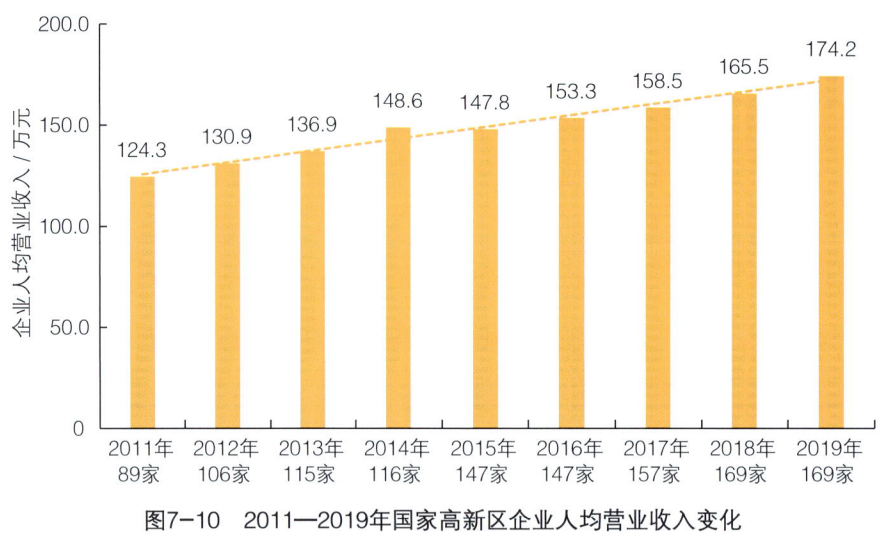

图7-10 2011—2019年国家高新区企业人均营业收入变化

从其他相关的人均经济指标来看，2019年高新区人均工业总产值、人均净利润、人均出口总额分别为108.5万元、11.8万元、18.7万元，同比增长率分别为2.4%、2.5%、3.8%；人均上缴税额为8.4万元，同比降低6.7%（表7-1）。2019年，我国实施了以新个税法为代表的更大规模的减税降费政策，重点支持制造业小微企业、科技初创企业减轻税负，为企业加大创新投入、实现转型升级提供了良好的政策支撑。

表7-1 2018年、2019年国家高新区主要人均经济指标比较

人均指标	2018年/万元	2019年/万元	同比增长率
工业总产值	106.0	108.5	2.4%
净利润	11.5	11.8	2.5%
上缴税额	9.0	8.4	-6.7%
出口总额	18.0	18.7	3.8%

从不同类别高新区企业人均营业收入情况来看，世界一流高科技园区企业人均营业收入最高，达到204.3万元，分别高出创新型科技园区、创新型特色园区和其他园区39.2万元、53.8万元和50.7万元；同时，稳定期园区高出新升级园区28.5万元，自创区园区高出非自创区园区26.9万元（图7-11）。这说明世界一流高科技园区、稳定期园区和自创区园区经济发展效率更高。

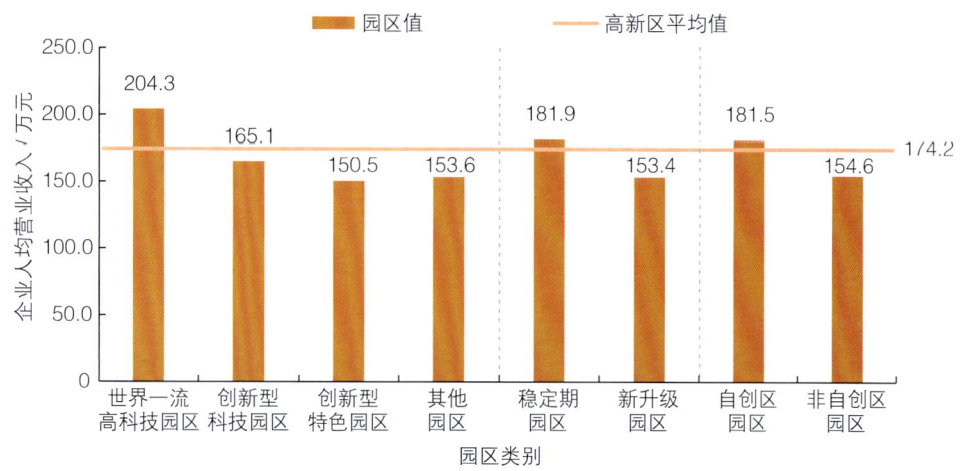

图7-11 2019年不同类别国家高新区的企业人均营业收入情况

(二)劳动生产率持续提升,西安、合肥和武汉遥遥领先

劳动生产率可以直接反映国家高新区在知识经济下创造价值的效率,自2012年起,高新区的劳动生产率持续提升,2019年达到36.3万元/人[①],较2018年提高1.5万元/人(图7-12),是全国全员劳动生产率(12.8万元/人)的2.8倍。高新区的高价值创造能力为我国地方经济发展提供了典型示范。

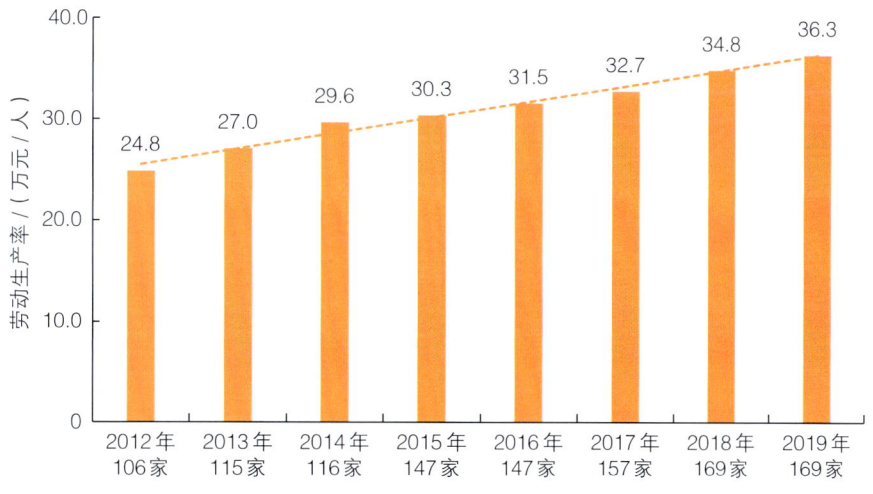

图7-12 2012—2019年国家高新区企业劳动生产率变化

---

① 国家高新区的劳动生产率=国家高新区增加值/年末从业人员,我国全员劳动生产率=全国生产总值/全部就业人员。

从具体园区来看，2019年劳动生产率在30万元/人以上的国家高新区共计77家，较2018年增加7家，10家世界一流高科技园区的劳动生产率均在30万元/人以上，其中西安、合肥和武汉高新区均超过了50万元/人（图7-13）。

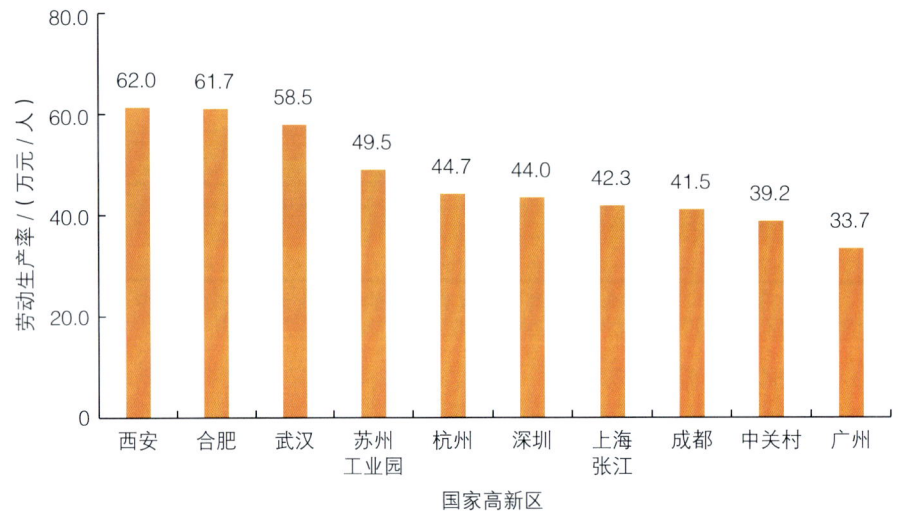

图7-13 2019年10家世界一流高科技园区劳动生产率情况

净资产利润率可以在一定程度上反映企业运用自有资产创造效益的能力。需要注意的是，净资产利润率可以反映企业净资产（股权资金）的收益水平，但并不能全面反映一个企业的资金运用能力，有一定的局限性，所以需要辩证看待。

2019年，国家高新区企业净资产利润率为10.3%，较2018年略微下降0.2个百分点。从不同类别高新区的情况来看，发展水平较高的世界一流高科技园区、稳定期园区和自创区园区群体的企业净资产利润率并不具优势，均低于国家高新区平均值，而发展水平相对较低的新升级园区、非自创区园区群体的企业净资产利润率则相对较高（图7-14）。

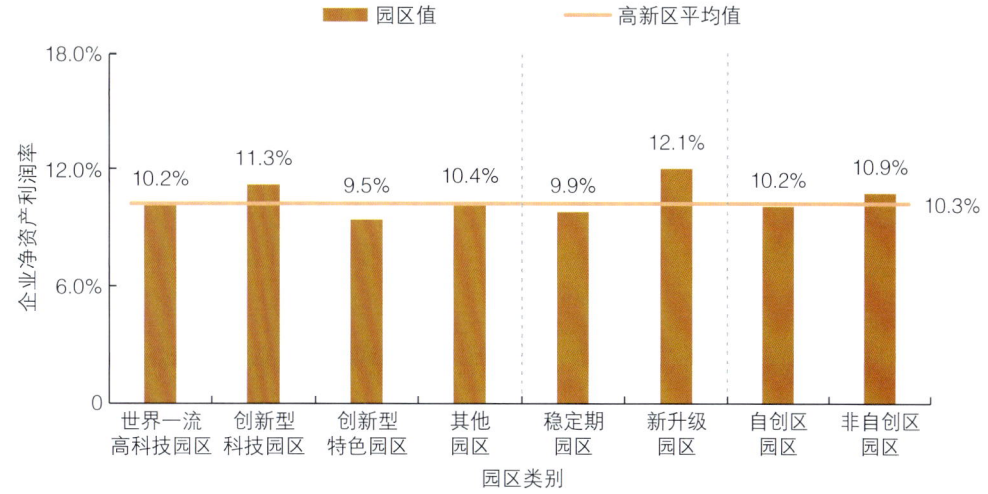

图7-14 2019年不同类别国家高新区的企业净资产利润率情况

三、共享发展

共享是中国特色社会主义的本质要求，其内涵之一就是发展成果要由人民共享。党的十九大报告指出，坚持在经济增长的同时实现居民收入同步增长、在劳动生产率提高的同时实现劳动报酬同步提高。收入水平的提高是人才价值实现的重要体现，是对共享发展理念的重要实践。高新技术产业集聚所带来的中高端就业机会，使国家高新区成为人才集聚和人才价值实现的高地。在国家高新区创新驱动发展评价中，使用指标企业单位增加值中劳动者报酬所占比重来体现人才价值实现方面的情况。

（一）薪酬水平稳步提升，是全国城镇水平两倍多

优厚的待遇是国家高新区企业留住人才的手段之一，也是体现人才价值的核心指标之一。2011—2019年国家高新区企业从业人员平均薪酬持续上升，由2011年的6.4万元/年，上升到2019年的15.1万元/年，9年来翻了两倍多，2019年同比增长10.2%（图7-15）。2019年，国家高新区企业从业人员平均薪酬是全国城镇单位就业人员年平均工资[①]（72 053元/年）的2.1倍。

[①] 全国城镇单位就业人员年平均工资，数据来自国家统计局发布的"2019年城镇单位就业人员平均工资"，其中表明2019年我国城镇非私营单位就业人员年平均工资为90 501元，城镇私营单位就业人员年平均工资为53 604元，该处数据是将90 501和53 604算术平均得来。

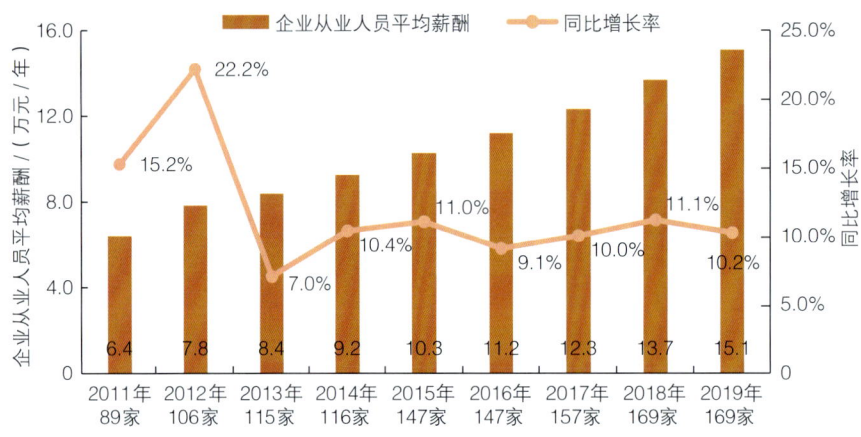

图7-15 2011—2019年国家高新区企业从业人员平均薪酬情况

从具体园区来看，2019年企业从业人员平均薪酬超过15万元/年的高新区共有21家，较2018年增加6家，其中上海紫竹以28.1万元/年的人均薪酬排名第一，苏州工业园、东莞、中关村、上海张江、武汉、杭州和深圳高新区的人均薪酬也在20万元/年以上（图7-16）。

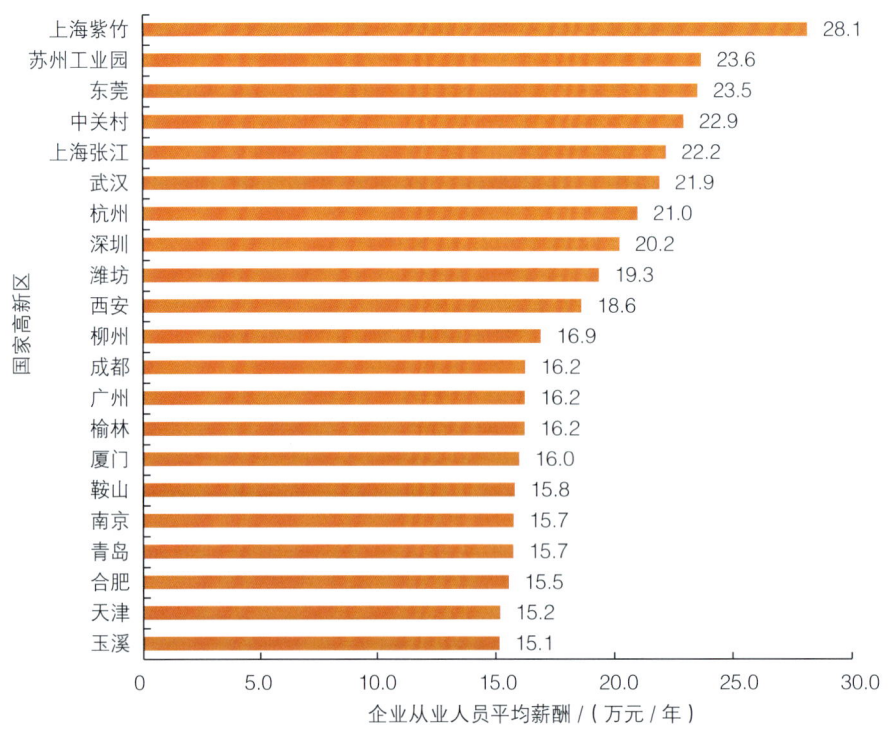

图7-16 2019年企业从业人员平均薪酬超过15万元/年的国家高新区

我国国家高新区从业人员待遇与以硅谷为代表的世界先进园区的差距还较大。2019年，国家高新区中企业从业人员平均薪酬最高的上海紫竹为28.1万元/年，仅为美国硅谷从业人员平均薪酬（2018年78.9万元/年[①]）的35.6%，而我国10家世界一流高科技园区企业从业人员平均薪酬均在24.0万元/年之下，与硅谷差距明显（图7-17）。

图7-17　2017—2019年我国10家世界一流高科技园区企业从业人员平均薪酬与美国硅谷的对比情况

（二）劳动者价值更易实现，东部园区优势突出

劳动者报酬占增加值的比重可以间接反映劳动收益与资本收益的分配情况。2011—2019年，国家高新区企业单位增加值中劳动者报酬所占比重指标一路攀升，2019年达到41.5%，较2018年提高2.2个百分点，较2011年提高15.9个百分点（图7-18）。

---

① 2016年、2017年、2018年硅谷地区所有行业的年平均工资分别为105 527美元、112 060美元和119 209美元，按照年平均汇率折算为人民币分别为70.1万元、75.7万元和78.9万元。

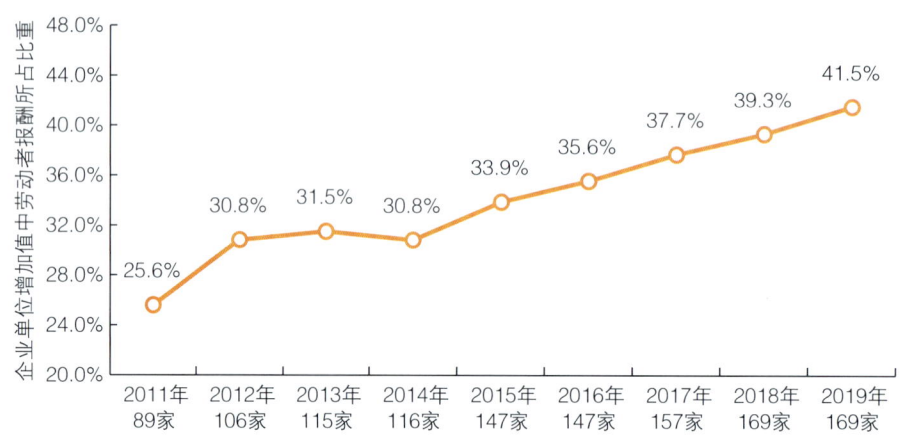

图7-18　2011—2019年国家高新区企业单位增加值中劳动者报酬所占比重

分不同地区来看，2019年东北地区、东部地区、西部地区和中部地区国家高新区的企业单位增加值中劳动者报酬所占比重分别为29.7%、46.4%、34.5%、34.9%，东部地区最高，东北地区最低；从指标的两年变化来看，各地区均有增长，较2018年分别增长1.8个百分点、2.2个百分点、2.0个百分点和1.5个百分点（图7-19）。东部地区高新区从业人员更容易找到合适的工作岗位并获得相对丰厚的报酬，这与东部地区良好的产业生态和相对高端的产业价值链层级密切相关。

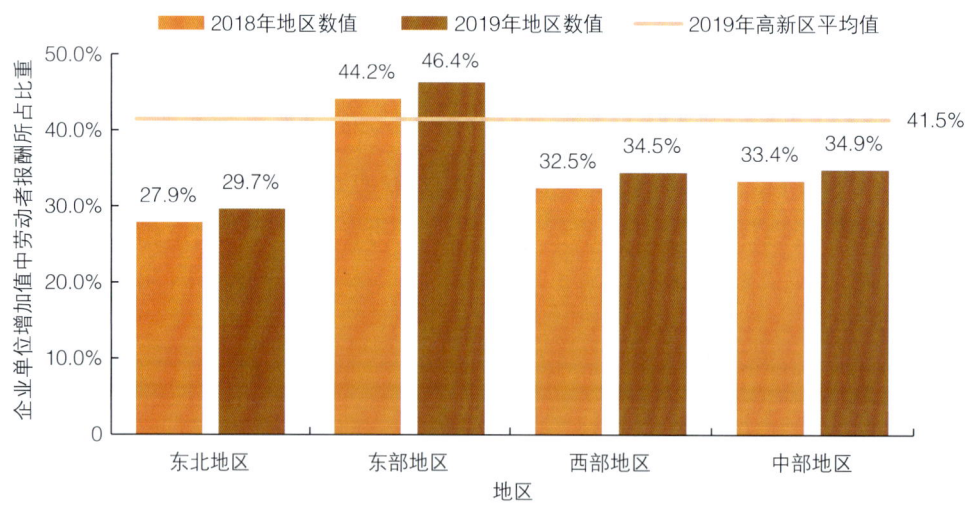

图7-19　2018年、2019年国家高新区企业单位增加值中劳动者报酬所占比重的地区分布

分省份来看，高新区企业单位增加值中劳动者报酬所占比重超过高新区整体平均

值（41.5%）的省份有11个，分别是北京、青海、上海、贵州、山西、福建、广东、内蒙古、湖南、广西和新疆。4个直辖市中，北京和上海的企业单位增加值中劳动者报酬所占比重均超过45%，重庆和天津相对较低，分别为37.1%和26.0%。观察指标的两年变动，2019年30个省份中有23个省份劳动者报酬所占比重有所提升，7个省份出现下降（表7-2）。

表7-2 2018年、2019年国家高新区企业单位增加值中劳动者报酬所占比重的省份分布

省份	2019年国家高新区企业单位增加值中劳动者报酬所占比重	2018年国家高新区企业单位增加值中劳动者报酬所占比重	省份	2019年国家高新区企业单位增加值中劳动者报酬所占比重	2018年国家高新区企业单位增加值中劳动者报酬所占比重
北京	58.4%	54.7%	四川	39.1%	37.5%
青海	56.6%	32.5%	山东	38.8%	34.2%
上海	52.2%	48.1%	河北	37.9%	36.1%
贵州	50.3%	42.5%	重庆	37.1%	37.5%
山西	46.9%	44.7%	甘肃	36.9%	33.6%
福建	46.2%	44.1%	辽宁	35.9%	37.0%
广东	44.6%	43.5%	黑龙江	34.2%	29.0%
内蒙古	44.1%	44.8%	海南	34.0%	36.8%
湖南	43.4%	40.8%	湖北	33.8%	31.3%
广西	42.9%	38.9%	江西	29.4%	30.0%
新疆	42.1%	30.5%	安徽	28.3%	28.1%
河南	41.5%	41.1%	陕西	27.8%	27.3%
宁夏	41.0%	49.4%	天津	26.0%	47.7%
江苏	40.9%	37.8%	吉林	22.4%	21.4%
浙江	40.1%	36.3%	云南	18.3%	18.0%

观察不同类别国家高新区的表现情况（图7-20），2019年世界一流高科技园区的企业单位增加值中劳动者报酬所占比重分别高出创新型科技园区、创新型特色园区和其他园区9.9个百分点、7.2个百分点和13.1个百分点；稳定期园区高于新升级园区11.5个百分点，自创区园区高于非自创区园区12.6个百分点。这说明发展成熟度较高的世界一流高科技园区、稳定期园区和自创区园区群体能够更好地推动人才价值的实现。

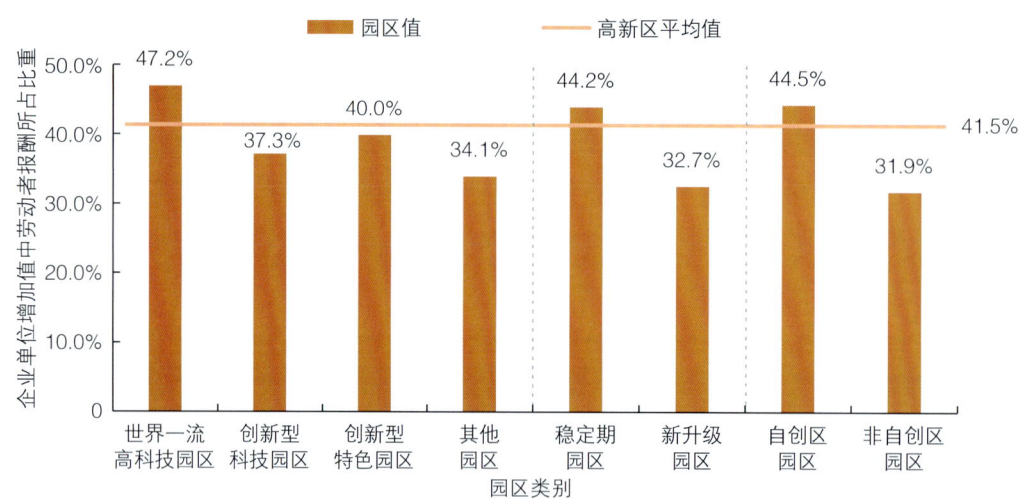

图7-20 2019年不同类别国家高新区的企业单位增加值中劳动者报酬所占比重

具体看10家世界一流高科技园区的表现，2019年中关村的企业单位增加值中劳动者报酬所占比重最高，达到58.4%；其后为上海张江和广州高新区，分别为52.4%和48.1%；苏州工业园、杭州和深圳高新区也在40%以上；成都、武汉高新区在30%以上；西安、合肥高新区则相对较低，分别为30.0%和25.2%（图7-21）。

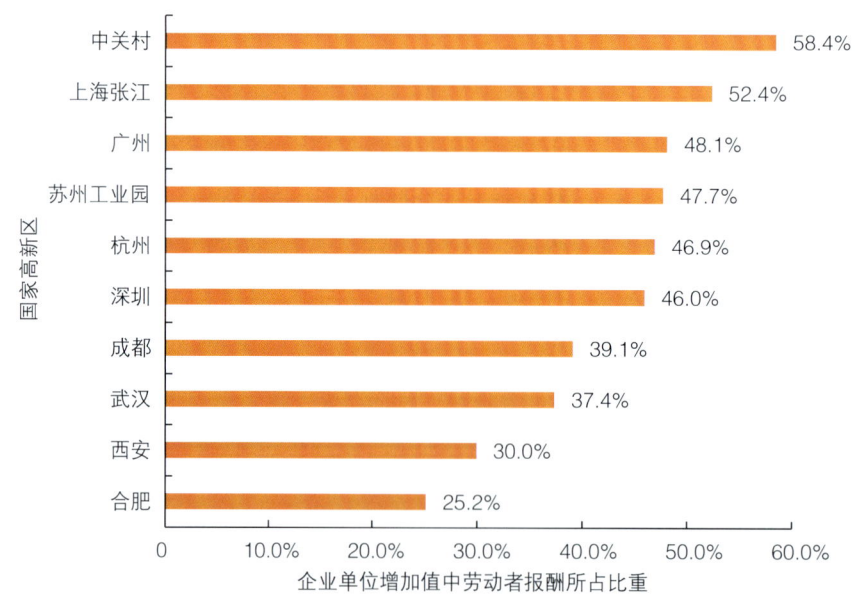

图7-21 2019年世界一流高科技园区的企业单位增加值中劳动者报酬所占比重

进一步按照高技术制造业和高技术服务业分别计算2019年产业从业者平均薪酬与产业增加值的比例，可以看到，相比非高技术产业，高技术产业的收入分配结构明显向劳动者倾斜。具体来看，2019年6个高技术制造业中有5个产业的企业单位增加值中劳动者报酬所占比重超过全产业的平均水平，而8个高技术服务业均远高于全产业的平均水平。其中，研发设计服务、科技成果转化服务和知识产权及相关法律服务3个产业的增加值中从业人员薪酬所占比重均超过60%，航空航天器及设备制造业、信息化学品制造业、信息服务、电子商务服务、检验检测服务和专业技术服务业中的高技术服务5个产业均在50%以上。而国家高新区内非高技术产业的单位增加值从业人员薪酬所占比重为35.4%，虽然较2018年提高了1.9个百分点，但仍低于国家高新区全产业平均值6.1个百分点（图7-22）。

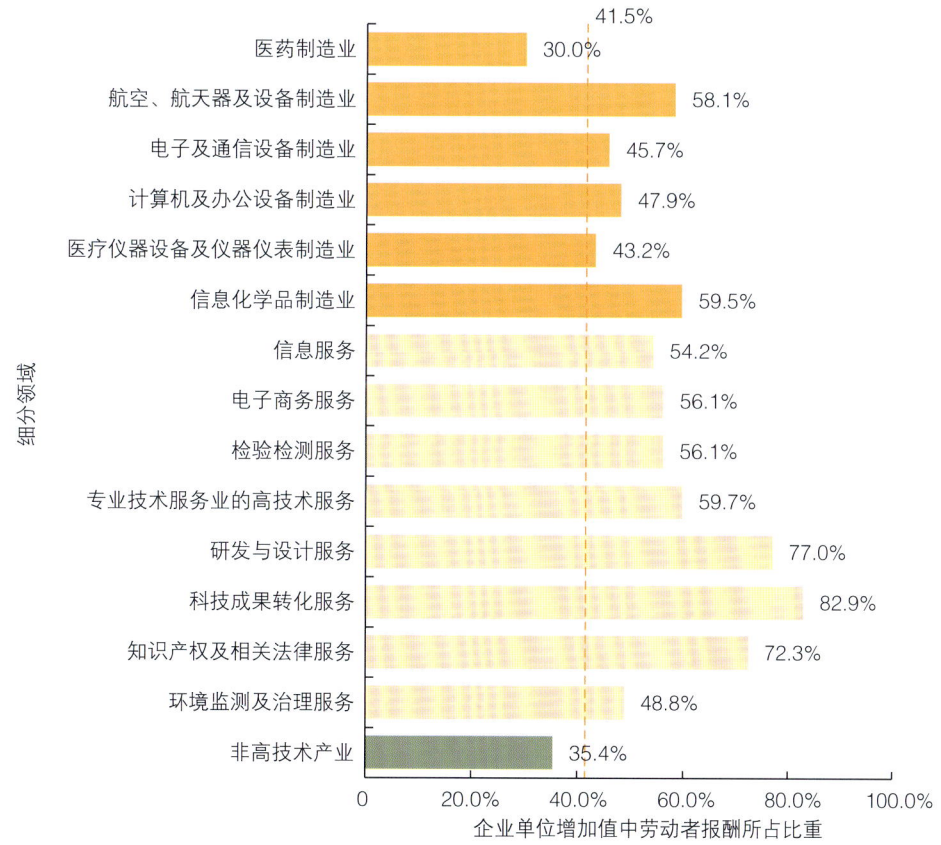

图7-22　2019年国家高新区高技术制造业和服务业企业单位增加值中劳动者报酬所占比重

四、绿色发展

绿色发展体现科技创新促进可持续发展的作用和程度，反映正确处理经济增长与资源、生态、环境之间的关系，是实现资源节约和环境友好的重要理念。国家高新区牢固树立绿色发展理念，以生态环境营造发展优势，用经济发展促进环境保护，全力构筑环境友好、资源节约的生态经济，形成生态与发展互相促进的良性发展格局。

（一）节能降耗优于全国，东北地区园区仍需重视

在国家高新区创新驱动发展评价中，体现节能降耗情况的指标为工业企业万元增加值综合能耗，2019年169家高新区工业企业万元增加值综合能耗为0.464吨标准煤，是全国万元国内生产总值能耗[①]（0.490吨标准煤）的94.6%。

分地区来看，四大地区国家高新区在节能降耗方面差异较大。东部地区能耗最低，为0.294吨标准煤/万元，东北地区能耗最高，为1.140吨标准煤/万元，是东部地区的3.9倍；观察指标的两年变化，东部和中部地区能耗有所下降，东北和西部地区有所提升，东北地区能耗提升幅度最大（图7-23）。

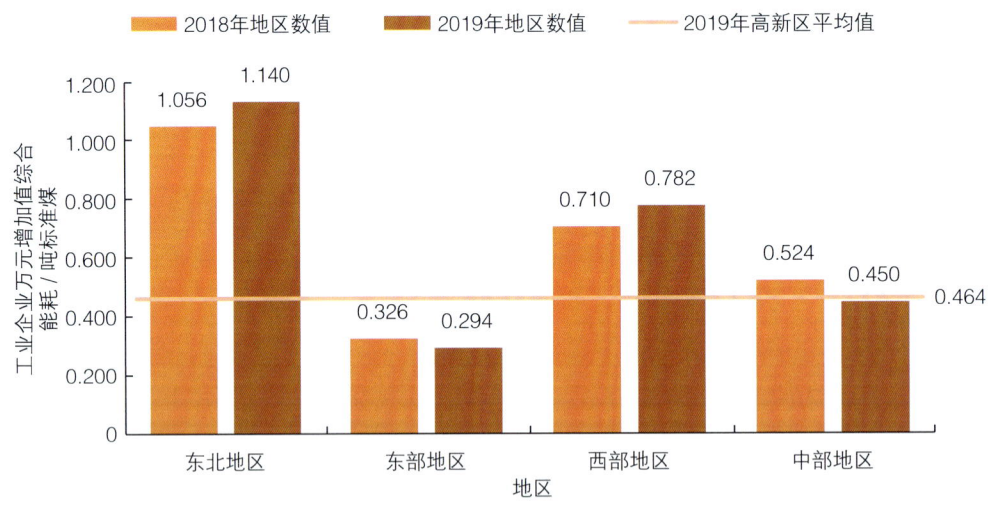

图7-23 2019年国家高新区工业企业万元增加值综合能耗的地区分布

---

① 此处，全国万元国内生产总值能耗数值由"我国全年能源消费总量"与"全年国内生产总值"相除计算而来，计算结果仅用于与国家高新区的对比；2019年我国全年能源消费总量48.6亿吨标准煤，全年国内生产总值为990 865亿元。

分省份来看，2019年国家高新区能耗海南省最低，为0.093吨标准煤/万元，其次是北京，能耗为0.128吨标准煤/万元，上海以0.147吨标准煤/万元的能耗值位居第三；能耗数值大于1的省份有7个，分别为贵州、辽宁、甘肃、宁夏、黑龙江、内蒙古和新疆；对比2018年的数据，30个省份中有14个省份的高新区能耗有所下降，各省份需要进一步加强对高新区节能降耗工作的管理和领导（表7-3）。

表7-3 2018年、2019年国家高新区工业企业万元增加值综合能耗的省份分布

单位：吨标准煤

省份	2019年国家高新区工业企业万元增加值综合能耗	2018年国家高新区工业企业万元增加值综合能耗	省份	2019年国家高新区工业企业万元增加值综合能耗	2018年国家高新区工业企业万元增加值综合能耗
海南	0.093	0.113	陕西	0.447	0.418
北京	0.128	0.121	吉林	0.452	0.426
上海	0.147	0.138	浙江	0.455	0.507
青海	0.169	0.142	四川	0.498	0.489
山西	0.257	0.406	广西	0.501	0.533
天津	0.258	0.243	河北	0.528	0.425
广东	0.264	0.322	江西	0.550	0.565
江苏	0.274	0.290	湖南	0.619	0.734
重庆	0.292	0.341	贵州	1.072	0.814
福建	0.347	0.375	辽宁	1.540	1.711
安徽	0.352	0.347	甘肃	1.561	1.285
湖北	0.403	0.495	宁夏	1.640	1.392
河南	0.423	0.554	黑龙江	2.312	1.939
山东	0.437	0.564	内蒙古	3.095	2.357
云南	0.444	0.339	新疆	4.925	4.023

从不同类别国家高新区来看（图7-24），2019年世界一流高科技园区的能耗值平均为0.114吨标准煤/万元，创新型科技园区为0.351吨标准煤/万元，均明显低于创新型特色园区和其他园区；稳定期园区和自创区园区的单位增加值能耗也明显低于新升级高新区和非自创区高新区。这与不同类别国家高新区群体所处发展阶段、产业结构紧密相关，新升级高新区、非自创区高新区及非三类园区普遍存在传统重工业和高能

耗产业比重偏大的情况。

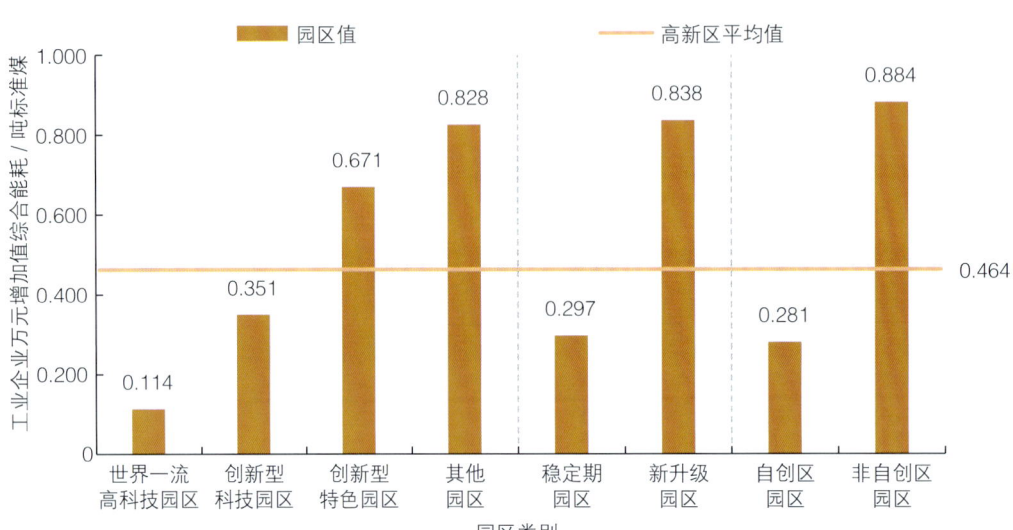

图7-24 2019年不同类别国家高新区工业企业万元增加值综合能耗情况

（二）生态生活环境不断优化，产城融合加速推进

和谐美好的生态环境是区域经济可持续发展的保障，国家高新区愈加注重园区经济与生态环境的协调发展。根据调查问卷显示，有75家高新区获得国际或国内认证机构评定认可的ISO 14000环境体系认证，占样本高新区总数的44%；有143家高新区出台了相关的环境保护和绿色发展政策，占样本高新区总数的85%，如西安高新区的《西安高新区关于加快推进绿色经济发展的措施》、济南高新区的《济南高新区加强污染源头防治推进"四减四增"三年行动方案（2018—2020年）》、厦门火炬高新区的《厦门火炬高新区生态文明建设及环保节能工作制度》等；样本高新区平均绿化覆盖率达到42%；全年PM2.5低于50的天数（即空气质量优良的天数）达到200天以上的高新区有137家[①]。同时，2019年有44家国家高新区获批建设国家生态工业示范园，较2018年增加了9家（表7-4）。

---

① 数据来源：调查问卷。

表7-4 2019年国家高新区中的国家生态工业示范园

国家生态工业示范园		
白银高新区	江阴高新区	威海高新区
包头高新区	昆明高新区	无锡高新区
宝鸡高新区	昆山高新区	武进高新区
璧山高新区	洛阳高新区	西安高新区
常熟高新区	南昌高新区	萧山高新区
常州高新区	南京高新区	宿迁高新区
大庆高新区	宁波高新区	徐州高新区
东莞高新区	齐齐哈尔高新区	银川高新区
佛山高新区	青岛高新区	永川高新区
福州高新区	上海张江高新区	长春高新区
赣州高新区	苏州高新区	长沙高新区
广州高新区	苏州工业园	中关村高新区
贵阳高新区	太原高新区	珠海高新区
桂林高新区	泰州高新区	株洲高新区
合肥高新区	天津高新区	

国家高新区致力于建设宜居宜业的科技新城，依托产业尤其是高科技产业，吸纳大量就业，推动人口集聚，继而催生研发、物流、商务、商业配套需求，城市功能逐步完善，反过来，又促进产业和人口的集聚，最终形成互为促进的良性循环的生态系统。在新的时期，高新区以园区智能化建设为基础，承载产业发展，以产业高端化发展为保障，驱动园区功能完善，并以人为本提供宜居环境，以实现产业、园区、人的融合发展。2019年几乎所有高新区都具备教育设施、医疗卫生设施、文化体育设施、商业服务设施、金融邮电设施、社区服务设施、行政管理设施、市政公用设施等在内的居住生活配套硬件设施[1]，综合服务功能逐步完善，进一步促进了高新区的产城融合发展。

---

[1] 资料来源：调查问卷。

国家高新区创新能力评价报告2020

附 录

评价指标体系及相关说明

一、指标体系

国家高新区创新能力评价指标体系的设计充分考虑我国高新区的发展阶段和现行统计制度设置，既具有一定的理论性，又具有较强的可操作性。结合相关创新理论和国家高新区创新发展的典型特征，研究借鉴国际和国内创新评价的实践经验，确定国家高新区创新能力评价指标体系的多层次指标模型，重点从创新资源集聚、创新创业环境、创新活动绩效、创新的国际化和创新驱动发展5个方面进行国家高新区创新能力的测度描述和观察研究。每个方面的评价通过5个创新指标完成，创新指标的选取原则遵循系统性与独立性相协调、总量指标与相对指标相平衡、有效性与可操作性相适应、动态性与可扩展性相结合。创新指标为评价体系的基本单元，通过多层递进综合评价方法形成对国家高新区创新能力发展状况的监测和评估。

国家高新区创新能力评价指标体系设计为5个一级指标，分别是创新资源集聚、创新创业环境、创新活动绩效、创新的国际化、创新驱动发展，这5个一级指标下各设5个二级指标，共计25个二级指标（附表1）。

附表1 国家高新区创新能力评价指标体系

一级指标		二级指标
创新资源集聚 20%	1.1	企业R&D人员全时当量
	1.2	企业R&D投入占增加值比例
	1.3	财政科技支出占当年财政支出比例
	1.4	省级及以上各类研发机构数量
	1.5	当年认定的高新技术企业数量
创新创业环境 20%	2.1	当年新注册企业数占工商注册企业总数比例
	2.2	省级及以上各类创新服务机构数量
	2.3	企业开展产学研合作研发费用支出
	2.4	科技企业孵化器及加速器内企业数量
	2.5	创投机构当年对企业的风险投资总额
创新活动绩效 25%	3.1	高技术产业营业收入占营业收入比例
	3.2	企业100亿元增加值拥有知识产权数量和各类标准数量
	3.3	企业当年登记的技术合同成交额
	3.4	高技术服务业从业人员占从业人员比例
	3.5	企业营业收入利润率
创新的国际化 10%	4.1	内资控股企业设立的境外研发机构数量
	4.2	内资控股企业万人拥有欧美日专利授权数量及境外注册商标数量
	4.3	技术服务出口占出口总额比例
	4.4	企业委托境外开展研发活动费用支出
	4.5	企业从业人员中海外留学归国人员和外籍常驻员工所占比重
创新驱动发展 25%	5.1	园区生产总值占其所在城市GDP比例
	5.2	企业单位增加值中劳动者报酬所占比重
	5.3	工业企业万元增加值综合能耗
	5.4	企业人均营业收入
	5.5	企业净资产利润率

二、指标解释及数据来源

评价对象选取截至2019年年底全部169家国家高新区，评价指标体系测算涉及数据均来源于经国家统计局批准、火炬中心组织实施的火炬统计调查，包括国家高新区企业和高新技术企业统计报表（以下简称"企业报表"）、国家高新区综合统计年报表（以下简称"综合报表"）、科技企业孵化器情况统计报表（以下简称"孵化器报表"）、国家大学科技园情况统计报表（以下简称"大学科技园报表"）。

（一）创新资源集聚

1.1 企业R&D人员全时当量

企业R&D人员全时当量由参加R&D项目人员直接花费在R&D活动上的工作时间折合为人员的全时当量，该指标反映企业创新人力资源的直接投入强度。计算公式：企业R&D人员折合全时当量；数据来源：企业报表及R&D核算。

1.2 企业R&D投入占增加值比例

该指标反映研发投入强度，是国际通用指标。计算公式：企业R&D投入总额/企业增加值；数据来源：企业报表及R&D核算。

1.3 财政科技支出占当年财政支出比例

该指标反映国家高新区管委会对科技活动的支持及营造良好创新创业环境的情况。美国北卡罗来纳创新指数有"SBIR & STTR的资助"指标，麻省创新经济指数有"小企业获得的政府资助"指标。计算公式：高新区财政科技拨款/高新区财政总支出；数据来源：综合报表。

1.4 省级及以上各类研发机构数量

该指标反映国家高新区创新载体的集聚程度和以企业为主体的创新平台建设情况。计算公式：省级和国家级的研发机构数（包括各类大学、研究院所、新型产业技术研发机构、企业技术中心、重点实验室、博士后科研工作站、国家工程研究中心、国家工程技术研究中心、国家工程实验室、国家和地方联合实验室、其他国家级研发机构）；数据来源：综合报表。

1.5 当年认定的高新技术企业数量

高新技术企业是在符合国家重点支持的高新技术领域持续进行研究开发与技术成果转化，并已形成核心自主知识产权的企业，是知识密集、技术密集的经济实体。该指标反映国家高新区在聚集和培养创新型企业方面的发展情况。计算公式：当年认定的高新技术企业数；数据来源：园区报表。

（二）创新创业环境

2.1 当年新注册企业数占工商注册企业总数比例（采用工商注册口径）

该指标反映国家高新区创业活力，特别是小微企业的创业氛围。计算公式：当年新注册企业数量/高新区工商注册企业总数；数据来源：综合报表。

2.2 省级及以上各类创新服务机构数量

该指标反映国家高新区服务创新和创新成果产业化的支撑条件。计算公式：省级和国家级的产业促进机构数（包括生产力促进中心、技术转移机构、产业技术创新战略联盟、产品检验检测机构）；数据来源：综合报表。

2.3 企业开展产学研合作研发费用支出

该指标反映国家高新区企业开放创新合作的程度，直接反映国家高新区内的企业在开展产学研合作方面的成效。计算公式：园区内企业委托外单位开展科技活动的经费支出（包括对国内研究机构支出、对国内高等学校支出、对国内企业支出）；数据来源：企业报表。

2.4 科技企业孵化器及加速器内企业数量

该指标反映国家高新区支撑科技创业的基础条件和服务能力。计算公式：科技企业孵化器、加速器和国家大学科技园内在孵企业数量；数据来源：综合报表、孵化器报表和大学科技园报表。

2.5 创投机构当年对企业的风险投资总额

该指标衡量园区的科技金融发展水平，反映国家高新区在聚集创投机构、吸纳风险投资以支持创新创业等方面的发展情况。计算公式：园区内企业当年获得创业风险投资机构的风险投资额；数据来源：企业报表。

（三）创新活动绩效

3.1 高技术产业营业收入占营业收入比例

对应国家高新区打造高新技术产业核心载体的发展定位，设计该指标反映国家高新区高新技术产业总体规模及所占园区整体的份额。按照国家统计局以《国民经济行业分类》（GB/T 4754—2017）为基础的高技术产业（制造业）和高技术服务业分类进行统计分析，详细代码提取参考该分类标准。计算公式：[高技术产业（制造业）营业收入+高技术服务业营业收入]/营业收入；数据来源：企业报表。

3.2 企业100亿元增加值拥有知识产权数量和各类标准数量

该指标反映国家高新区相对于经济产出的知识含量。计算公式：企业拥有的有效知识产权数（包括专利、软件著作权、集成电路布图、植物新品种、注册商标、国际标准、国家和行业标准、新药品种、中药保护品种）/增加值×100；数据来源：企业报表。

3.3 企业当年登记的技术合同成交额

该指标反映国家高新区企业技术引进与技术转让收入，直接反映国家高新区在科技成果产业化方面的成效。计算公式：技术合同成交总额；数据来源：企业报表。

3.4 高技术服务业从业人员占从业人员比例

该指标反映国家高新区高技术服务业的现状和发展高端产业的配套环境，映射出国家高新区转方式调结构及产业优化升级的成效，用来判断园区由价值链曲线底端向两端攀升的情况。按照国家统计局高技术服务业分类进行统计分析，详细代码提取参考该分类标准。计算公式：高技术服务业从业人员数量/年末从业人员总数量；数据来源：企业报表。

3.5企业营业收入利润率

该指标反映国家高新区企业群体的单位营业收入获得税后利润的能力，用来衡量高新区企业全部预付资本的增值程度。因为创新能带来高额的利润，结合其他创新指标，该指标可以用来评判高新区创新的价值实现能力。计算公式：净利润/营业收入；数据来源：企业报表。

（四）创新的国际化

4.1内资控股企业设立的境外研发机构数量

该指标反映国家高新区内的本土企业"走出去"整合全球创新资源的能力和水平。计算公式：内资控股企业设立的境外技术研发机构数量；数据来源：企业报表。

4.2内资控股企业万人拥有欧美日专利授权数量及境外注册商标数量

该指标反映园区内本土企业的自主创新能力及其技术创新的国际竞争力，向产业价值链高端攀升及打入国际市场的程度。计算公式：（内资控股企业拥有的有效欧美日专利授权数+有效的境外注册商标数）/内资控股企业年末从业人员总数×10 000；数据来源：企业报表。

4.3技术服务出口占出口总额比例

该指标反映国家高新区产业向产业链高端延伸及国际市场开拓和竞争能力，也是美国州创新经济指数关注的重要指标。计算公式：技术服务出口额/出口总额；数据来源：企业报表。

4.4企业委托境外开展研发活动费用支出

该指标反映国家高新区企业开展国际创新合作的程度，直接反映国家高新区利用国际创新资源和要素开展创新活动的成效。计算公式：园区内企业委托境外开展科技活动的经费支出；数据来源：企业报表。

4.5企业从业人员中海外留学归国人员和外籍常驻员工所占比重

国际化的核心是人员的国际化，该指标集中体现园区的国际化水平。国际化人才是新竹、班加罗尔、以色列等后发区域形成国际竞争力的重要支撑，而硅谷等发达国家区域则十分关注吸引全球人才迁徙落户的情况，外籍常住人口是一个城市或区域国际化最集中的标志。计算公式：（留学归国人员+外籍常驻人员）/年末从业人员数；数据来源：企业报表。

（五）创新驱动发展

5.1园区生产总值占其所在城市GDP比例

该指标反映国家高新区经济发展对城市的引领带动作用。计算公式：本年度高新区全口径增加值（生产总值GDP）占所在城市生产总值（GDP）比重；数据来源：综合报表。

5.2企业单位增加值中劳动者报酬所占比重

该指标又被称为"GDP含金量指数"，是直接衡量GDP质量的指标，由人力资本价值的实现间接反映创新所带来的贡献及由创新所助推实现的人的全面自由发展和整体经济社会的和谐发展。计算公式：劳动者报酬/增加值；数据来源：企业报表。

5.3工业企业万元增加值综合能耗

全球度量产业能耗的重要指标，也是衡量园区低碳经济实现程度的重要参考。计算公式：工业企业综合能源消费量（煤炭、石油、天然气、电等）/工业企业增加值；数据来源：企业报表。

5.4 企业人均营业收入

该指标直接反映国家高新区在知识经济下创造价值的效率，间接反映国家高新区持续创造价值的能力。计算公式：企业营业收入/年末从业人员总数；数据来源：企业报表。

5.5 企业净资产利润率

国际上公认的体现企业群体运行效率的指标，反映投资的获利能力，指标值越高说明投资带来的收益越高。计算公式：净利润/年末所有者权益；数据来源：企业报表。

三、测算过程

根据国家高新区创新能力评价的功能定位，一套指标体系需要完成两项功能：一是动态视角下国家高新区整体创新能力的变化指数；二是同期国家高新区内部创新能力的排名比较。当前国际上较为流行的评价方法是先对指标数据进行标准化或归一化处理，然后用加权求和的方法得出评价指标的效用总值。计算得出的效用总值不单可以依据时间序列形成波动指数，也可以作为相互比较的依据。但是，自2010年开始，新一轮国家高新区升级工作再次启动后，国家高新区的基数发生变化，加之高新区个体自身的扩区，使得高新区整体的物理空间不断扩充，传统的指数测算方法难以剔除规模扩张所带来的增长效应。

因此，在指数测算的时候，我们进行了针对性的处理。首先考虑高新区不断升级的影响，本期纳入指数测算的高新区数量以上期为标准（例如，2018年创新能力指数测算时，是使用2018年157家高新区与2017年这157家高新区的数据计算而来，2018年当年新升级的12家高新区则未纳入指数测算范围）；然后考虑高新区自身不断扩区的影响，先计算各个指标的对称变化率，即以本期和上期两者的平均数为基数求得相对增长率，之后分层级对各指标进行加权，由各指标的合成指数作为国家高新区创新能力指数（附图1）。

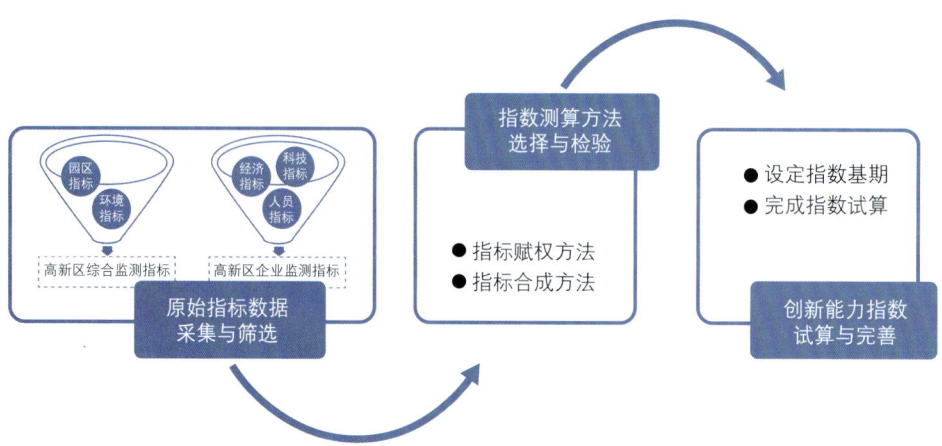

附图1　国家高新区创新能力指数测算过程

（一）增长率的测算采用对称增长率

计算公式如下：

$$Y_{it} = \frac{X_{it} - X_{i(t-1)}}{\frac{X_{it} + X_{i(t-1)}}{2}} \times 100$$

其中，Y_{it}表示第i个指标在第t年的对称增长率，t为年份，$t \geqslant 2011$（下同）。

对称增长率可以消除基数变化的影响，使各指标增速的范围可以控制在[-200，200]内，较一般增长率而言更为平稳，而且能有效地防止因分母为0而造成的无法计算。

（二）计算上层指标的加权增速

计算公式如下：

$$W_{jt} = \frac{\sum_{i=1}^{n} Y_{it} \times A_i}{\sum_{i=1}^{n} A_i}$$

其中，W_{jt}表示第j个上层指标的加权对称增长率，A_i是第i个下层指标的权重。

（三）合成分指数

计算公式如下：

$$S_{jt} = S_{j,t-1} \times (200 + W_{jt}) / (200 - W_{jt})$$

其中，S_{jt}表示第t年的合成分指数，$S_{j,t-1}$为基期，初始值设为100。

（四）计算总指数

计算公式如下：

$$Z_t = \sum_{i=1}^{5} a_i S_{t-1}$$

其中，Z_t表示创新能力总指数，a_i为各分指数对总指数的权重。

四、园区分类说明

为方便大家明晰报告中所表达的高新区分类，以下按不同的分类标准将全国高新区分成了不同的类群（附表2）。

附表2　各类国家高新区群体划分情况

地区	省份	高新区	类型	升级年份
东北地区（16家高新区）	辽宁（8家）	沈阳	其他园区	1991
		大连	创新型特色园区	1991
		鞍山	其他园区	1992
		本溪	其他园区	2012
		锦州	其他园区	2015
		营口	其他园区	2010
		阜新	其他园区	2013
		辽阳	其他园区	2010
	吉林（5家）	长春	创新型科技园区	1991
		长春净月	其他园区	2012
		吉林	其他园区	1992
		通化	其他园区	2013
		延吉	其他园区	2010

续表

地区	省份	高新区	类型	升级年份
东北地区 （16家高新区）	黑龙江（3家）	哈尔滨	其他园区	1991
		齐齐哈尔	其他园区	2010
		大庆	创新型科技园区	1992
东部地区 （70家高新区）	北京（1家）	中关村	世界一流高科技园区	1988
	天津（1家）	天津	创新型科技园区	1991
	河北（5家）	石家庄	创新型特色园区	1991
		唐山	其他园区	2010
		保定	创新型特色园区	1992
		承德	其他园区	2012
		燕郊	其他园区	2010
	上海（2家）	上海张江	世界一流高科技园区	1992
		上海紫竹	其他园区	2011
	江苏（18家）	南京	创新型特色园区	1991
		无锡	创新型科技园区	1992
		江阴	创新型特色园区	2011
		徐州	其他园区	2012
		常州	创新型科技园区	1992
		武进	创新型特色园区	2012
		苏州	创新型科技园区	1992
		昆山	创新型特色园区	2010
		苏州工业园	世界一流高科技园区	2006
		常熟	创新型特色园区	2015
		南通	其他园区	2013
		连云港	其他园区	2015
		淮安	其他园区	2017
		盐城	其他园区	2015
		扬州	其他园区	2015
		镇江	其他园区	2014
		泰州	创新型特色园区	2009
		宿迁	其他园区	2017
	浙江（8家）	杭州	世界一流高科技园区	1991
		萧山	其他园区	2015
		宁波	创新型科技园区	2007
		温州	其他园区	2012
		嘉兴	其他园区	2015
		湖州莫干山	其他园区	2015
		绍兴	其他园区	2010
		衢州	其他园区	2013

续表

地区	省份	高新区	类型	升级年份
东部地区（70家高新区）	福建（7家）	福州	其他园区	1991
		厦门	创新型科技园区	1991
		莆田	其他园区	2012
		三明	其他园区	2015
		泉州	其他园区	2010
		漳州	其他园区	2013
		龙岩	其他园区	2015
	山东（13家）	济南	创新型科技园区	1991
		青岛	创新型科技园区	1992
		淄博	创新型科技园区	1992
		枣庄	其他园区	2015
		黄河三角洲	其他园区	2015
		烟台	创新型特色园区	2010
		潍坊	创新型科技园区	1992
		济宁	其他园区	2010
		泰安	其他园区	2012
		威海	创新型科技园区	1991
		莱芜	其他园区	2015
		临沂	其他园区	2011
		德州	其他园区	2015
	广东（14家）	广州	世界一流高科技园区	1991
		深圳	世界一流高科技园区	1991
		珠海	其他园区	1992
		汕头	其他园区	2017
		佛山	创新型特色园区	1992
		江门	创新型特色园区	2010
		湛江	其他园区	2018
		茂名	其他园区	2018
		肇庆	其他园区	2010
		惠州	创新型特色园区	1992
		源城	其他园区	2015
		清远	其他园区	2015
		东莞	其他园区	2010
		中山	创新型科技园区	1991
	海南（1家）	海口	其他园区	1991

续表

地区	省份	高新区	类型	升级年份
西部地区（39家高新区）	内蒙古（3家）	呼和浩特	其他园区	2013
		包头	创新型特色园区	1992
		鄂尔多斯	其他园区	2017
	广西（4家）	南宁	创新型特色园区	1992
		柳州	创新型特色园区	2010
		桂林	创新型特色园区	1991
		北海	其他园区	2015
	重庆（4家）	重庆	其他园区	1991
		璧山	其他园区	2015
		荣昌	其他园区	2018
		永川	其他园区	2018
	四川（8家）	成都	世界一流高科技园区	1991
		自贡	其他园区	2011
		攀枝花	其他园区	2015
		泸州	创新型特色园区	2015
		德阳	其他园区	2015
		绵阳	其他园区	1992
		内江	其他园区	2017
		乐山	其他园区	2012
	贵州（2家）	贵阳	其他园区	1992
		安顺	其他园区	2017
	云南（3家）	昆明	创新型特色园区	1992
		玉溪	其他园区	2012
		楚雄	其他园区	2018
	陕西（7家）	西安	世界一流高科技园区	1991
		宝鸡	创新型科技园区	1992
		杨凌	其他园区	1997
		咸阳	其他园区	2012
		渭南	其他园区	2010
		榆林	其他园区	2012
		安康	创新型特色园区	2015
	甘肃（2家）	兰州	其他园区	1991
		白银	其他园区	2010
	青海（1家）	青海	其他园区	2010
	宁夏（2家）	银川	其他园区	2010
		石嘴山	其他园区	2013
	新疆（3家）	乌鲁木齐	创新型特色园区	1992
		昌吉	其他园区	2010
		石河子	其他园区	2013

续表

地区	省份	高新区	类型	升级年份
中部地区 （44家高新区）	山西（2家）	太原	其他园区	1991
		长治	其他园区	2015
	安徽（6家）	合肥	世界一流高科技园区	1991
		芜湖	其他园区	2010
		蚌埠	创新型特色园区	2010
		淮南	其他园区	2018
		马鞍山	其他园区	2012
		铜陵狮子山	其他园区	2017
	江西（9家）	南昌	其他园区	1991
		景德镇	其他园区	2010
		九江共青城	其他园区	2018
		新余	其他园区	2010
		鹰潭	其他园区	2012
		赣州	其他园区	2015
		吉安	其他园区	2015
		宜春丰城	其他园区	2018
		抚州	其他园区	2015
	河南（7家）	郑州	创新型科技园区	1991
		洛阳	创新型科技园区	1992
		平顶山	其他园区	2015
		安阳	创新型特色园区	2010
		新乡	其他园区	2012
		焦作	其他园区	2015
		南阳	其他园区	2010
	湖北（12家）	武汉	世界一流高科技园区	1991
		黄石大冶湖	其他园区	2018
		宜昌	创新型特色园区	2010
		襄阳	创新型特色园区	1992
		荆门	创新型特色园区	2013
		孝感	其他园区	2012
		荆州	其他园区	2018
		黄冈	其他园区	2017
		咸宁	其他园区	2017
		随州	其他园区	2015
		仙桃	其他园区	2015
		潜江	其他园区	2018

续表

地区	省份	高新区	类型	升级年份
中部地区 （44家高新区）	湖南（8家）	长沙	创新型科技园区	1991
		株洲	创新型特色园区	1992
		湘潭	创新型特色园区	2009
		衡阳	其他园区	2012
		常德	其他园区	2017
		益阳	其他园区	2011
		郴州	其他园区	2015
		怀化	其他园区	2018

注：为方便读者查阅及对表格中内容进行补充解释，此处对报告中涉及的各类别、各区域国家高新区群体的划分做统一说明。

1. 三类园区和非三类园区（其他园区）

三类园区是指科技部分类指导的世界一流高科技园区、创新型科技园区和创新型特色园区：世界一流高科技园区（10家），包括中关村、成都、上海张江、深圳、武汉、西安、合肥、广州、杭州、苏州工业园；创新型科技园区（18家），包括宝鸡、常州、大庆、济南、洛阳、宁波、青岛、厦门、苏州、天津、威海、潍坊、无锡、长春、长沙、郑州、中山、淄博；创新型特色园区（29家），包括石家庄、保定、包头、大连、南京江宁（位于南京高新区之内）、江阴、无锡宜兴环保园（位于无锡高新区之内）、武进、蚌埠、烟台、安阳、襄阳、宜昌、株洲、湘潭、惠州、江门、南宁、桂林、柳州、昆明、乌鲁木齐、荆门、泸州、佛山、昆山、常熟、泰州、安康。

非三类园区（其他园区）：是指除了以上三类园区以外的其他国家高新区。

2. 稳定期高新区和新升级高新区

稳定期高新区是指1988—2006年升级为国家高新区的园区，共计54家，包括最早批准设立的中关村，1991年、1992年批复设立的51家高新区，1997年批复设立的杨凌高新区，2006年纳入高新区管理序列的苏州工业园。

新升级高新区是指2007年及之后升级为国家高新区的园区，共计115家。

3. 国家自主创新示范区园区和非国家自主创新示范区园区

国家自主创新示范区园区（简称"自创区园区"）是指2019年国家自主创新示范区（21家）涵盖的国家高新区（61家），包括中关村、天津、沈阳、大连、上海张江、南京、无锡、江阴、常州、武进、苏州、昆山、镇江、杭州、萧山、合肥、芜湖、蚌埠、福州、厦门、泉州、济南、青岛、淄博、烟台、潍坊、威海、郑州、洛阳、新乡、武汉、长沙、株洲、湘潭、广州、深圳、珠海、佛山、江门、肇庆、惠州、东莞、中山、重庆、成都、西安、苏州工业园、宁波、温州、兰州、白银、乌鲁木齐、昌吉、石河子、南昌、景德镇、新余、鹰潭、赣州、吉安、抚州。

非国家自主创新示范区园区（简称"非自创区园区"）是指2019年纳入国家自主创新示范区之外的国家高新区，共计108家。

4. 四大地区国家高新区

东北地区（16家）：沈阳、大连、鞍山、营口、辽阳、本溪、阜新、长春、吉林、延吉、长春净月、通化、哈尔滨、大庆、齐齐哈尔、锦州。

东部地区（70家）：中关村、天津、石家庄、保定、唐山、燕郊、承德、上海张江、上海紫竹、南京、常州、无锡、苏州、苏州工业园、泰州、昆山、江阴、武进、徐州、南通、镇江、杭州、宁波、绍兴、温州、衢州、福州、厦门、泉州、莆田、漳州、济南、青岛、淄博、潍坊、威海、济宁、烟台、临沂、泰安、广州、深圳、珠海、惠州、中山、佛山、肇庆、江门、东莞、海口、盐城、萧山、龙岩、三明、枣庄、源城、连云港、清远、嘉兴、常熟、莱芜、扬州、湖州莫干山、德州、黄河三角洲、淮安、宿迁、汕头、湛江、茂名。

西部地区（39家）：包头、呼和浩特、南宁、桂林、柳州、重庆、成都、绵阳、自贡、乐山、贵阳、昆明、玉溪、西安、宝鸡、杨凌、渭南、咸阳、榆林、兰州、白银、青海、银川、石嘴山、乌鲁木齐、昌吉、新疆石河子、北海、泸州、德阳、安康、璧山、攀枝花、鄂尔多斯、内江、安顺、荣昌、永川、楚雄。

中部地区（44家）：武汉、襄阳、宜昌、孝感、荆门、长沙、株洲、湘潭、益阳、衡阳、合肥、蚌埠、芜湖、马鞍山、郑州、洛阳、安阳、南阳、新乡、南昌、景德镇、新余、鹰潭、太原、抚州、平顶山、郴州、吉安、赣州、仙桃、随州、焦作、长治、铜陵狮子山、黄冈、咸宁、常德、淮南、九江共青城、宜春丰城、黄石大冶湖、荆州、潜江、怀化。